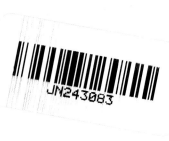

マンガでよくわかる 将《しょう》棋《ぎ》入《にゅう》門《もん》

藤井聡太棋士《ふじいそうたきし》は中学生《ちゅうがくせい》のときに最多連勝記録《さいたれんしょうきろく》をとったんだって！
すげーなー！あこがれるなー
かぶりつき〜っ
もうっテレビ見《み》えない〜！
おにーちゃん将棋《しょうぎ》なんてできないでしょ〜？
うっ
ムッ
うっさいなーだれかに教《おし》えてもらえればオレだって…
ぷぷ〜
あ そういやおとーさんが昔《むかし》やってたって言《い》ってたよね
!!
それだッ！ナイス妹《いもうと》!!
ドギューン！
お父さ〜ん!!!
き急《きゅう》にどうしたリクト…？
今《いま》将棋《しょうぎ》がカッコいいんだよお父《とう》さん！レンショー記録《きろく》だよ！
お父《とう》さん
？
？

NAGOYA
なごや城。

えびふらい。

きしめん。

八丁みそ。

なんだ 将棋《しょうぎ》を覚《おぼ》えたいのか…！

昔《むかし》 お父《とう》さんが通《かよ》っていた 将棋教室《しょうぎきょうしつ》が愛知県《あいちけん》の瀬戸《せと》にあるんだ あの藤井聡太棋士《ふじいそうたきし》も通《かよ》っていたところだぞ！

今度引《こんどひ》っ越《こ》す名古屋《なごや》から近《ちか》いし 将棋《しょうぎ》を覚《おぼ》えて行《い》ってみるか？

マジで!? すっげーッ!!

行《い》くっ！

オレ将棋《しょうぎ》はじめたい！

はじめに

私《わたし》が愛知県《あいちけん》の瀬戸市《せとし》で将棋教室《しょうぎきょうしつ》をはじめてから、そろそろ20年《ねん》になります。その間《かん》、何度《なんど》か「将棋《しょうぎ》ブーム」と呼《よ》べるものはありましたが、それにしても、ここ数年《すうねん》の将棋熱《しょうぎねつ》には目《め》を見張《みは》るものがあります。藤井聡太棋士《ふじいそうたきし》をはじめとする、若手棋士《わかてきし》の活躍《かつやく》にあこがれを抱《いだ》いたり、マンガや映画《えいが》など、将棋《しょうぎ》をテーマにした作品《さくひん》の数《かず》かずに感銘《かんめい》を受《う》けたり……。そういったきっかけにより、「将棋《しょうぎ》をはじめたい！」という子《こ》どもたちが増《ふ》えたことは、本当《ほんとう》に喜《よろこ》ばしいことだと思《おも》います。

私《わたし》は、子《こ》どもたちにはぜひ将棋《しょうぎ》を覚《おぼ》えてほしいと思《おも》っています。将棋《しょうぎ》を指《さ》すと、単《たん》に「将棋《しょうぎ》を覚《おぼ》える」こと以外《いがい》に、さまざまな成長《せいちょう》を得《え》られるからです。

まず、思考《しこう》する力《ちから》が身《み》につきます。将棋《しょうぎ》は、相手《あいて》がどんな手《て》を指《さ》すかを読《よ》み、勝利《しょうり》に近《ちか》づく手《て》を探《さが》すために、あらん限《かぎ》りの力《ちから》を尽《つ》くす競技《きょうぎ》。何手《なんて》も先《さき》を読《よ》もうと考《かんが》えをめぐらせるうちに、思考力《しこうりょく》がグンとアップするのです。集中力《しゅうちゅうりょく》も非《ひ》常《じょう》に高《たか》まると思《おも》います。

また、勝負《しょうぶ》の厳《きび》しさを肌《はだ》で感《かん》じることができます。自分《じぶん》が勝《か》ちたいと思《おも》うように、相手《あいて》もまた勝《か》ちたいと全力《ぜんりょく》でいどんできます。人《ひと》を相手《あいて》にする競技《きょうぎ》ですから、ゲームのように、思《おも》い通《どお》りにいかない場面《ばめん》も出《で》てくるはずです。でも、「次《つぎ》こそは……！」と力《ちから》をみがき、実力《じつりょく》をつけることで、グッと成長《せいちょう》できることでしょう。

この本《ほん》には、君《きみ》たちが楽《たの》しく将棋《しょうぎ》を学《まな》べる工夫《くふう》がたくさん詰《つ》まっています。最初《さいしょ》は、楽《たの》しくマンガを読《よ》むだけでもいいんです。マンガを読《よ》んで将棋《しょうぎ》に興味《きょうみ》をもったら、次《つぎ》は駒《こま》の動《うご》かし方《かた》を覚《おぼ》えてみてください。

そうしてルールが頭《あたま》に入《はい》ったら、ぜひ一度《いちど》だれかと対局《たいきょく》してみましょう。君《きみ》が負《ま》けてしまったのなら、本書《ほんしょ》の解説《かいせつ》ページをじっくり読《よ》めば、勝《か》つための知《ち》識《しき》を身《み》につけられるはず。もし勝《か》てたなら、君《きみ》は相手《あいて》との真剣《しんけん》な読《よ》み合《あ》いを制《せい》したということ！　次《つぎ》も勝利《しょうり》するために、ぜひ本書《ほんしょ》で基礎《きそ》を学《まな》んでください。

将棋《しょうぎ》は、とても奥深《おくぶか》いものです。この本《ほん》が、君《きみ》たちが将棋《しょうぎ》の世界《せかい》を深《ふか》く知《し》るためのきっかけになればうれしいです。

ふみもと子供将棋教室《こどもしょうぎきょうしつ》　文本力雄《ふみもとりきお》

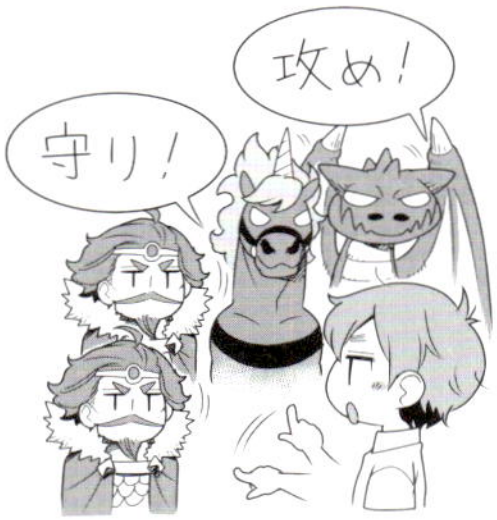

攻め！
守り！

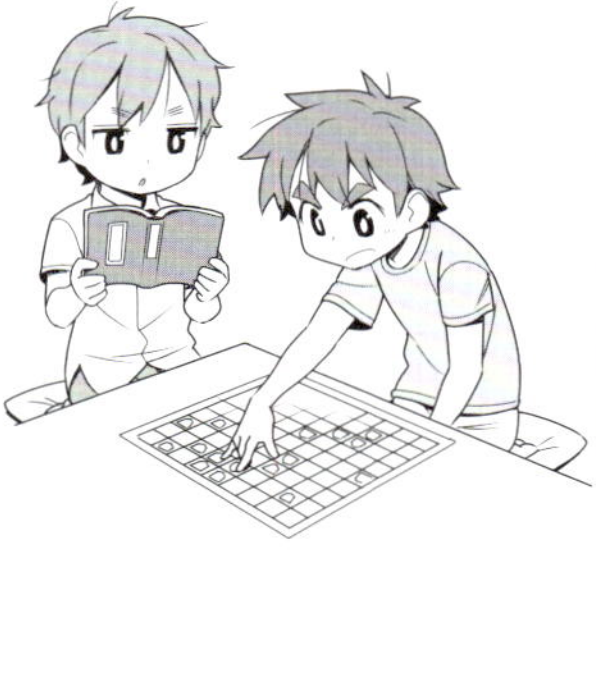

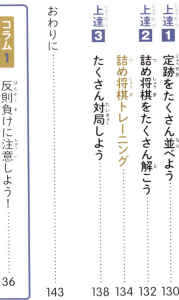

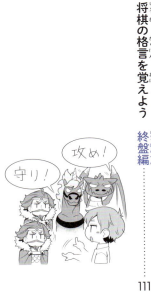

解説《かいせつ》パートの見方《みかた》

この本《ほん》は、楽《たの》しみながら将棋《しょうぎ》を学《まな》べる「マンガパート」と、
将棋《しょうぎ》をよりくわしく知《し》ることができる「解説《かいせつ》パート」に分《わ》かれているよ。

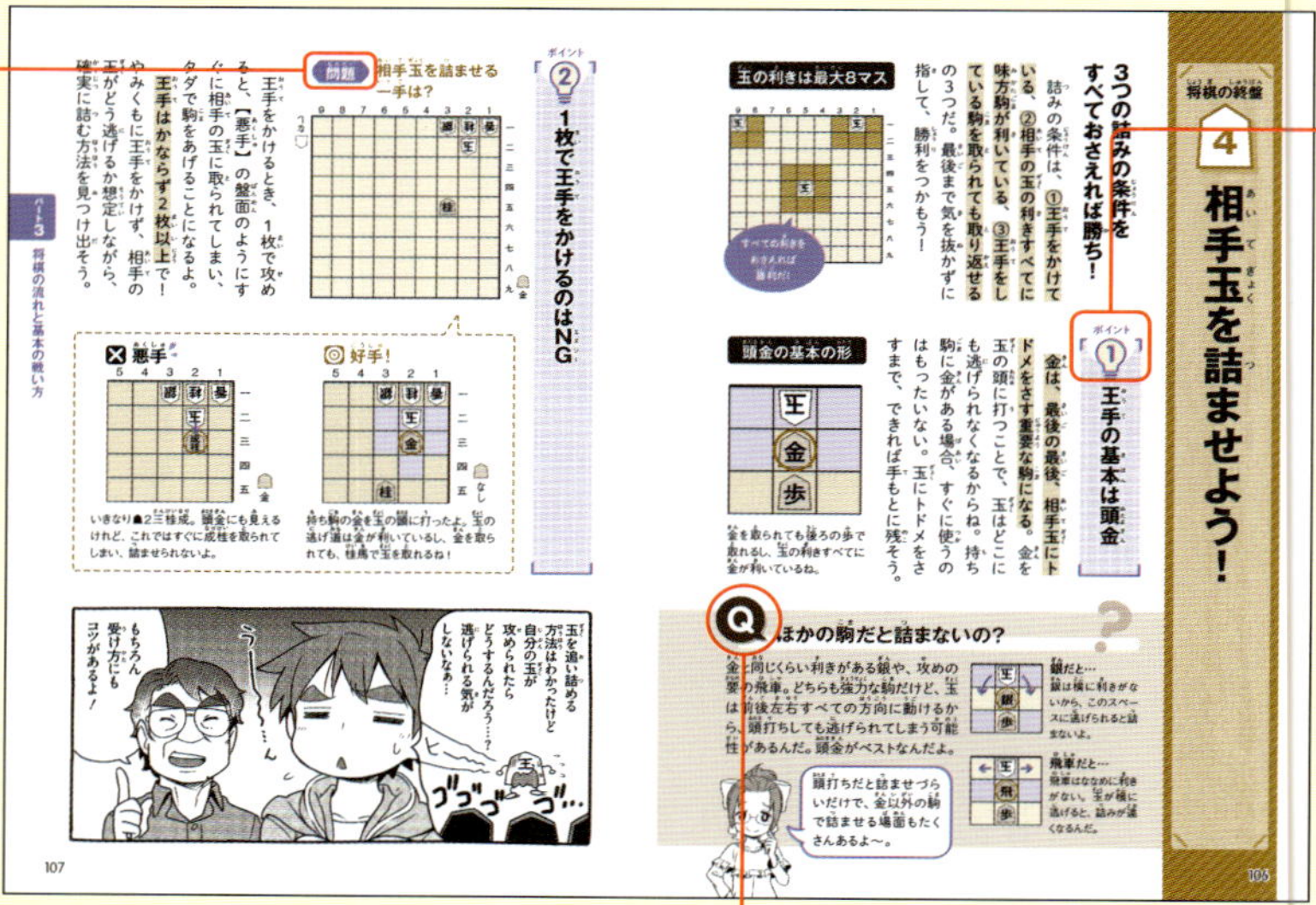

将棋の終盤
4
相手玉を詰ませよう!
3つの詰みの条件をすべておさえれば勝ち!
詰みの条件は、①王手をかけている、②相手の玉の利きすべてに味方駒が利いている、③王手をしている駒を取られても取り返せるの3つだ。最後まで気を抜かずに指して、勝利をつかもう!
玉の利きは最大8マス
すべての利きをおさえれば勝利だ!
ポイント ① 王手の基本は頭金
金は、最後の最後、相手玉にトドメをさす重要な駒になる。金を玉の頭に打つことで、玉はどこにも逃げられなくなるからね。持ち駒に金がある場合、すぐに使うのはもったいない。玉にトドメをさすまで、できれば手もとに残そう。
頭金の基本の形
金を取られても後ろの歩で取れるし、玉の利きすべてに金が利いているね。
ほかの駒だと詰まないの?
金と同じくらい利きがある銀や、攻めの要の飛車。どちらも強力な駒だけど、玉は前後左右すべての方向に動けるから、頭打ちしても逃げられてしまう可能性があるんだ。頭金がベストなんだよ。
銀だと… 銀は横に利きがないから、このスペースに逃げられると詰まないよ。
飛車だと… 飛車はななめに利きがない。玉が横に逃げると、詰みが遠くなるんだ。
頭打ちだと詰ませづらいだけで、金以外の駒で詰ませる場面もたくさんあるよ〜。
106
ポイント ② 1枚で王手をかけるのはNG
問題 相手玉を詰ませる一手は?
王手をかけるとき、1枚で攻めると、【悪手】の盤面のようにすぐに相手の玉に取られてしまい、タダで駒をあげることになるよ。王手はかならず2枚以上で!
やみくもに王手をかけず、相手の玉がどう逃げるか想定しながら、確実に詰む方法を見つけ出そう。
悪手
いきなり▲2三桂成。頭金にも見えるけれど、これではすぐに成桂を取られてしまい、詰ませられないよ。
好手!
持ち駒の金を玉の頭に打ったよ。玉の逃げ道は金が利いているし、金を取られても、桂馬で玉を取れるね!
パート3 将棋の流れと基本の戦い方
玉を追い詰める方法はわかったけど自分の玉が攻められたらどうするんだろう…? 逃げられる気がしないなぁ…
うー…ん
もちろん受け方にもコツがあるよ!
ゴゴゴゴゴ…
107

次《つぎ》の手《て》を考《かんが》える練習問題《れんしゅうもんだい》だよ。

強《つよ》くなるための大事《だいじ》なポイントを紹介《しょうかい》しているよ。

Q みんなが疑問《ぎもん》に思《おも》うような点《てん》について、解説《かいせつ》しているよ。

チェック ぜひ覚《おぼ》えてほしい将棋《しょうぎ》の知識《ちしき》やポイントをまとめているよ。

登場人物紹介《とうじょうじんぶつしょうかい》

ふみもと子供将棋教室《こどもしょうぎきょうしつ》

マホ

シュウヤの姉《あね》で将棋教室《しょうぎきょうしつ》に通《かよ》っている。めんどう見《み》がよく、リクトにいろいろ教《おし》えてくれる。

シュウヤ

将棋教室《しょうぎきょうしつ》に通《かよ》う、リクトと同《おな》い年《どし》の男《おとこ》の子《こ》。クールに見《み》えるけど、じつは……?

池田先生《いけだせんせい》

文本先生《ふみもとせんせい》といっしょに、将《しょう》棋《ぎ》を教《おし》えている。厳《きび》しいけど、笑《わら》うと意外《いがい》に……?

文本先生《ふみもとせんせい》

愛知県《あいちけん》の瀬戸市《せとし》に将棋教《しょうぎきょう》室《しつ》を開《ひら》いて20年《ねん》。子《こ》どもたちに将棋《しょうぎ》を教《おし》えている。

リクト

テレビで見《み》た若手棋《わかてき》士《し》の活躍《かつやく》にあこがれて、将棋《しょうぎ》をはじめることになった男《おとこ》の子《こ》。元気《げんき》いっぱいで、負《ま》けず嫌《ぎら》いな性格《せいかく》。

お父さん

リクトの父《ちち》。ふみもと子供将棋教室《こどもしょうぎきょうしつ》で将《しょう》棋《ぎ》を習《なら》っていた。転《てん》勤《きん》で、愛知県《あいちけん》へ引《ひ》っ越《こ》すことに。

パート1 将棋《しょうぎ》の基本《きほん》を覚《おぼ》えよう！

へー
コレで
遊《あそ》ぶのかぁ
でもテレビで
みた将棋盤《しょうぎばん》は
もっとブ厚《あつ》かった
ような…？
ああいうのは
プロ棋士《きし》が使《つか》う
本格的《ほんかくてき》な将棋盤《しょうぎばん》
だからな～
コレが駒《こま》？
表《おもて》とウラに
違《ちが》う字《じ》が
書《か》かれているね
と
歩兵
よし！
まずは基本《きほん》
ルールを
ざっと
説明《せつめい》しよう！
将棋《しょうぎ》は約《やく》2000年前《ねんまえ》に
古代《こだい》インドで
生《う》まれた
チャトランガという
ゲームがルーツだと
いわれているんだ
日本《にほん》に伝《つた》わって
独自《どくじ》の発展《はってん》をとげ
長《なが》い時間《じかん》をかけて
少《すこ》しずつルールが変《か》わり
約《やく》400年前《ねんまえ》に
今《いま》の将棋《しょうぎ》の形《かたち》になったんだよ！
さて 将棋《しょうぎ》は
9×9のマス目《め》の将棋盤《しょうぎばん》と
8種類《しゅるい》 40枚《まい》の駒《こま》を使《つか》うぞ！
駒《こま》の種類《しゅるい》だが
まずは「玉《ぎょく》」
玉《ぎょく》を取《と》られると ゲームが
終《お》わってしまうんだ
将棋のすべて
と
将棋のすべて
ざぞぞの
ぞぞぞ～～ん
ドーン
!?

だから玉《ぎょく》を守《まも》る「囲《かこ》い」を…ってどうした?
プシュ〜
知恵熱《ちえねつ》
…むずかしくてさっぱりわかりましぇんギブアップ…
「ギョク」…?「カコイ」って何…?
ガビ〜ン
ええ〜!?
オレにもわかるようにテレビゲームでたとえて…
ええっ!?てれびげーむ…?
ロールプレイングゲームとかがいいなぁ…
RPG《アールピージー》!?
できればファンタジーっぽいやつ…
漢字むずかしいし……
注文《ちゅうもん》多《おお》いな!
し しょうがないなぁ…なんとかやってみよう
わーい!やったぁ〜♫
だめだこりゃ…

※本書《ほんしょ》はどちらも「玉《ぎょく》」で表記《ひょうき》します。

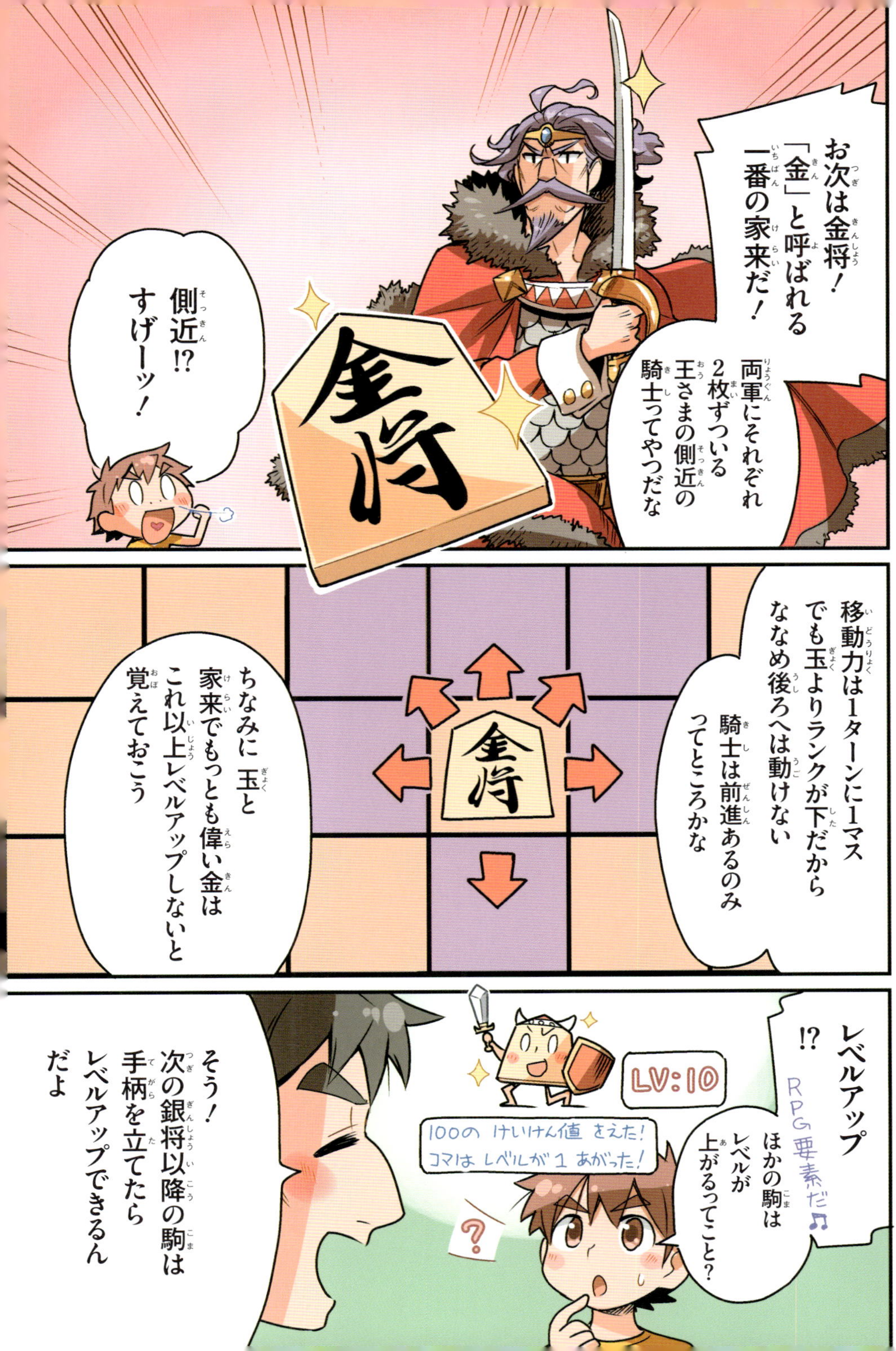

お次《つぎ》は金将《きんしょう》！「金《きん》」と呼《よ》ばれる一番《いちばん》の家来《けらい》だ！
両軍《りょうぐん》にそれぞれ2枚《まい》ずついる王《おう》さまの側近《そっきん》の騎士《きし》ってやつだな
金将
側近《そっきん》!? すげーッ！
移動力《いどうりょく》は1ターンに1マス でも玉《ぎょく》よりランクが下《した》だから ななめ後《うし》ろへは動《うご》けない
騎士《きし》は前進《ぜんしん》あるのみ ってところかな
金将
ちなみに 玉《ぎょく》と家来《けらい》でもっとも偉《えら》い金《きん》は これ以上《いじょう》レベルアップしないと覚《おぼ》えておこう
レベルアップ!?
RPG要素だ♫
ほかの駒《こま》は レベルが上《あ》がるってこと？
LV:10
100の けいけん値 えた! コマは レベルが 1 あがった!
そう！次《つぎ》の銀将《ぎんしょう》以降《いこう》の駒《こま》は手柄《てがら》を立《た》てたらレベルアップできるんだよ

コレが銀将《ぎんしょう》！金将《きんしょう》の弱点《じゃくてん》を補《おぎな》う2番目《ばんめ》の家来《けらい》だ！
「銀《ぎん》」と呼《よ》ばれていて各軍《かくぐん》2枚《まい》ずつ持《も》てるぞ
銀将
移動力《いどうりょく》はやっぱり1ターン1マス
真横《まよこ》と真後《まうし》ろへは動《うご》けないけれど金《きん》が動《うご》けないなめ後《うし》ろへ動《うご》ける
なるほど金《きん》を助《たす》ける部下《ぶか》だね！
そしてここからが肝心《かんじん》！玉《ぎょく》・金《きん》以外《いがい》の仲間《なかま》は敵陣《てきじん》まで攻《せ》めこむと上位《じょうい》クラスに変身《へんしん》できるんだ！
よくやった！昇進《しょうしん》ぢゃ～♥
それを「成《な》る」という！つまりは出世《しゅっせ》だな
お父さんも出世したいナァ～♥
敵陣一番乗り～!!
ココより相手陣地
て、敵が侵入したぞ～!!
成《な》ると裏返《うらがえ》って「成銀《なりぎん》」になるぞ！動《うご》ける方向《ほうこう》も変化《へんか》するんだ
ひっくり返ってパワーアップ！
金将《きんしょう》と同《おな》じ！レベルアップだ…！

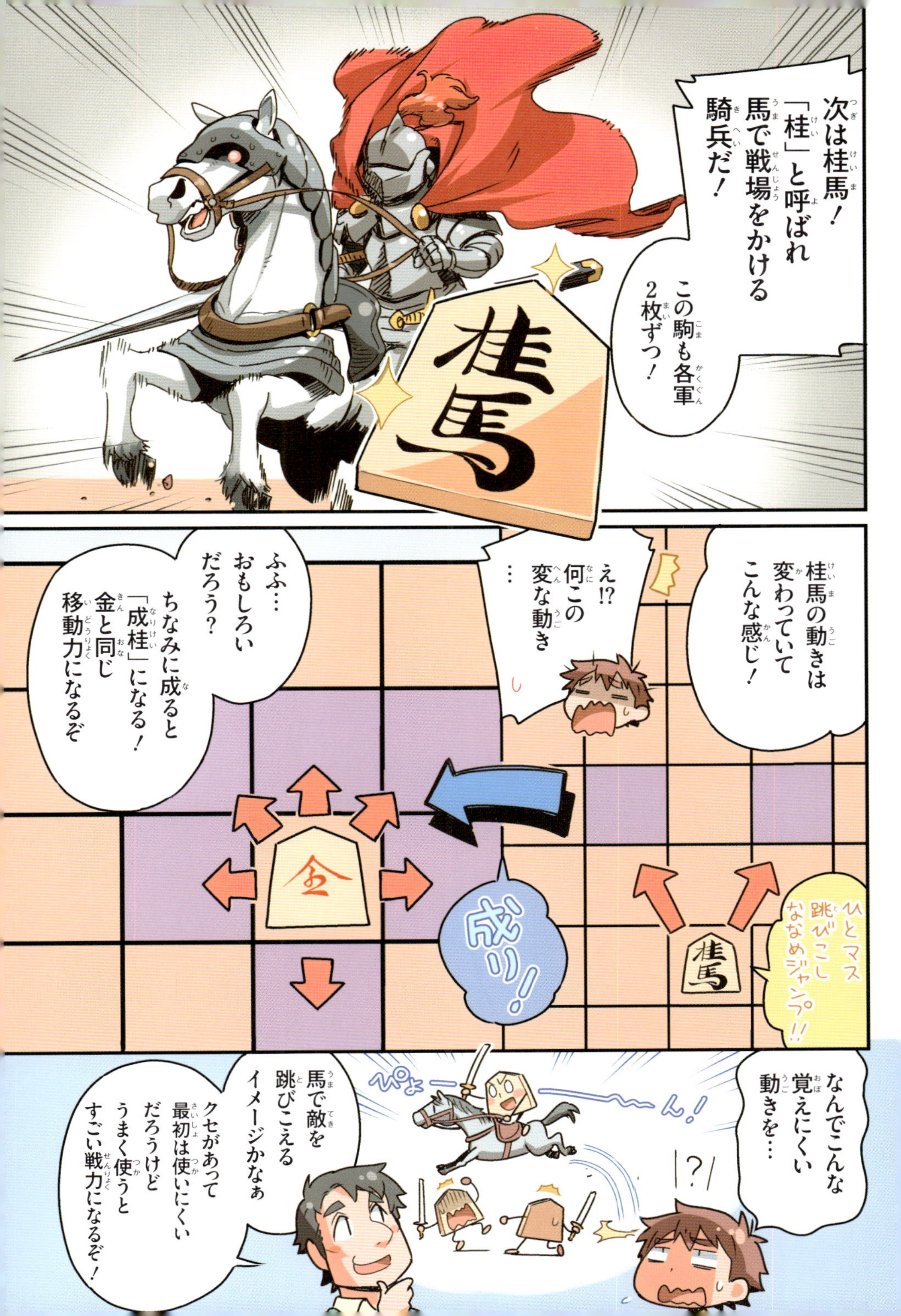

次《つぎ》は桂馬《けいま》！「桂《けい》」と呼《よ》ばれ馬《うま》で戦場《せんじょう》をかける騎兵《きへい》だ！
この駒《こま》も各軍《かくぐん》2枚《まい》ずつ！
桂馬
桂馬《けいま》の動《うご》きは変《か》わっていてこんな感《かん》じ！
え!?何《なに》この変《へん》な動《うご》き…
ひとマス跳《と》びこしななめジャンプ!!
桂馬
成り！
金
ふふ…おもしろいだろう？
ちなみに成《な》ると「成桂《なりけい》」になる！金《きん》と同《おな》じ移動力《いどうりょく》になるぞ
なんでこんな覚《おぼ》えにくい動《うご》きを…
ぴょーーーーーーん！
?!
馬《うま》で敵《てき》を跳《と》びこえるイメージかなぁ
クセがあって最初《さいしょ》は使《つか》いにくいだろうけどうまく使《つか》うとすごい戦力《せんりょく》になるぞ！

お次《つぎ》の香車《きょうしゃ》も
各軍《かくぐん》2枚《まい》ずつ
「香《きょう》」と呼《よ》ばれ
突進力《とっしんりょく》がある
戦車兵《せんしゃへい》だ！
香車
戦車《せんしゃ》!?
動《うご》きは単純明快《たんじゅんめいかい》！
ほかの駒《こま》に当《あ》たるまで
進《すす》みたいだけ
まっすぐ突《つ》き進《すす》むのみ！
バックはできないぞ
ひたすら
まっすぐ〜!!
うわー
わかりやすい
…
チョトツ
モーシンだァ…
成《な》ると「成香《なりきょう》」に
動《うご》きはおなじみ
金《きん》の範囲《はんい》だ！
成り！
香車

最後《さいご》は一番下《いちばんした》っ端《ぱ》の兵隊《へいたい》・歩兵《ふひょう》だ
各軍《かくぐん》9枚《まい》ずつ文字通《もじどお》りの歩兵《ほへい》で軍団《ぐんだん》の主戦力《しゅせんりょく》だ！
移動力《いどうりょく》は1ターンに1歩前進《ぽぜんしん》するだけバックもできない
よいしょ！
ちょこーーん
えー…なんかしょぼくて頼《たよ》りないなぁ…
侮《あなど》ることなかれ！ひとたび成《な》れば金《きん》と同《おな》じ動《うご》きができる「と金《きん》」に変身《へんしん》！
まさに大出世《だいしゅっせ》だな
いちばんしたっぱから金へと大出世！
うおー！
行ってまいります!!
スタート時《じ》に前線《ぜんせん》に並《なら》んでいるから最初《さいしょ》に動《うご》かすのはだいたいこの駒《こま》！
よーしがんばれー！
なによりこの圧倒的《あっとうてき》な枚数《まいすう》！歩《ふ》をいかにうまく動《うご》かせるかが大事《だいじ》なんだよ
へー…
エッヘン！

あれ？まだ2種類《しゅるい》あるよ？飛車と角行ってやつ
コレはほかの駒《こま》とは違《ちが》うの？
ふふふ…いいところに気《き》づいたな…
飛車《ひしゃ》と角行《かくぎょう》はほかの家来《けらい》とは大《おお》きく異《こと》なるモンスター！
角行
いわば軍団《ぐんだん》に力《ちから》を貸《か》してくれる強力《きょうりょく》な召喚獣《しょうかんじゅう》だ！
モンスター!?
飛車

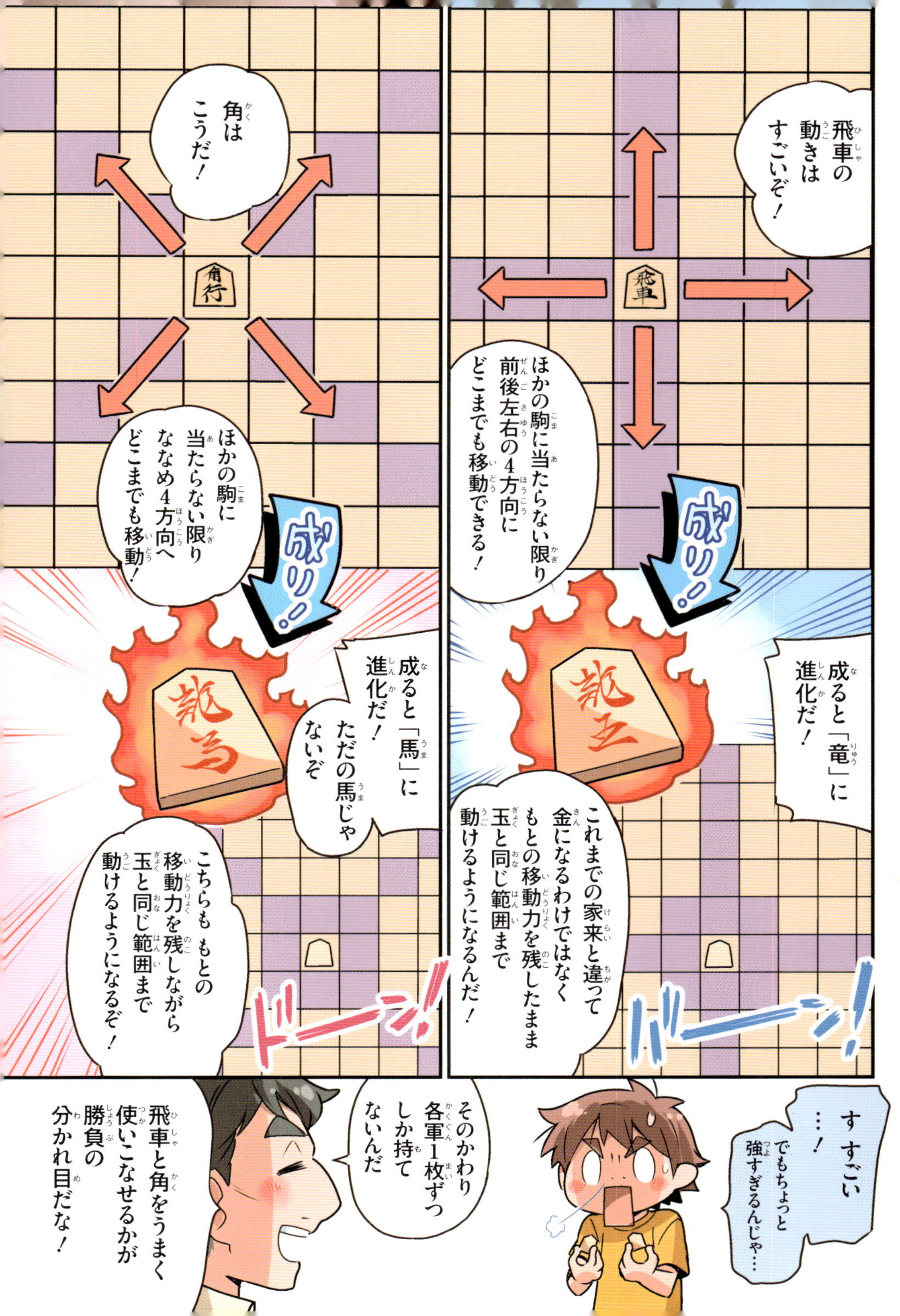
飛車《ひしゃ》の動《うご》きはすごいぞ！

飛車
ほかの駒《こま》に当《あ》たらない限《かぎ》り前後左右《ぜんごさゆう》の4方向《ほうこう》にどこまでも移動《いどう》できる！

成り！

成《な》ると「竜《りゅう》」に進化《しんか》だ！

これまでの家来《けらい》と違《ちが》って金《きん》になるわけではなくもとの移動力《いどうりょく》を残《のこ》したまま玉《ぎょく》と同《おな》じ範囲《はんい》まで動《うご》けるようになるんだ！

ドーン！

角《かく》はこうだ！

角行
ほかの駒《こま》に当《あ》たらない限《かぎ》りななめ4方向《ほうこう》へどこまでも移動《いどう》！

成り！

成《な》ると「馬《うま》」に進化《しんか》だ！

ただの馬《うま》じゃないぞ
こちらも もとの移動力《いどうりょく》を残《のこ》しながら玉《ぎょく》と同《おな》じ範囲《はんい》まで動《うご》けるようになるぞ！

ドーン！

すすごい…！

でもちょっと強《つよ》すぎるんじゃ…

そのかわり各軍《かくぐん》1枚《まい》ずつしか持《も》てないんだ
飛車《ひしゃ》と角《かく》をうまく使《つか》いこなせるかが勝負《しょうぶ》の分《わ》かれ目《め》だな！

これら8種《しゅ》の駒《こま》を
駆使《くし》して
勝利《しょうり》へと導《みちび》く
軍団《ぐんだん》の軍師《ぐんし》——
それが
将棋棋士《しょうぎきし》なんだ!!
KING
王将
金将
銀将
飛車
角行
桂馬
香車
歩兵
軍師《ぐんし》…!!
かっけーーツッ!!

はじめの陣形《じんけい》

どうやって戦《たたか》うのか教《おし》えて！

よしきた！
この9×9計《けい》81マスの盤面《ばんめん》が戦場《せんじょう》だ！

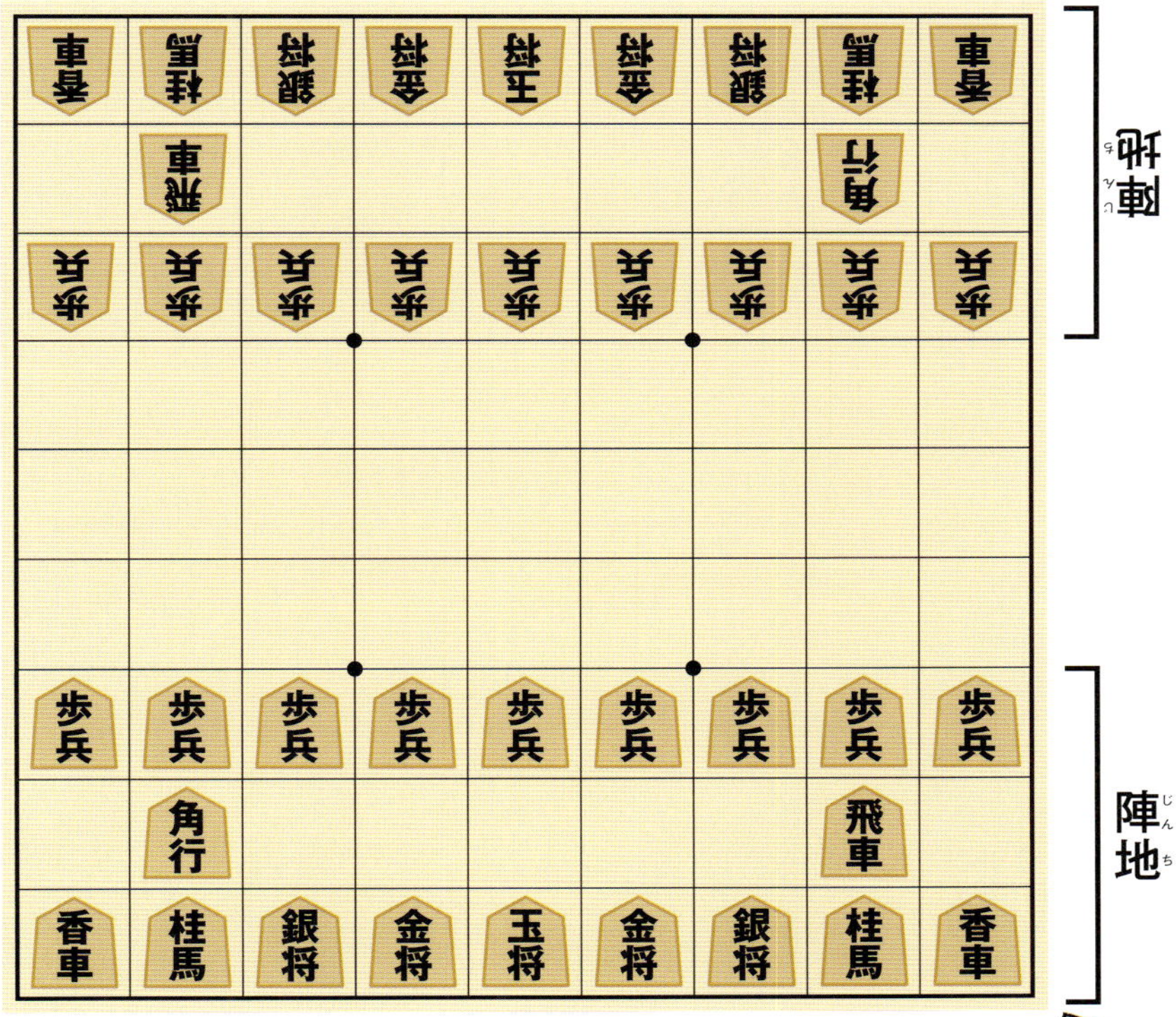
陣地《じんち》
香車 桂馬 銀将 金将 王将 金将 銀将 桂馬 香車
角行 飛車
歩兵 歩兵 歩兵 歩兵 歩兵 歩兵 歩兵 歩兵 歩兵
歩兵 歩兵 歩兵 歩兵 歩兵 歩兵 歩兵 歩兵 歩兵
角行 飛車
香車 桂馬 銀将 金将 玉将 金将 銀将 桂馬 香車
陣地《じんち》

お互《たが》いの手前《てまえ》3列《れつ》が自分《じぶん》の陣地《じんち》だよ
敵陣に侵入!!
歩兵
「と金」に変身だ!!
と
敵側《てきがわ》の陣地《じんち》に攻《せ》めこめば「成《な》る」ことができるんだね！

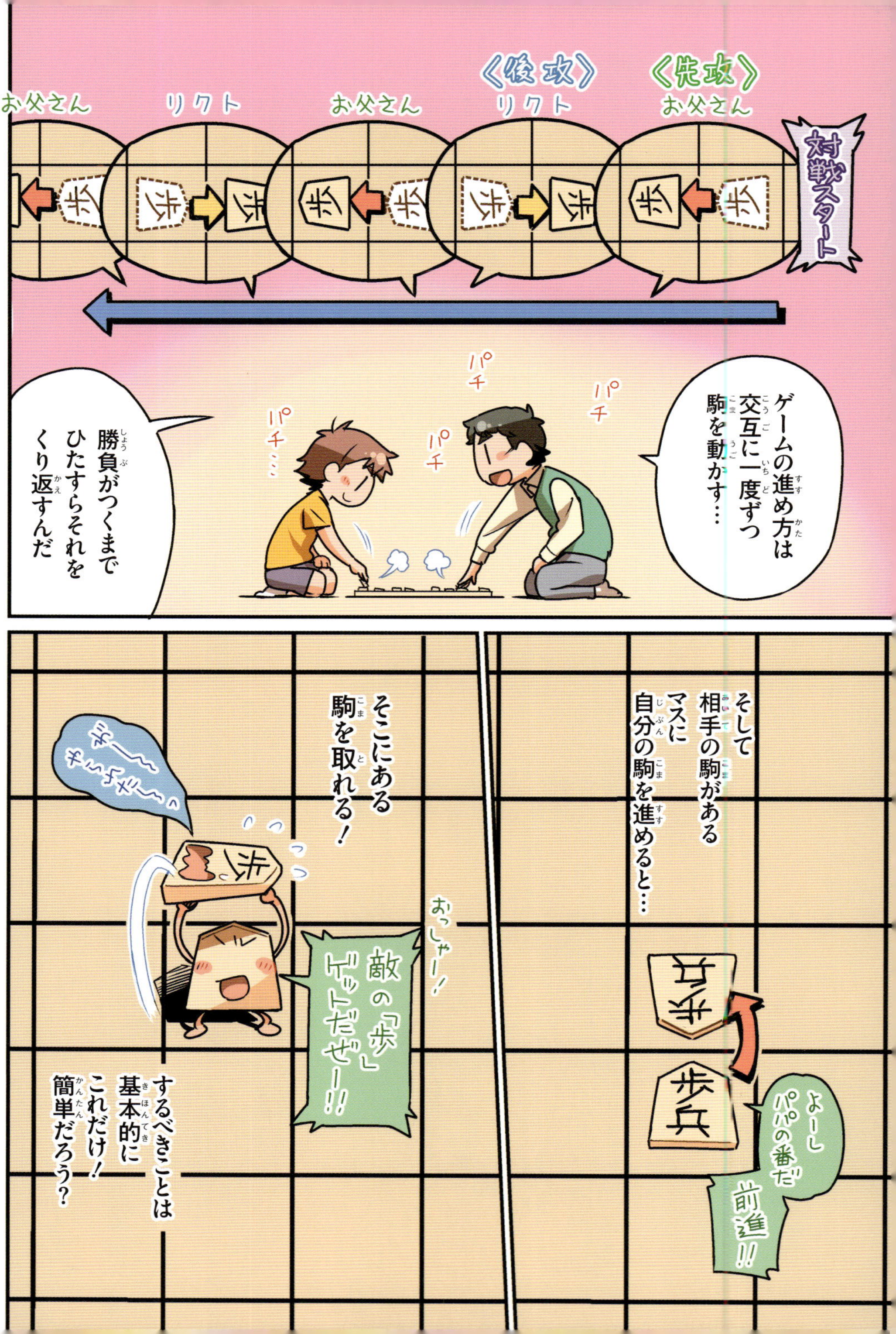
対戦スタート
《先攻》
お父さん
《後攻》
リクト
お父さん
リクト
お父さん
ゲームの進《すす》め方《かた》は交互《こうご》に一度《いちど》ずつ駒《こま》を動《うご》かす…
パチ
パチ
パチ
パチ…
勝負《しょうぶ》がつくまでひたすらそれをくり返《かえ》すんだ
そして相手《あいて》の駒《こま》があるマスに自分《じぶん》の駒《こま》を進《すす》めると…
よーしパパの番だ
前進!!
そこにある駒《こま》を取《と》れる!
おっしゃー!
敵の「歩」ゲットだぜー!!
ガ〜ン
するべきことは基本的《きほんてき》にこれだけ!簡単《かんたん》だろう?

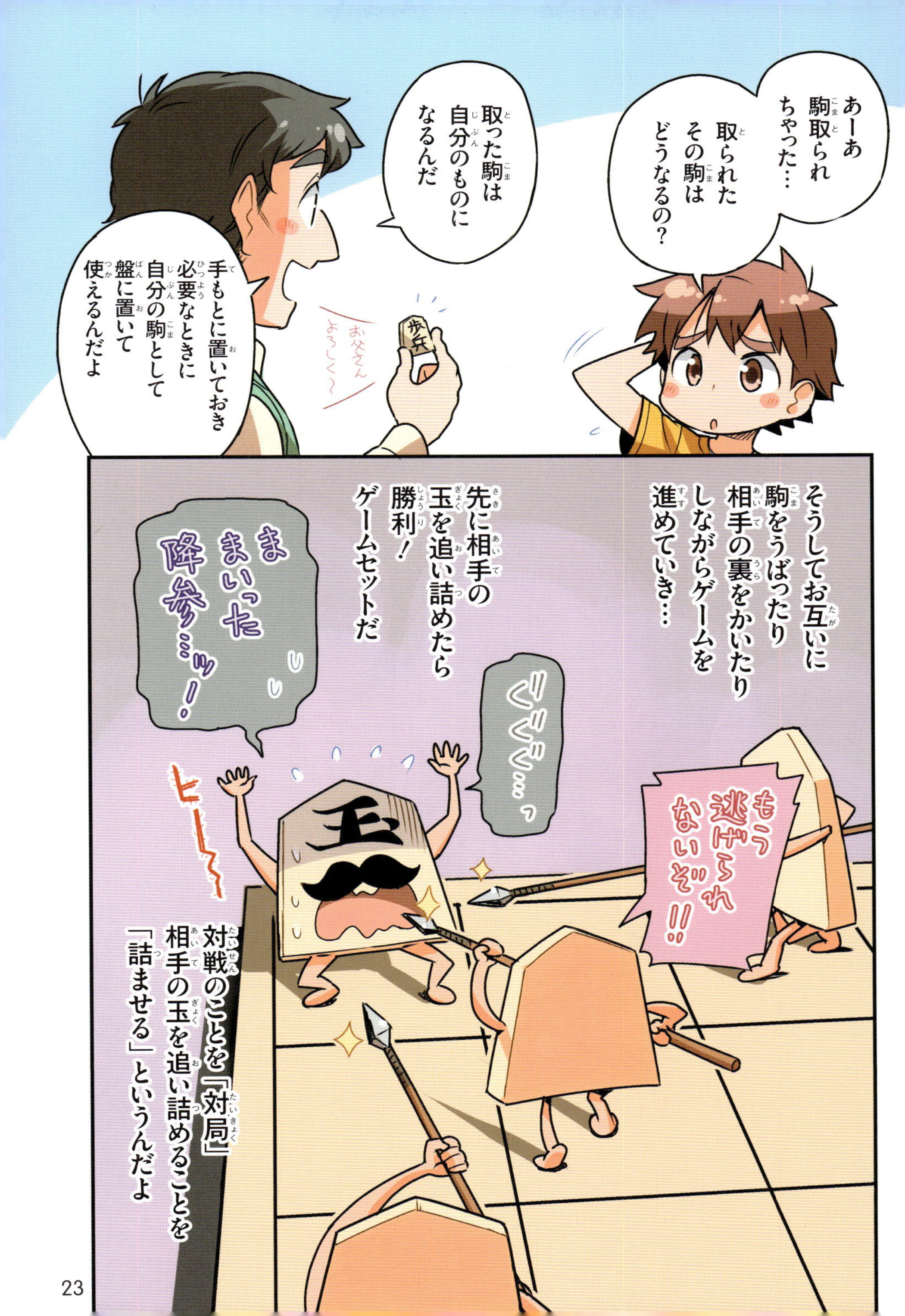
あーあ 駒《こま》取《と》られちゃった…
取《と》られたその駒《こま》はどうなるの？
取《と》った駒《こま》は自分《じぶん》のものになるんだ
手《て》もとに置《お》いておき必要《ひつよう》なときに自分《じぶん》の駒《こま》として盤《ばん》に置《お》いて使《つか》えるんだよ
歩兵
お父さんよろしく〜
そうしてお互《たが》いに駒《こま》をうばったり相手《あいて》の裏《うら》をかいたりしながらゲームを進《すす》めていき…
先《さき》に相手《あいて》の玉《ぎょく》を追《お》い詰《つ》めたら勝利《しょうり》！ゲームセットだ
もう逃げられないぞ!!
ぐぐぐ…っ
ま まいった 降参…ッ！
玉
ヒ〜〜
対戦《たいせん》のことを「対局《たいきょく》」相手《あいて》の玉《ぎょく》を追《お》い詰《つ》めることを「詰《つ》ませる」というんだよ

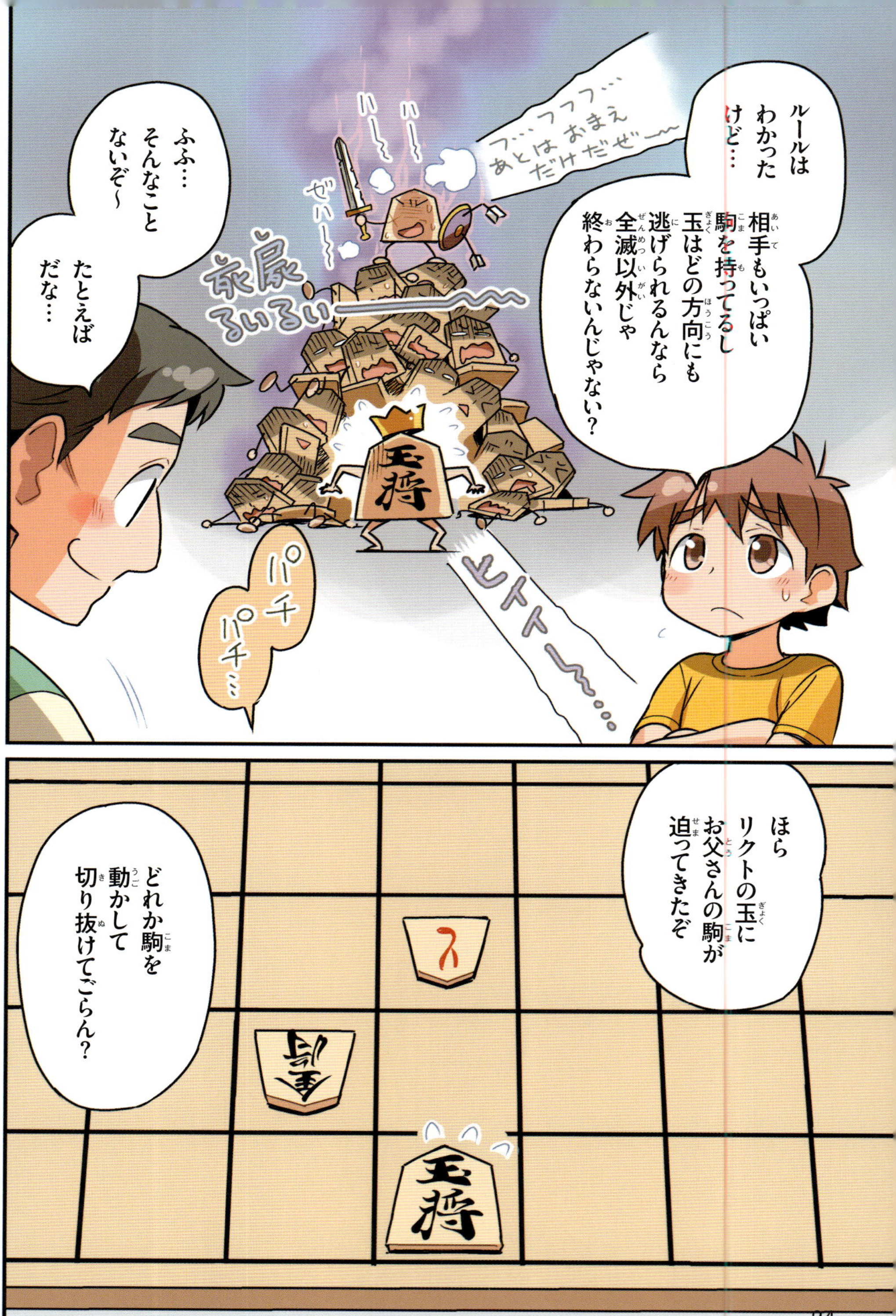
ルールは わかった けど…

フ…フフフ… あとは おまえ だけだぜ～～

ハ～～

ハ～～

ゼハ～～

相手《あいて》もいっぱい 駒《こま》を持《も》ってるし 玉《ぎょく》はどの方向《ほうこう》にも 逃《に》げられるんなら 全滅以外《ぜんめついがい》じゃ 終《お》わらないんじゃない？

るいるい
玉将
ヒィィ～～…

パチ パチ…

ふふ… そんなこと ないぞ～

たとえば だな…

ほら リクトの玉《ぎょく》に お父《とう》さんの駒《こま》が 迫《せま》ってきたぞ
どれか駒《こま》を 動《うご》かして 切《き》り抜《ぬ》けてごらん？

玉将

んーと…金《きん》を取《と》るとと金《きん》に取《と》られちゃうから…
あ!
ここれでどうだ!
パチ!
うむ いいね!
でも…
お父《とう》さんがこうしたらどうだ…ッ!?
パシン
…げっ!?

金《きん》を取《と》ると
と金《きん》に取《と》られちゃうし
ななめ上《うえ》へ逃《に》げても
つかまっちゃう…！
ふふふ♡
全滅《ぜんめつ》させなくても
勝負《しょうぶ》がついたろう？
コレが「詰《つ》ませる」
ということだ！
ぐぬぬ…
パパWIN!
そっ その駒《こま》
急《きゅう》に出《で》てきた！
そんなのズルイよ!!
どーだ
おそれ
いったか♡
持《も》ち駒《ごま》を
打《う》ったのさ
言《い》ったろう？
相手《あいて》から取《と》った駒《こま》は
あとで好《す》きな場所《ばしょ》に
打《う》てるって

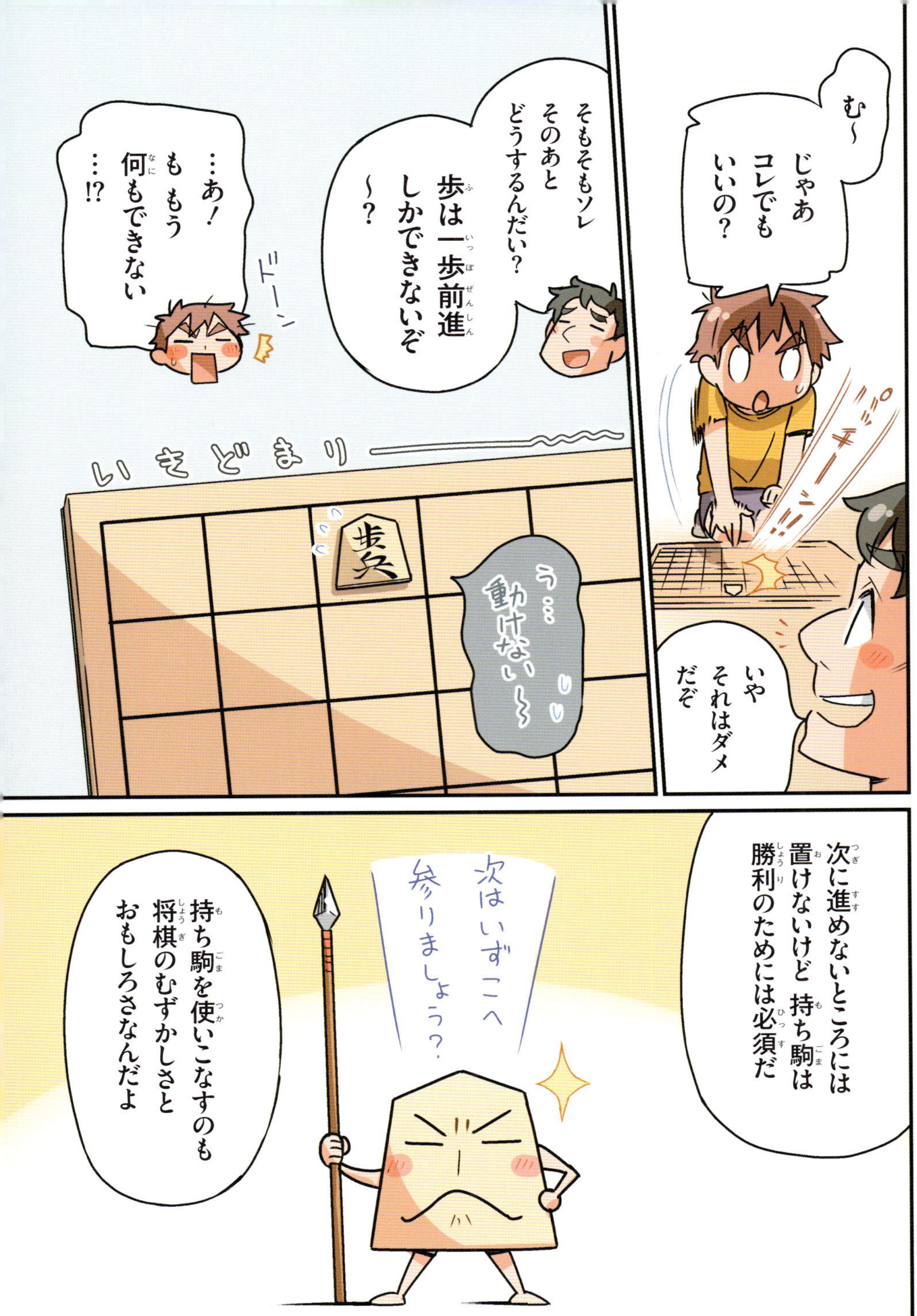

む〜
じゃあ コレでも いいの？
パチーン
いや それはダメだぞ
そもそもソレ そのあと どうするんだい？
歩《ふ》は一歩《いっぽ》前進《ぜんしん》しかできないぞ〜？
…あ！ も もう 何《なに》もできない …!?
ドーン
いきどまり――〜〜
歩兵
う… 動けない〜
次《つぎ》に進《すす》めないところには 置《お》けないけど 持《も》ち駒《ごま》は 勝利《しょうり》のためには必須《ひっす》だ
次はいずこへ 参りましょう？
持《も》ち駒《ごま》を使《つか》いこなすのも 将棋《しょうぎ》のむずかしさと おもしろさなんだよ

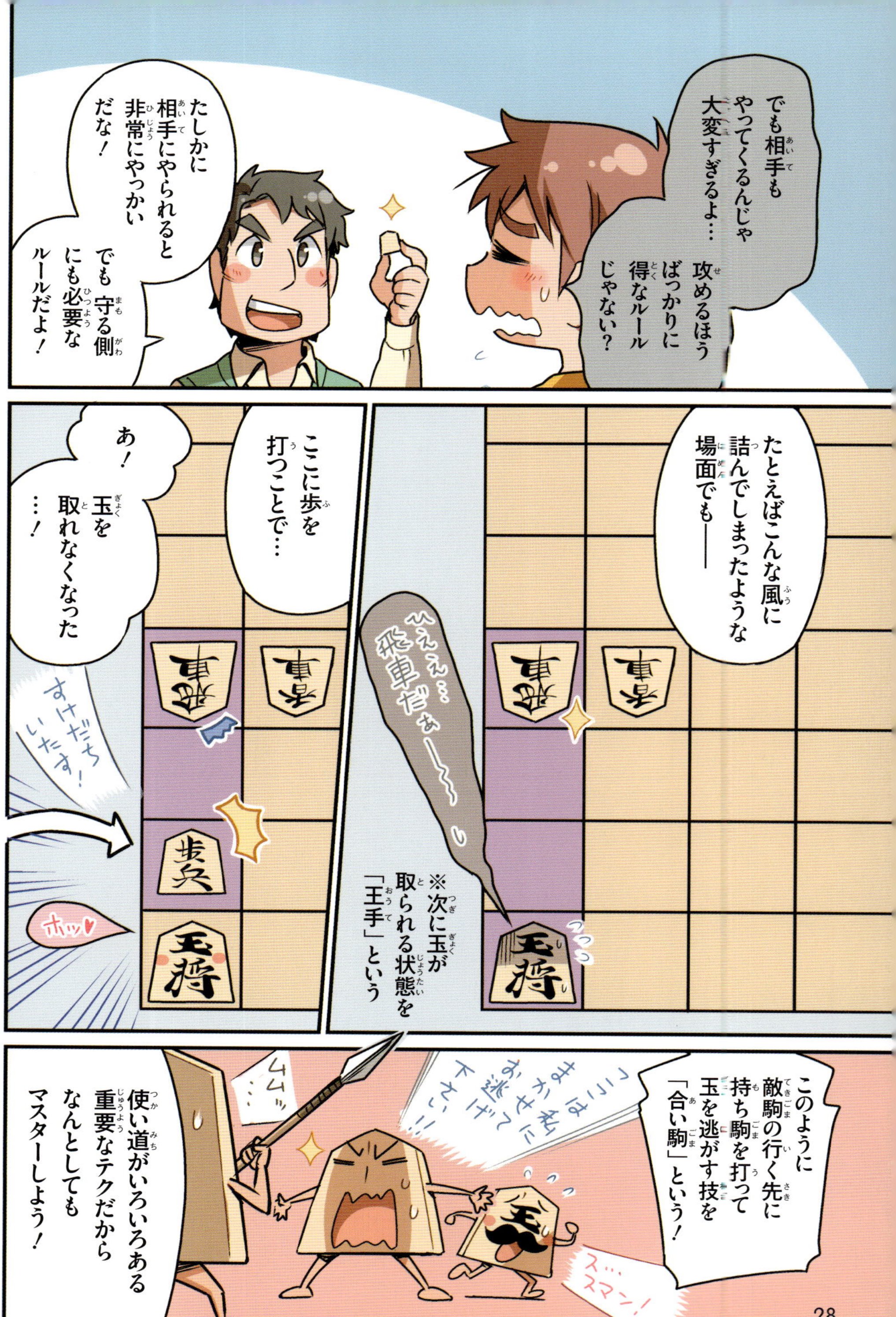
でも相手《あいて》も やってくるんじゃ 大変《たいへん》すぎるよ…
攻《せ》めるほう ばっかりに 得《とく》なルール じゃない？
たしかに 相手《あいて》にやられると 非常《ひじょう》にやっかい だな！
でも 守《まも》る側《がわ》にも必要《ひつよう》な ルールだよ！
たとえばこんな風《ふう》に 詰《つ》んでしまったような 場面《ばめん》でも――
ひえぇ… 飛車だぁ―〜〜い
※次《つぎ》に玉《ぎょく》が取《と》られる状態《じょうたい》を「王手《おうて》」という
ここに歩《ふ》を 打《う》つことで…
あ！ 玉《ぎょく》を 取《と》れなくなった …！
すけだち いたす！
ホッ♥
このように 敵駒《てきごま》の行《い》く先《さき》に 持《も》ち駒《ごま》を打《う》って 玉《ぎょく》を逃《に》がす技《わざ》を 「合《あ》い駒《ごま》」という！
ここは私に まかせて お逃げ下さい!!
ムムッ…
スッ… スマン！
使《つか》い道《みち》がいろいろある 重要《じゅうよう》なテクだから なんとしても マスターしよう！

パワーアップ!!
や…やっと
敵陣だ…
ヒーコラ
ヒーコラ…
最後《さいご》に
もうひとつ
玉《ぎょく》・金《きん》以外《いがい》の
駒《こま》が「成《な》る」のは
覚《おぼ》えたよな?
成リ!!
と
歩兵
パワーアップ大好き
相手陣地《あいてじんち》に入《はい》ったら
レベルアップ
できるんだよね!
そう!
一度《いちど》成《な》ると
取《と》られるまではもとの
駒《こま》には戻《もど》れないんだ
ちなみに
レベルアップ
しないほうが
いい場合《ばあい》もあるぞ
参上!
へ?
なんで?
強《つよ》いほうが
いいに
決《き》まってんじゃん
そう思《おも》うよな?
でも
この桂《けい》が敵陣《てきじん》に
到達《とうたつ》したとする
玉将
金将
そして成桂《なりけい》に
なってしまうと…?
変身!!
あ
あれ…!?
あれっ
…!?
桂《けい》のままなら
詰《つ》みだったのに!
玉将
金将

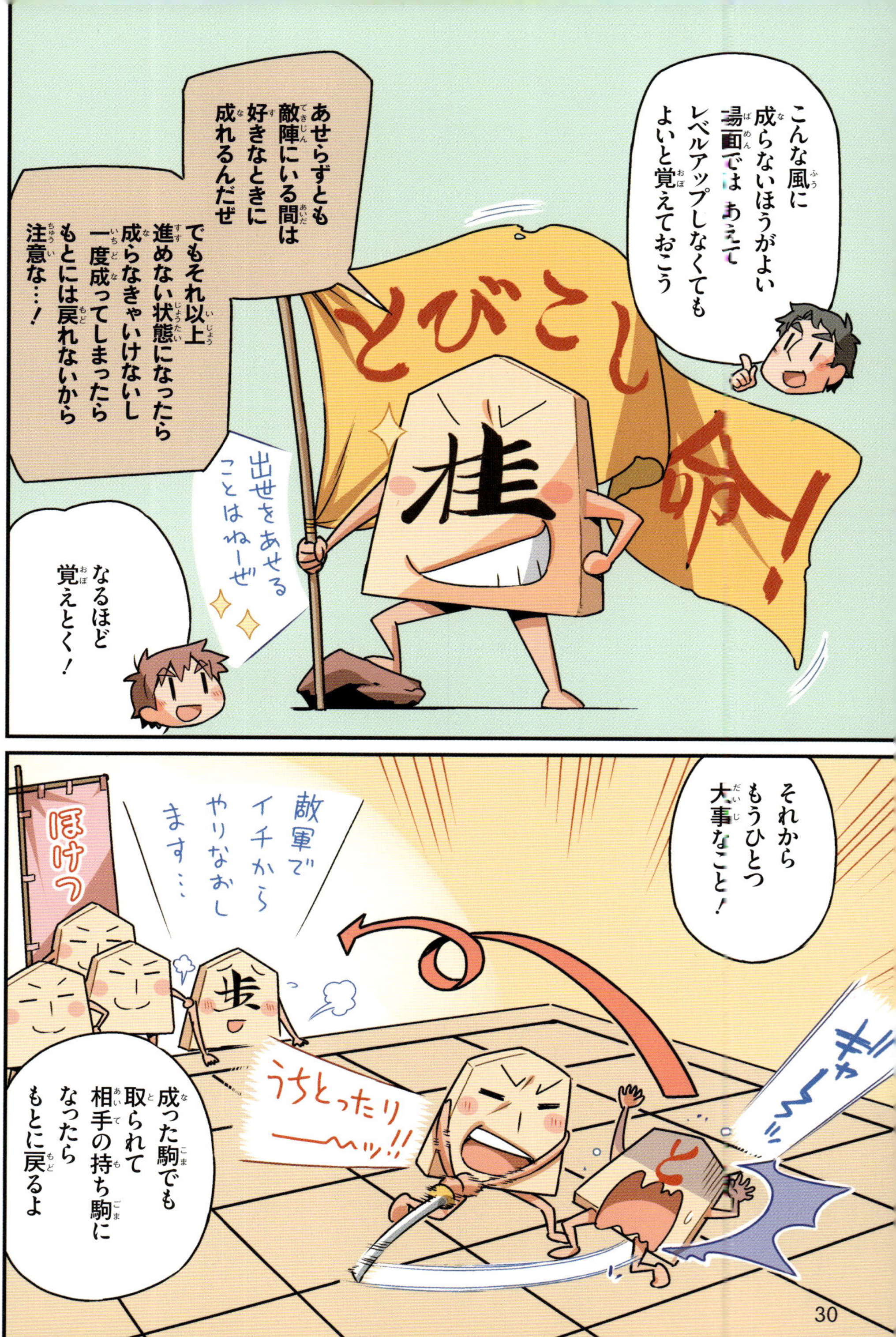
こんな風《ふう》に
成《な》らないほうがよい
場面《ばめん》では あえて
レベルアップしなくても
よいと覚《おぼ》えておこう
とびこし命！
あせらずとも
敵陣《てきじん》にいる間《あいだ》は
好《す》きなときに
成《な》れるんだぜ
でもそれ以上《いじょう》
進《すす》めない状態《じょうたい》になったら
成《な》らなきゃいけないし
一度《いちど》成《な》ってしまったら
もとには戻《もど》れないから
注意《ちゅうい》な…！
出世をあせる
ことはねーぜ
なるほど
覚《おぼ》えとく！
それから
もうひとつ
大事《だいじ》なこと！
ほけつ
敵軍で
イチから
やりなおし
ます…
歩
ぎゃーっ!!
うちとったり
―ッ!!
と
成《な》った駒《こま》でも
取《と》られて
相手《あいて》の持《も》ち駒《ごま》に
なったら
もとに戻《もど》るよ

――とまぁ 基本《きほん》ルールは こんなとこだ
どうだ? そんなに むずかしく ないだろう?
うん! もっと複雑《ふくざつ》かと 思《おも》っていたけど オレにもできそうだった!
将棋《しょうぎ》 超《ちょう》おもしろそう! ちゃんとはじめて みたい!
その意気だ!
実際《じっさい》にやって みたいから もっと いろいろ教《おし》えて!
…でも たとえの内容《ないよう》は RPG《アールピージー》ってより シミュレーション RPG《アールピージー》だったね
そだネ〜〜
まぁ べつに イイけど〜〜
う… 今《いま》そっちを ツッコむ か…!?
ていうか しみれーそん って何…?

将棋《しょうぎ》のルール

1 マナーや礼儀作法《れいぎさほう》を知《し》ろう

マナーを守《まも》ることが何《なに》よりも大切《たいせつ》！

競《きそ》い合《あ》い、勝敗《しょうはい》を決《き》める将棋《しょうぎ》。でも、**勝《か》つこと以上《いじょう》にマナーや礼《れい》儀作法《ぎさほう》を守《まも》ることが大切《たいせつ》**なんだ。対局中《たいきょくちゅう》はしゃべらない、あいさつをするなどのマナーを守《まも》り、**相手《あいて》を思《おも》いやる気持《きも》ちをもって臨《のぞ》もう。**

将棋《しょうぎ》は審判《しんぱん》がいないゲームだから、自分《じぶん》から負《ま》けを認《みと》めなければならないこともあるよ。そのとき、勝者《しょうしゃ》が大喜《おおよろこ》びして相手《あいて》にイヤな思《おも》いをさせたり、負《ま》けた人《ひと》がふてくされたりするのは、とてもカッコ悪《わる》いことだと覚《おぼ》えておこう。

守《まも》りたい対局《たいきょく》マナー

マナー1

対局前《たいきょくまえ》とあとにきちんとあいさつを！

対局《たいきょく》の前《まえ》とあとに、おじぎをしてあいさつするよ。対局前《たいきょくまえ》は「お願《ねが》いします」、対局《たいきょく》のあとは「ありがとうございました」と言《い》ってね。

マナー2

駒《こま》はマスの中央《ちゅうおう》にきれいに置《お》く

駒《こま》は、ななめに置《お》いたり、マスからはみ出《だ》して置《お》くのはダメ。相手《あいて》にも見《み》やすいように置《お》いてね。

マナー3

対局中《たいきょくちゅう》はおしゃべり禁止《きんし》！

対局中《たいきょくちゅう》におしゃべりするのは、相手《あいて》の考《かんが》える時間《じかん》を邪魔《じゃま》することになるから絶対《ぜったい》ダメ！　人《ひと》の対局《たいきょく》を見《み》るときも、静《しず》かにしてね。

マナー4

片《かた》づけるときは駒《こま》を数《かぞ》える

駒《こま》は、ひとつひとつが小《ち》さいよ。なくさないように、片《かた》づけのときは、駒《こま》がすべてそろっているか数《かぞ》えて確認《かくにん》してから戻《もど》そうね。

ほかにも、「道具《どうぐ》を大切《たいせつ》に使《つか》う」「対局中《たいきょくちゅう》の人《ひと》に助言《じょげん》をしない」「取《と》った駒《こま》は駒台《こまだい》に置《お》く」なども守《まも》ること！　マナーがなっていない人《ひと》は、どんなに強《つよ》くても棋士失格《きししっかく》だよ。

将棋《しょうぎ》のルール

2 対局《たいきょく》の開始《かいし》と、勝敗《しょうはい》の決《き》め方《かた》

ステップ 1

振《ふ》り駒《ごま》で先手《せんて》と後手《ごて》を決《き》める

先手《せんて》（先《さき》に指《さ》す人《ひと》）と、後手《ごて》（あとに指《さ》す人《ひと》）は、**「振《ふ》り駒《ごま》」で決《き》める**んだ。やり方《かた》は次《つぎ》の通《とお》り。

①目《め》上《うえ》の人《ひと》や、段《だん》・級《きゅう》が上《うえ》の人《ひと》が、盤上《ばんじょう》から歩《ふ》を5枚《まい》取《と》り、両手《りょうて》で包《つつ》みこんでよくかきまぜるよ。

②両手《りょうて》をパッと広《ひろ》げて、盤上《ばんじょう》や床《ゆか》の上《うえ》に駒《こま》をまくよ。歩《ふ》の面《めん》が3枚《まい》以上《いじょう》なら振《ふ》った人《ひと》が、と金《きん》が3枚《まい》以上《いじょう》なら相手《あいて》が先手《せんて》になるんだ。

駒《こま》が重《かさ》なったり立《た》ったりしたら、その駒《こま》は数《かぞ》えないよ。表《おもて》とウラが同数《どうすう》の場合《ばあい》、振《ふ》り駒《ごま》をやり直《なお》そう。

①両手《りょうて》でまぜる

②盤上《ばんじょう》で駒《こま》をまく

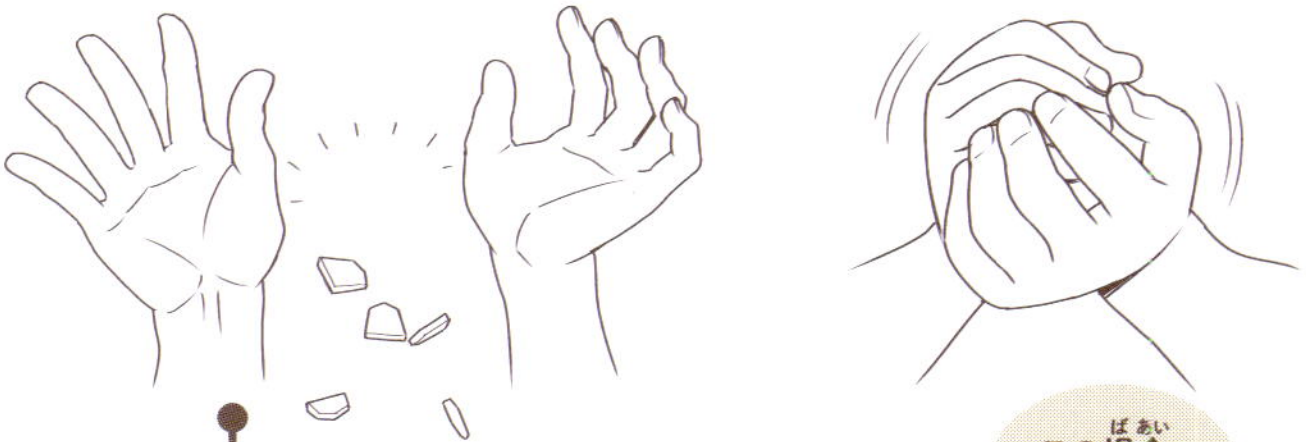

歩兵《ふひょう》のほうが多《おお》い ➡ 振《ふ》った人《ひと》が先手《せんて》

と金《きん》のほうが多《おお》い ➡ 相手《あいて》が先手《せんて》

この場合《ばあい》、
相手《あいて》が先手《せんて》！
と
と
歩
と
歩

Q 駒《こま》を並《なら》べる順番《じゅんばん》は？

駒《こま》を並《なら》べるときも、作法《さほう》にのっとろう。ただし、並《なら》べ方《かた》の作法《さほう》はいくつかあるんだ。もっともよく指《さ》されているのが**「大橋流《おおはしりゅう》」の並《なら》べ方《かた》で、下段《げだん》から順《じゅん》に並《なら》べ、最後《さいご》に歩《ふ》を置《お》くやり方《かた》だよ。**

どの並《なら》べ方《かた》でも、最初《さいしょ》に「玉《ぎょく》」を盤上《ばんじょう》に置《お》くんだって！　いちばん大《だい》事《じ》な駒《こま》だもんな！

大橋流《おおはしりゅう》

9	8	7	6	5	4	3	2		
香	桂	銀	金	王	金	銀	桂	香	一
	飛						角		二
歩	歩	歩	歩	歩	歩	歩	歩	歩	三
									四
									五
									六
19	17	15	13	12	14	16	18	20	七
	10						11		八
8	6	4	2	1	3	5	7	9	九

最初《さいしょ》に玉《ぎょく》→金《きん》→銀《ぎん》……と並《なら》べ、角《かく》、飛車《ひしゃ》を置《お》いてから9枚《まい》の歩《ふ》を中央《ちゅうおう》から並《なら》べるよ。

ステップ 2

一手《いって》ずつ交互《こうご》に指《さ》すよ

振《ふ》り駒《ごま》で先手《せんて》と後手《ごて》が決《き》まったら、一手《いって》ずつ交互《こうご》に指《さ》していこう。**パスをしたり、二手続《にてつづ》けて指《さ》したりすると、反則《はんそく》になる**から注意《ちゅうい》してね。自分《じぶん》が指《さ》したら、相手《あいて》が指《さ》すまではじっと待《ま》とう！

ちなみに、**一度《いちど》指《さ》した手《て》を戻《もど》して指《さ》し直《なお》す、「待《ま》った」は厳禁《げんきん》だ！**基本的《きほんてき》には指《さ》した駒《こま》から指《ゆび》が離《はな》れたら、「指《さ》した」ことになるぞ。

待《ま》ったは禁止《きんし》!!

チェック カッコよく指《さ》すコツを覚《おぼ》えよう！

プロ棋士《きし》みたいに指《さ》すテクニックを紹介《しょうかい》するよ！　何度《なんど》も練習《れんしゅう》して習得《しゅうとく》しよう。

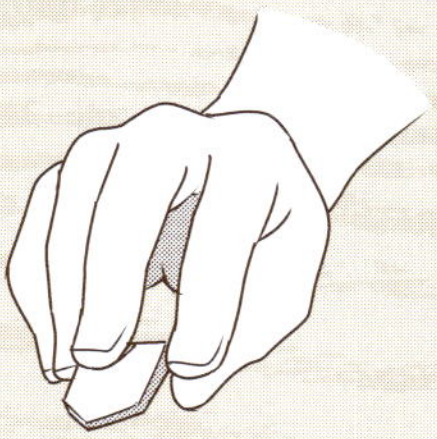

1 3本《ぼん》の指《ゆび》で駒《こま》を持《も》ち上《あ》げる

人《ひと》さし指《ゆび》、中指《なかゆび》、薬指《くすりゆび》の3本《ぼん》の指《ゆび》で駒《こま》をはさんで持《も》ち上《あ》げ、親指《おやゆび》を駒《こま》の下《した》に入《い》れるよ。

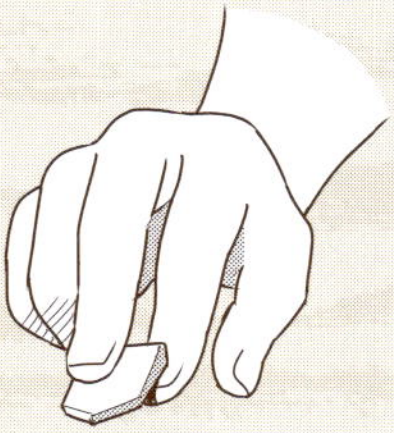

2 人《ひと》さし指《ゆび》と中指《なかゆび》で駒《こま》をはさむ

人《ひと》さし指《ゆび》を親指《おやゆび》の位置《いち》に移動《いどう》し、駒《こま》の下《した》へ。中指《なかゆび》と人《ひと》さし指《ゆび》の2本《ほん》の指《ゆび》で、駒《こま》の上下《じょうげ》をはさむイメージだよ。

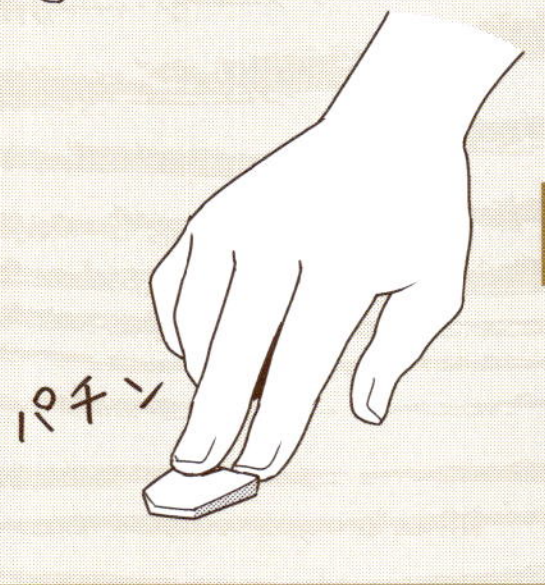

3 マス目《め》の中央《ちゅうおう》に駒《こま》を置《お》く

2本《ほん》の指《ゆび》で駒《こま》をはさんだまま、マスの中央《ちゅうおう》に駒《こま》を置《お》くよ。「パチン！」と駒《こま》の音《おと》を鳴《な》らすとカッコいい！

ステップ3

勝敗《しょうはい》の決《き》まり方《かた》は4パターンある！

将棋《しょうぎ》は相手《あいて》の玉《ぎょく》を追《お》い詰《つ》めたほうが勝《か》ちのゲーム！　だけど、玉《ぎょく》を詰《つ》ませることを含《ふく》めて、**全部《ぜんぶ》で4パターンの決着《けっちゃく》のつき方《かた》がある**んだ。４つのうち、「時間切《じかんぎ》れ」や「反則負《はんそくま》け」はとてもめずらしいケースだけど、公式《こうしき》の大会《たいかい》などでは適用《てきよう》されるから、しっかり頭《あたま》に入《い》れておこう！

引《ひ》き分《わ》けになることもある！

将棋《しょうぎ》には「千日手《せんにちて》」や「持《じ》将棋《しょうぎ》」など、引《ひ》き分《わ》けにして指《さ》し直《なお》しになるルールもあるよ。

➡ 48ページ

【勝敗《しょうはい》がつく4つのパターン】

パターン1

将棋《しょうぎ》の基本的《きほんてき》な決着《けっちゃく》！

玉《ぎょく》を詰《つ》ませる

相手《あいて》の玉《ぎょく》を詰《つ》ませたら勝《か》ち！　反対《はんたい》に、自陣《じじん》の玉《ぎょく》を詰《つ》まされてしまったら負《ま》けになるよ。将棋《しょうぎ》のルールの基本《きほん》だね。

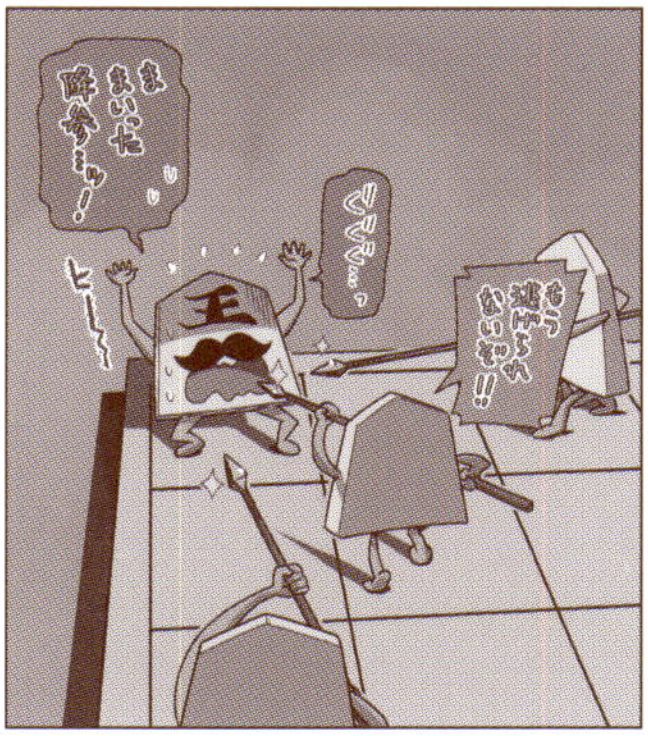

パターン2

どちらかが「投了《とうりょう》」する

玉《ぎょく》が完全《かんぜん》に詰《つ》んでいなくても、自分《じぶん》の玉《ぎょく》の詰《つ》みが見《み》えたら、その時点《じてん》で「負《ま》けました」と伝《つた》えることも。負《ま》けを認《みと》めることを「投了《とうりょう》」と言《い》うんだ。

パターン3

「時間切《じかんぎ》れ」になる

大会《たいかい》などでは、制限時間《せいげんじかん》が設《もう》けられていることがあるよ。制限時間以内《せいげんじかんいない》に指《さ》せないと「時間切《じかんぎ》れ」となり負《ま》けになるんだ。

パターン4

反則《はんそく》をする

34ページで紹介《しょうかい》した「待《ま》った」のほかにも、将棋《しょうぎ》にはいろいろな反則《はんそく》がある。反則《はんそく》をした瞬間《しゅんかん》、負《ま》けになるよ。

将棋《しょうぎ》の反則負《はんそくま》けは36ページでくわしく解説《かいせつ》しているよ。

コラム1

反則負《はんそくま》けに注意《ちゅうい》しよう!

将棋《しょうぎ》の反則負《はんそくま》けを紹介《しょうかい》するよ!
「うっかり」反則《はんそく》をしないように、慎重《しんちょう》に指《さ》そう。

✕ 次《つぎ》に動《うご》けない場所《ばしょ》に駒《こま》を打《う》つ

右《みぎ》の図《ず》のように、次《つぎ》に進《すす》めない位置《いち》に駒《こま》を打《う》つのはNG《エヌジー》!ただし、成《な》ったり、ほかの駒《こま》を移動《いどう》させれば動《うご》ける場合《ばあい》は反則《はんそく》にならないよ。

前《まえ》にしか進《すす》めない駒《こま》は
はしに打《う》ってはならない
成《な》れば
OK《オーケー》!
金《きん》が移動《いどう》
すれば動《うご》けるか
らOK《オーケー》!

✕ 歩《ふ》をタテに2つ並《なら》べる

味方《みかた》の歩《ふ》を同《おな》じ筋《すじ》(66ページ)に2枚《まい》置《お》くと「二歩《にふ》」という反則《はんそく》になるよ。ただし、一方《いっぽう》の歩《ふ》がと金《きん》になっていれば、別《べつ》の駒《こま》と見《み》なされるのでOK《オーケー》!

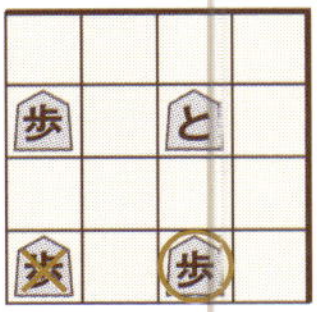

✕ 歩《ふ》を打《う》って玉《ぎょく》を詰《つ》ます

下《した》の図《ず》、どちらも相手《あいて》の玉《ぎょく》の頭《あたま》に歩《ふ》を打《う》てば詰《つ》みになるね。でも、持《も》ち駒《ごま》の歩《ふ》で詰《つ》ませると、「打《う》ち歩《ふ》詰《づ》め」という反則《はんそく》になってしまうんだ。でも、歩《ふ》を進《すす》めて詰《つ》ませる「突《つ》き歩《ふ》詰《づ》め」なら反則《はんそく》にならないよ!

✕NG《エヌジー》「打《う》ち歩《ふ》詰《づ》め」

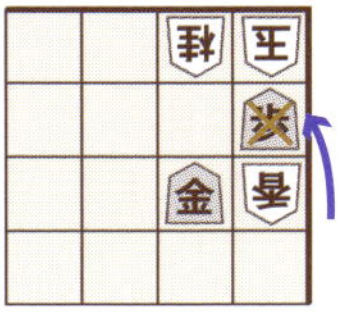

持《も》ち駒《ごま》の歩《ふ》を相手《あいて》玉《ぎょく》の頭《あたま》へ打《う》って詰《つ》ませるのは反則《はんそく》。歩《ふ》を打《う》って王手《おうて》したほうの反則負《はんそくま》けになるよ。

◎OK《オーケー》「突《つ》き歩《ふ》詰《づ》め」

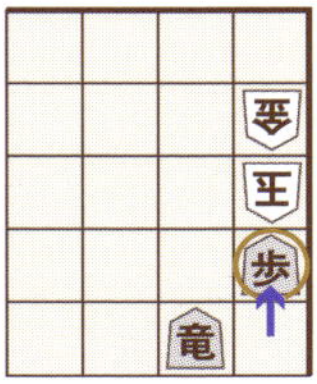

竜《りゅう》のとなりにいた歩《ふ》を前《まえ》に進《すす》め、相手《あいて》玉《ぎょく》の頭《あたま》へ。これは問題《もんだい》ないよ。

✕ 駒《こま》の動《うご》きを間違《まちが》えてしまう

駒《こま》が動《うご》ける場所《ばしょ》"以外《いがい》に"指《さ》すのは反則《はんそく》だよ。とくに角《かく》は、移動場所《いどうばしょ》がうっかりずれてしまうことが多《おお》いから、注意《ちゅうい》しよう!

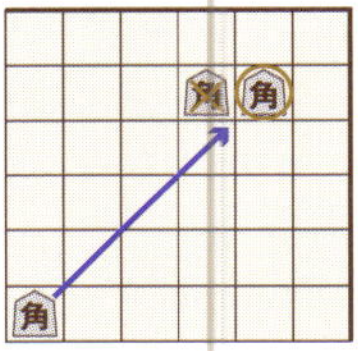

✕ 王手《おうて》されたのに守《まも》らない

右《みぎ》の図《ず》、相手《あいて》の角《かく》が「王手《おうて》」しているね。このとき、気《き》づかずに自分《じぶん》の玉《ぎょく》を守《まも》らない手《て》を指《さ》すと、反則《はんそく》をとられ、その瞬間《しゅんかん》負《ま》けになるよ。飛車《ひしゃ》や角《かく》など、遠《とお》くの駒《こま》が玉《ぎょく》をねらっていないか、しっかり確認《かくにん》を!

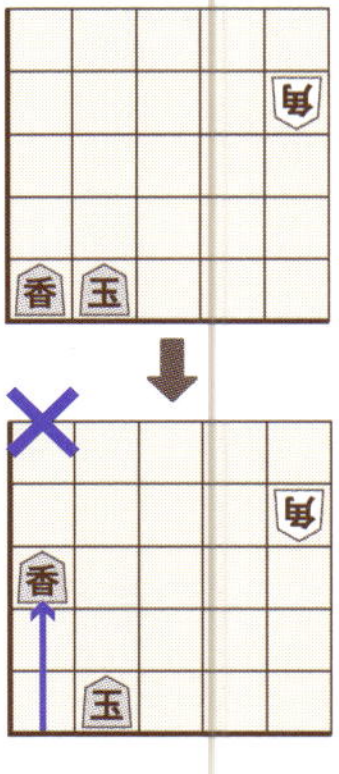

プロでも反則負《はんそくま》けはあるんだって。つねに盤面《ばんめん》すべてを確認《かくにん》するクセをつけないと…。

パート2 駒《こま》の強《つよ》さを生《い》かそう！

パチ
パチ…
パチン
お父《とう》さんが
こうきたから
こっちは…
うーん…うーん…
玉《ぎょく》はここに
いて大丈夫《だいじょうぶ》なの
かな…？
ええと…
まずは歩《ふ》から
動《うご》かして…
でも歩《ふ》っていっても
いっぱいあるしなぁ…
いやそれより
桂馬《けいま》を…？
よ よくわかんないし
とりあえず強《つよ》い角《かく》を
動《うご》かしちゃえ…！

パチ！
ハイ その角《かく》 も〜らい！
げっ!?
ま 待《ま》った！ 今《いま》のは 間違《まちが》えたから やり直《なお》し …！
ブー！ 将棋《しょうぎ》に「待《ま》った」は ないの！
ぎぎぎ …っ
駒《こま》の動《うご》きはわかったけど やれることが多《おお》すぎて どう使《つか》えばいいか さっぱり わからないや…
リクトの好《す》きな RPG《アールピージー》のゲームにも キャラごとに役割《やくわり》や 得意《とくい》なことがあるだろ？
戦士《せんし》は前衛《ぜんえい》で ガンガン攻《せ》めたり 魔法使《まほうつか》いは後《うし》ろで 援護《えんご》したり そういうの！
将棋《しょうぎ》の駒《こま》も同《おな》じで それぞれの得意《とくい》な ことを生《い》かすと うまく活躍《かつやく》させられる ようになるんだ！

駒《こま》の強《つよ》さ

基本《きほん》

それぞれの駒《こま》の特性《とくせい》を知《し》ろう

8種類《しゅるい》の駒《こま》の特性《とくせい》を知《し》ると、シーンに合《あ》わせてそれぞれの駒《こま》を活躍《かつやく》させられるようになるんだって！　いっしょに、ひとつずつ覚《おぼ》えていこうぜ!!

玉将《ぎょくしょう》

（王将《おうしょう》）

攻《せ》めには参加《さんか》させず自陣《じじん》で味方《みかた》に守《まも》らせよう

玉将《ぎょくしょう》のポイント

- 先《さき》に相手《あいて》の玉将《ぎょくしょう》を詰《つ》ませたほうが勝《か》つ
- 玉将《ぎょくしょう》で攻《せ》めることはしない
- 相手《あいて》の陣地《じんち》に入《はい》っても成《な》れない
- 金将《きんしょう》や銀将《ぎんしょう》でがっちり守《まも》ることが大切《たいせつ》

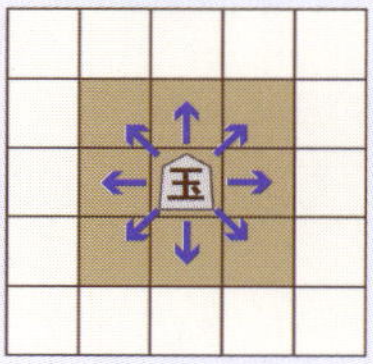

玉自体《ぎょくじたい》は、周囲《しゅうい》すべてのマスに動《うご》くことができる、かなり強《つよ》い駒《こま》だ。だけど、**将棋《しょうぎ》は相手《あいて》の玉《ぎょく》を先《さき》に詰《つ》ませたほうが勝《か》ちのゲーム。**攻《せ》めに参加《さんか》させて、相手《あいて》の陣地《じんち》に向《む》かっていくのはとても危険《きけん》だ。**そのため、自陣《じじん》から動《うご》かさず、味《み》方《かた》の金《きん》や銀《ぎん》にがっちり守《まも》らせよう。**

ちなみに、玉将《ぎょくしょう》と王将《おうしょう》があるけれど、役割《やくわり》は同《おな》じだ。基本的《きほんてき》には、段《だん》・級位《きゅうい》が上《うえ》の人《ひと》が王将《おうしょう》を、そうでない人《ひと》が玉将《ぎょくしょう》を持《も》つよ。

チェック

「王将《おうしょう》」をつくったのはあの人《ひと》！

じつは昔《むかし》は、「玉将《ぎょくしょう》」のほうが2枚《まい》あった。だけどある戦国武《せんごくぶ》将《しょう》が、「権力《けんりょく》の頂点《ちょうてん》は王《おう》だ!」と主張《しゅちょう》し、「王将《おうしょう》」がつくられたといわれているんだ。その武《ぶ》将《しょう》とは、かの有名《ゆうめい》な豊臣秀吉《とよとみひでよし》だよ！

金《きん》将《しょう》

すきのない守備力《しゅびりょく》。玉《ぎょく》のそばを離《はな》れるな！

金《きん》は、前《まえ》3方向《ほうこう》と横《よこ》、後《うし》ろに動《うご》くことができる、すきのない駒《こま》だ。その堅《かた》さを生《い》かして、**おもに守《まも》りの駒《こま》として活《かつ》躍《やく》するぞ！** そのため、基本《きほん》的《てき》には自陣《じじん》から出《だ》さず、**玉《ぎょく》のそばにひかえて、相手《あいて》の駒《こま》を撃退《げきたい》することに集中《しゅうちゅう》**しよう。

だけど**終盤《しゅうばん》になると、金《きん》は相手《あいて》の玉《ぎょく》にとどめをさす駒《こま》としても活躍《かつやく》**するんだ（106ページ）。持《も》ち駒《ごま》に金《きん》がある場合《ばあい》は、すぐに使《つか》わず、手《て》もとに残《のこ》しておこう。

金将《きんしょう》のポイント

- 鉄壁《てっぺき》の守備《しゅび》で玉《ぎょく》を守《まも》る
- 基本的《きほんてき》には自陣《じじん》から出《で》ない
- 終盤《しゅうばん》には、相手玉《あいてぎょく》を討《う》ち取《と》る役割《やくわり》も！
- 相手《あいて》の陣地《じんち》に入《はい》っても成《な》れない

ポイント1 金《きん》2枚《まい》で玉《ぎょく》を守《まも》る

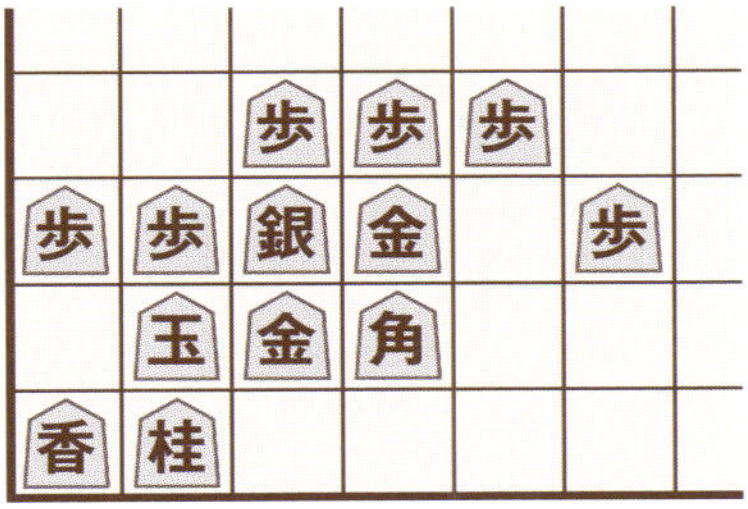

将棋《しょうぎ》にはいろいろな囲《かこ》い（80ページ）がある。よく見《み》ると、囲《かこ》いのほとんどが、金《きん》2枚《まい》が玉《ぎょく》のそばにひかえる形《かたち》をしているんだ。

金《きん》2枚《まい》が玉《ぎょく》をしっかり守《まも》っているうちは、玉《ぎょく》は安全《あんぜん》だといえるよ！

金《きん》は、玉《ぎょく》を守《まも》る側近《そっきん》！玉《ぎょく》から離《はな》れてしまうと、その実力《じつりょく》を発揮《はっき》できなくなるんだ……。

弱点《じゃくてん》はここだ！

後《うし》ろへの移動力《いどうりょく》が弱《よわ》いから前《まえ》に出《で》すぎると危険《きけん》！

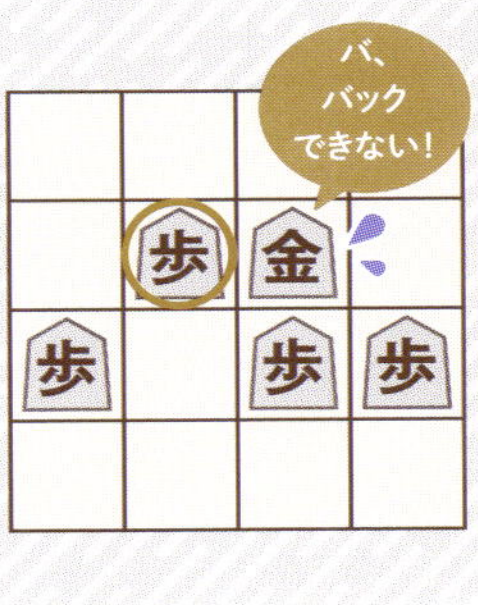

左《ひだり》の図《ず》は、金《きん》が歩《ふ》の前《まえ》に出《で》てきた形《かたち》だ。金《きん》はななめ後《うし》ろへ移動《いどう》できないから、こうなると、左《ひだり》の歩《ふ》（○）を前《まえ》に出《だ》さない限《かぎ》り、後《うし》ろに戻《もど》れなくなってしまう。金《きん》が相手《あいて》に取《と》られやすくなるし、玉《ぎょく》の守《まも》りも薄《うす》くなってしまうよね。

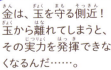

銀将《ぎんしょう》

攻《せ》めにも守《まも》りにも大活躍《だいかつやく》する駒《こま》だ！

銀将《ぎんしょう》のポイント

- ななめへの移動力《いどうりょく》がばつぐん！
- 金《きん》の弱点《じゃくてん》を補《おぎな》う補佐役《ほさやく》！
- 1枚《まい》は攻《せ》め、1枚《まい》は守《まも》りに使《つか》う
- 相手《あいて》の陣地《じんち》に入《はい》ると「成銀《なりぎん》」になる

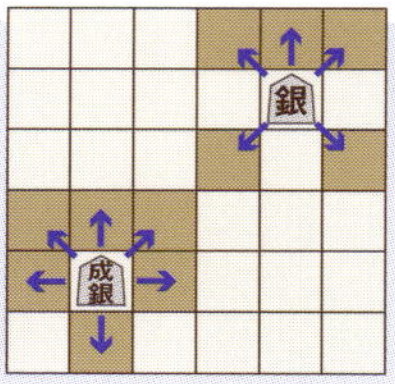

銀
成銀

銀《ぎん》は、ななめの4方向《ほうこう》と、正面《しょうめん》に動《うご》ける駒《こま》。**ななめにジグザグ動《うご》けて、攻守《こうしゅ》にわたって活躍《かつやく》できるから、1枚《まい》は攻《こう》撃《げき》、1枚《まい》は守備《しゅび》に使《つか》うのがおすすめ**だ。攻《せ》めるときは、飛《ひ》車《しゃ》と協力《きょうりょく》してすばやく攻《せ》める「棒銀戦法《ぼうぎんせんぽう》」（74ページ）がイチオシだよ！

相手《あいて》の陣地《じんち》に入《はい》ると、「成《なり》銀《ぎん》」になって、金《きん》と同《おな》じ移動《いどう》力《りょく》が手《て》に入《はい》るよ。だけど、強《つよ》みだったななめ後《うし》ろには動《うご》けなくなってしまう……。成《な》る、成《な》らないの判断《はんだん》がとても大事《だいじ》な駒《こま》なんだ。

ポイント1 歩《ふ》に続《つづ》いて突《つ》き進《すす》もう

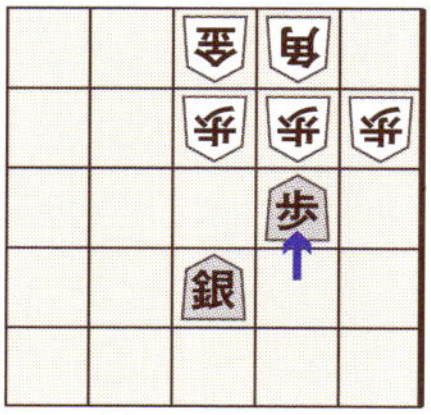

金
角
歩
歩
歩
歩
銀

歩《ふ》に続《つづ》いて敵陣《てきじん》に向《む》かうのが、銀《ぎん》の基《き》本《ほん》の動《うご》き方《かた》だ。銀《ぎん》で相手《あいて》の歩《ふ》を取《と》りながら進《すす》み、相手陣地《あいてじんち》まで攻《せ》め入《い》るよ。

ポイント2 両取《りょうど》りをねらおう

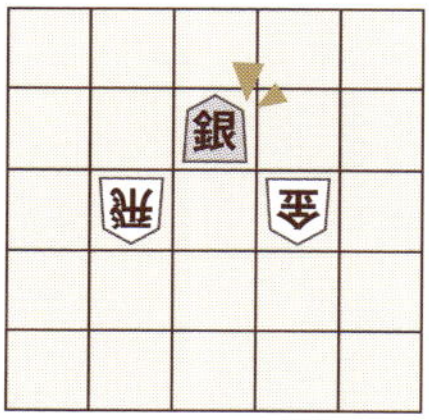

銀
飛
金

金《きん》や飛車《ひしゃ》を攻《せ》めるのに、銀《ぎん》は大活躍《だいかつやく》するよ。上《うえ》の図《ず》は「割《わ》り打《う》ち」と呼《よ》ばれる、両取《りょうど》り（2枚《まい》のうちかならず1枚《まい》は取《と》れる手《て》）をにらんだするどい手《て》だ。

味方《みかた》の歩《ふ》がじゃましてしまって、銀《ぎん》が逃《に》げられないんだね。

歩
香
歩
に、逃《に》げられない…
銀
歩
歩
歩

弱点《じゃくてん》はここだ！

左右《さゆう》と真後《まうし》ろには移動《いどう》できない…！

左《ひだり》の図《ず》を見《み》てみよう。銀《ぎん》は左右《さゆう》と真《ま》後《うし》ろには移動《いどう》することができないから、こうなってはどこにも逃《に》げられない。相手《あいて》の陣地《じんち》に攻《せ》めこむことは大《だい》事《じ》だけど、まわりを見《み》て、銀《ぎん》の逃《こ》げ道《みち》を確保《かくほ》できているか確認《かくにん》しよう。

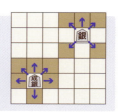

桂《けい》馬《ま》

クセのある動《うご》きで相手《あいて》をほんろうしよう！

桂馬《けいま》のポイント

- 一手《いって》で前方《ぜんぽう》に2マス進《すす》める
- 唯一《ゆいいつ》、前《まえ》の駒《こま》を跳《と》びこえられる駒《こま》
- 後《うし》ろには下《さ》がれない
- 目《め》の前《まえ》の駒《こま》は取《と》ることができない

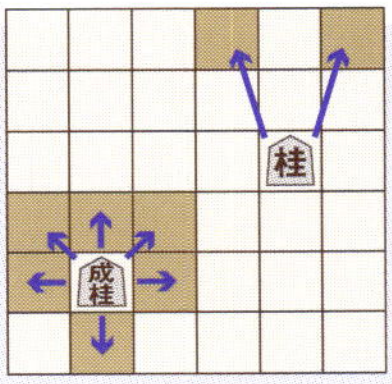
桂
成桂

桂《けい》の得意技《とくいわざ》は、ななめジャンプ！　**8種類《しゅるい》の駒《こま》の中《なか》で、唯一《ゆいいつ》ほかの駒《こま》を跳《と》びこえられる**よ。その動《うご》き方《かた》から、桂《けい》を動《うご》かすことを「はねる」と呼《よ》ぶんだ。ただし、1マスだけ進《すす》んだり、前後《ぜんご》や横《よこ》に進《すす》んだりできないし、後戻《あともど》りもできない。特殊《とくしゅ》な動《うご》きをする駒《こま》で、注意《ちゅうい》しないとあっという間《ま》に取《と》られるから、慎重《しんちょう》に使《つか》おう。

相手《あいて》の陣地《じんち》に入《はい》ると、「成《なり》桂《けい》」になって、金《きん》と同《おな》じ移動《いどう》力《りょく》に！　当然《とうぜん》だけど、「はねる」ことはできなくなってしまうよ。

ポイント1　角《かく》との連携《れんけい》が強力《きょうりょく》！

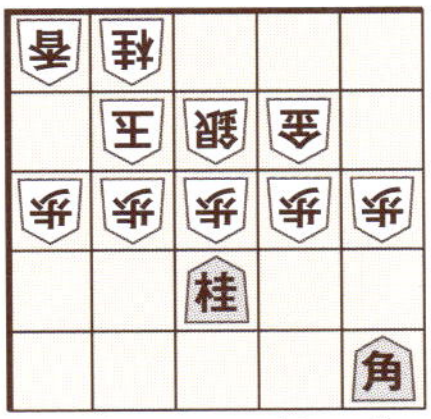
香
桂
玉
銀
金
歩
歩
歩
歩
歩
桂
角

桂《けい》は角《かく》と相性《あいしょう》がいい。上《うえ》の図《ず》、桂《けい》を取《と》ろうと歩《ふ》を動《うご》かすと、玉《ぎょく》を角《かく》に取《と》られてしまう。後手《ごて》にとっては厳《きび》しい手《て》だね。

ポイント2　両取《りょうど》りをねらおう

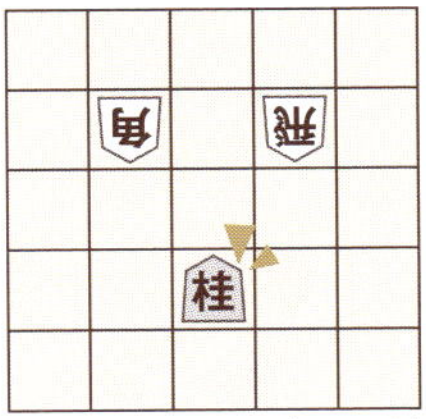
角
飛
桂

上《うえ》の図《ず》のように、1マス空《あ》きで駒《こま》が並《なら》んでいるときこそ、桂《けい》が活躍《かつやく》するチャンス！　両取《りょうど》りをねらっていこう。

弱点《じゃくてん》はここだ！

むやみに「はねる」と取《と》られてしまう…

桂馬《けいま》は、正面《しょうめん》や横《よこ》からの攻撃《こうげき》にとても弱《よわ》い。「桂馬《けいま》の高跳《たかと》び歩《ふ》のえじき」という言葉《ことば》もあるくらいで、図《ず》Aのようにあっさり歩《ふ》に取《と》られてしまうことも。また、銀《ぎん》には弱《よわ》く、頭《あたま》をつかれるとどう動《うご》いてもつかまってしまうよ（図《ず》B）。

●図《ず》B

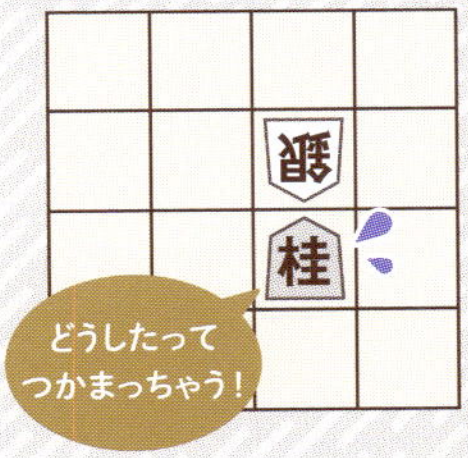
銀
桂
どうしたって
つかまっちゃう！

●図《ず》A

むやみに
はねたばかりに…
飛
歩
歩
歩
歩
歩
歩
桂
飛
王
金
銀
香

香車《きょうしゃ》

直進力《ちょくしんりょく》を生《い》かして突《つ》き刺《さ》そう！

とにかくまっすぐ進《すす》むのが香車《きょうしゃ》の特徴《とくちょう》だ。前《まえ》に大《おお》きな移《い》動力《どうりょく》があるから、持《も》ち駒《ごま》にある場合《ばあい》は、**できるだけ下《した》（手《て》前《まえ》）に打《う》ったほうが**移《い》動力《どうりょく》が多《おお》く、行動《こうどう》しやすい。飛車《ひしゃ》と違《ちが》って、一度《いちど》前《まえ》に出《で》てしまうと**後《うし》ろには下《さ》がれないから、よく考《かんが》えてから動《うご》かす**ことが大切《たいせつ》だよ。

相手《あいて》の陣地《じんち》に入《はい》ると、「成《なり》香《きょう》」になって、金《きん》と同《おな》じ移《い》動《どう》力《りょく》をもてるようになる。ただし、ポイント1で紹介《しょうかい》する田《でん》楽《がく》刺《ざ》しをねらえそうなら、成《な》らないほうが得策《とくさく》だ。

香車《きょうしゃ》のポイント

- ひたすらまっすぐ進《すす》む！
- 後《うし》ろには戻《もど》ることができない
- 持《も》ち駒《ごま》の場合《ばあい》は下《した》のほうに打《う》つと◎
- 「田楽刺《でんがくざ》し」が強力《きょうりょく》！

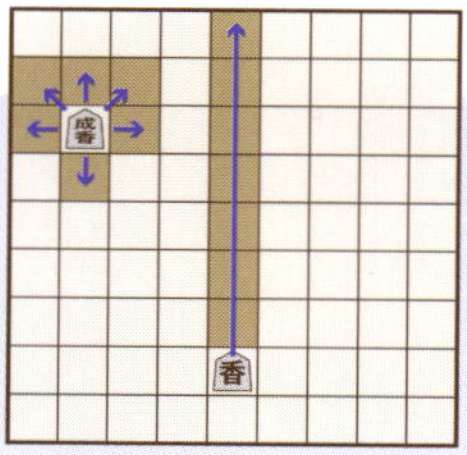

ポイント1 必殺技《ひっさつわざ》、田楽刺《でんがくざ》し！

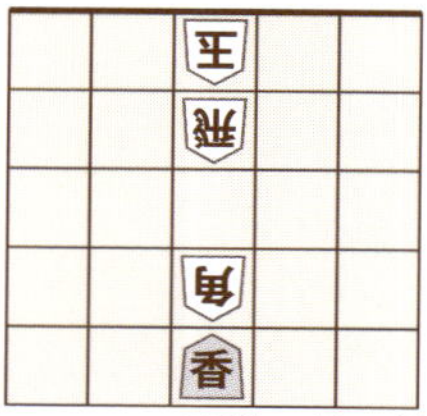

上《うえ》の図《ず》のように、大駒《おおごま》が並《なら》ぶ筋《すじ》に香《きょう》を打《う》てば、どちらかは確実《かくじつ》に取《と》れる。この技《わざ》を、田楽刺《でんがくざ》しというんだよ。

ポイント2 重《かさ》ね打《う》ちでロケットだ！

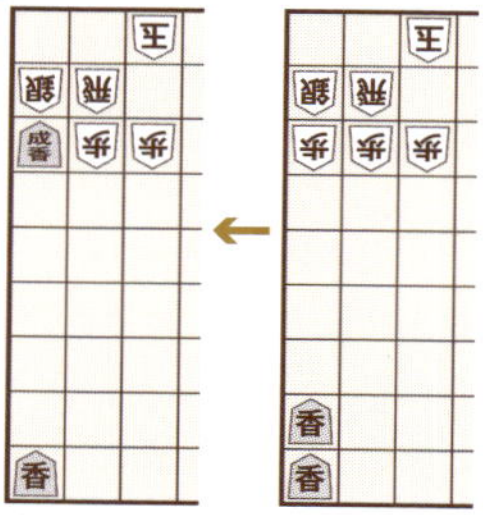

上《うえ》の図《ず》は、香《きょう》をタテに2枚重《まいかさ》ねた図《ず》。先《さき》に発射《はっしゃ》した香《きょう》を銀《ぎん》で取《と》られたら、2発《はつ》目《め》の香《きょう》ですぐさま銀《ぎん》を取《と》れるよ！

弱点《じゃくてん》はここだ！

●図《ず》B

●図《ず》A

合《あ》い駒《ごま》の歩《ふ》&ななめからの攻《せ》めが苦手《にがて》

香車《きょうしゃ》の弱点《じゃくてん》は戻《もど》れないこと……だけじゃない。たとえば図《ず》Aのように、歩《ふ》で合《あ》い駒《ごま》をされると、思《おも》うように活躍《かつやく》できなくなる。さらに図《ず》Bのように初期位《しょきい》置《ち》にいる場合《ばあい》、ななめから攻撃《こうげき》されると、成《な》すすべなく取《と》られてしまうんだ。

歩《ふ》兵《ひょう》

先陣《せんじん》を切《き》って進《すす》み と金《きん》になって大暴《おおあば》れだ！

将棋《しょうぎ》は、各《かく》20枚《まい》ずつの駒《こま》を持《も》って戦《たたか》うゲーム。その駒《こま》のうち、半数近《はんすうちか》くを占《し》めるのが、それぞれが9枚《まい》ずつ持《も》つことになる歩《ふ》だ。**一歩前《いっぽまえ》にしか進《すす》むことができず、駒《こま》の中《なか》では一番弱《いちばんよわ》いから、取《と》られても、あまりダメージがない**駒《こま》なんだ。だけど、9枚《まい》あるぶん、**歩《ふ》をうまく使《つか》いこなせると、戦術《せんじゅつ》の幅《はば》が広《ひろ》がる。**とくに、5つの「歩《ふ》の手筋《てすじ》」（96ページ）はしっかり覚《おぼ》えておこう。

相手陣地《あいてじんち》に入《はい》ると、金《きん》と同《おな》じ移動力《いどうりょく》をもつ「と金《きん》」になるから、積極的《せっきょくてき》に進《すす》めよう！

歩《ふ》兵《ひょう》のポイント

- 移動力《いどうりょく》は、前《まえ》に１マスだけ
- 後《うし》ろには戻《もど》れない
- 持《も》ち駒《ごま》20枚《まい》のうち、9枚《まい》を占《し》める
- と金《きん》になると、大幅《おおはば》にパワーアップ！

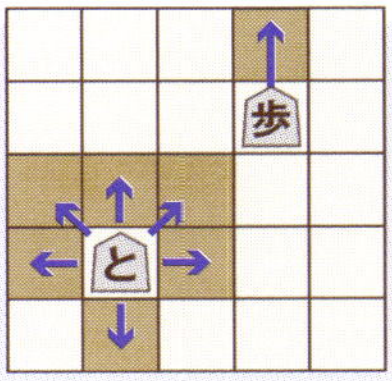
歩
と

ポイント1 と金《きん》になって大暴《おおあば》れ！

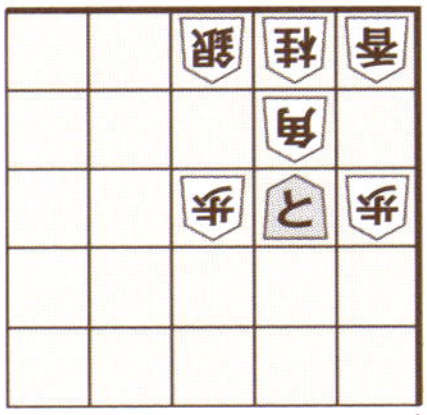
銀
桂
香
角
歩
と
歩

と金《きん》になると、パワーアップ！　取《と》られて相手《あいて》の持《も》ち駒《ごま》になると歩《ふ》に戻《もど》るから、だいたんに使《つか》えるのもうれしいね。

ポイント2 壁《かべ》として大活躍《だいかつやく》！

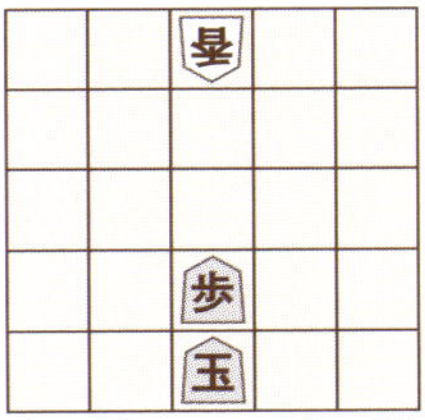
香
歩
玉

歩《ふ》は価値《かち》が低《ひく》いぶん、合《あ》い駒《ごま》としても使《つか》いやすい。香《きょう》や飛車《ひしゃ》にねらわれたら、持《も》ち駒《ごま》の歩《ふ》で壁《かべ》をつくろう！

歩《ふ》はだいたんに使《つか》える駒《こま》だけど、使《つか》いどころには注意《ちゅうい》が必要《ひつよう》だぞ！

弱点《じゃくてん》はここだ！

反則《はんそく》にはくれぐれも注意《ちゅうい》しよう！

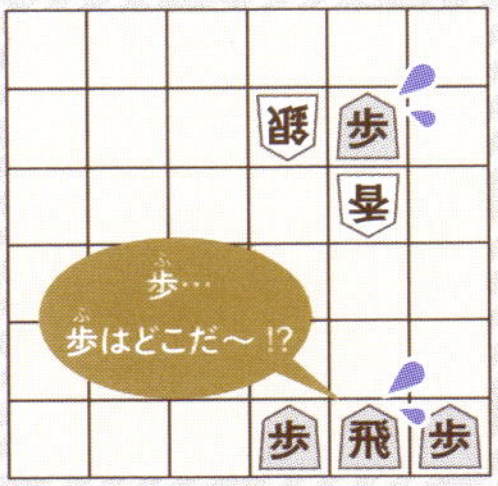
銀
歩
香
歩《ふ》…
歩《ふ》はどこだ～!?
歩
飛
歩

歩《ふ》には、二歩《にふ》や打《う》ち歩詰《ふづ》めといった、さまざまな反則《はんそく》がある（36ページ）。たとえば左《ひだり》の図《ず》のような盤面《ばんめん》、飛車《ひしゃ》の前《まえ》に合《あ》い駒《ごま》をしようとすると二歩《にふ》で反則負《はんそくま》けになってしまう……。盤《ばん》面《めん》をよく見《み》て指《さ》すようにしよう！

飛車《ひしゃ》

攻《せ》めの総大将《そうだいしょう》！味方《みかた》の駒《こま》とうまく連携《れんけい》しよう

飛車《ひしゃ》は大駒《おおごま》のひとつで、各《かく》軍《ぐん》1枚《まい》ずつしか持《も》つことができない。**縦《たて》と横《よこ》へ、ほかの駒《こま》がいなければどこまでも進《すす》める**、移動力《いどうりょく》の高《たか》い駒《こま》なんだ。その機動力《きどうりょく》を生《い》かして、**攻《せ》めの総大将《そうだいしょう》として活躍《かつやく》**するぞ。味方《みかた》の駒《こま》とうまく連携《れんけい》させながら、相手《あいて》の守《まも》りをくずしていこう。

相手陣地《あいてじんち》に入《はい》ると「竜《りゅう》」に成《な》れる。だけど飛車《ひしゃ》はほかの駒《こま》とは違《ちが》い、もとの上下《じょうげ》・左《さ》右《ゆう》への移動力《いどうりょく》を残《のこ》したまま、ななめ4方向《ほうこう》に1マスずつ移《い》動力《どうりょく》がプラスされるぞ。

飛車《ひしゃ》のポイント

- 縦《たて》と横《よこ》にどこまでも進《すす》める
- 相手《あいて》を攻《せ》めるときに使《つか》う駒《こま》
- 成《な》ると、竜《りゅう》となりパワーアップ！
- 飛車《ひしゃ》の位置《いち》で戦法《せんぽう》が決《き》まる

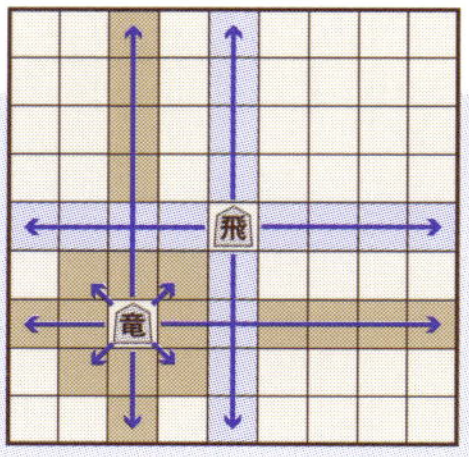

ポイント1 ほかの駒《こま》を指揮《しき》！

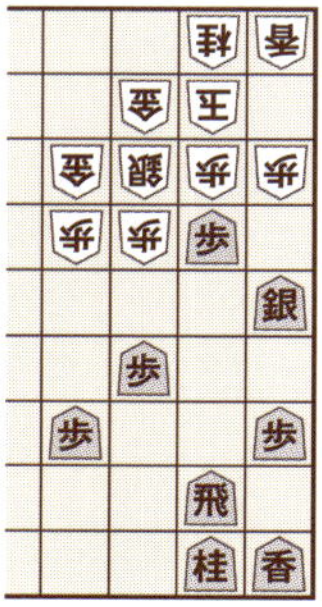

飛車《ひしゃ》の位置《いち》によって、将棋《しょうぎ》の戦法《せんぽう》（70ページ）が決《き》まるんだ。敵《てき》の弱点《じゃくてん》を見《み》つけ、ほかの駒《こま》と協力《きょうりょく》して攻《せ》めよう！

ポイント2 両取《りょうど》りをねらおう

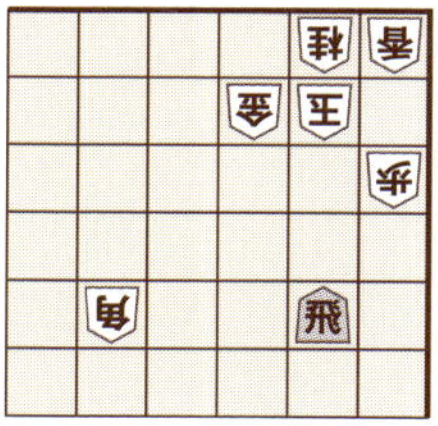

飛車《ひしゃ》のパワーを生《い》かした技《わざ》が、「十字飛車《じゅうじひしゃ》」だ。上《うえ》の図《ず》がその場面《ばめん》で、玉《ぎょく》がどう逃《に》げても角《かく》をタダで取《と》れるよ。

こんな風《ふう》に、
味方《みかた》の駒《こま》がじゃまをして
飛車《ひしゃ》の道《みち》をふさがないよう
注意《ちゅうい》しよう！

← 弱点《じゃくてん》はここだ！

ななめには動《うご》けないことを忘《わす》れずに……！

移動力《いどうりょく》にすぐれていて、無敵《むてき》にも思《おも》える飛車《ひしゃ》だけど、成《な》っていないうちは、ななめに動《うご》くことができない。左《ひだり》の図《ず》のように、左右《さゆう》を味方《みかた》の駒《こま》でふさいでしまうと、逃《に》げることができず、あっさり取《と》られてしまうんだ。

角《かく》行《ぎょう》

遠《とお》くからにらみを利《き》かせ、相手《あいて》の駒《こま》を奪取《だっしゅ》だ！

角《かく》は飛車《ひしゃ》と同《おな》じく大駒《おおごま》の一《いっ》種《しゅ》で、各軍《かくぐん》1枚《まい》ずつ持《も》つことができるよ。**ほかの駒《こま》がいなければ、ななめ4方向《ほうこう》にどこまでも進《すす》めるぞ。**角《かく》のななめの利《き》きは、相手《あいて》からすると止《と》めにくい。遠《とお》くから敵《てき》の駒《こま》をにらみ、何《なに》かあったらすぐに自陣《じじん》に戻《もど》って玉《ぎょく》を守《まも》る……。そんな風《ふう》に、**攻守《こうしゅ》の両面《りょうめん》にわたって活躍《かつやく》させよう！**

相手《あい》陣地《じんち》に入《はい》ると「馬《うま》」に成《な》れる。飛車《ひしゃ》と同様《どうよう》、もとのななめへの移動力《いどうりょく》を残《のこ》したまま、上下《じょうげ》・左右《さゆう》に1マスずつ、移動力《いどうりょく》がプラスされるぞ。

角行《かくぎょう》のポイント

- ななめならばどこまでも進《すす》める
- 遠《とお》くから相手《あいて》をにらもう！
- 攻《せ》めにも守《まも》りにも強力《きょうりょく》な駒《こま》
- 成《な》ると、馬《うま》となりパワーアップ！

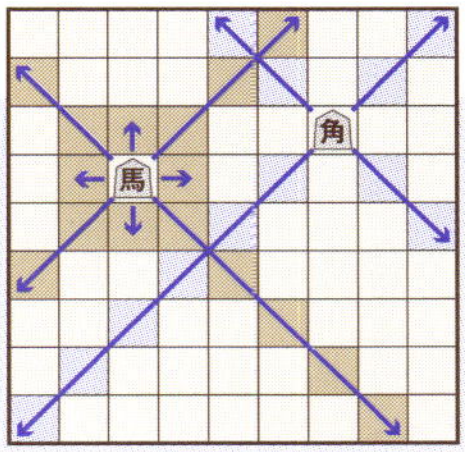

ポイント1 相手《あいて》の守《まも》りをくずす

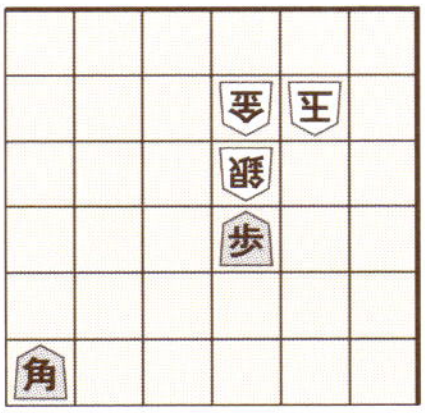

遠《とお》くから敵駒《てきごま》をにらめて、相手《あいて》からは止《と》めづらい。ほかの駒《こま》と連携《れんけい》して急所《きゅうしょ》に打《う》てば、敵駒《てきごま》を一網打尽《いちもうだじん》にできるぞ。

ポイント2 両取《りょうど》りをねらおう！

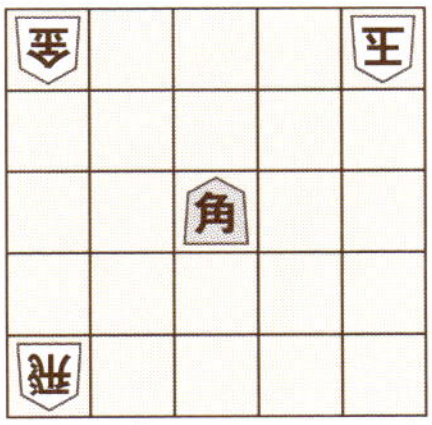

角《かく》のななめの利《き》きを生《い》かして、両取《りょうど》りをねらってみよう！　上《うえ》の盤面《ばんめん》は、相手《あいて》の玉《ぎょく》と金《きん》、飛車《ひしゃ》までをねらった手《て》だ。

弱点《じゃくてん》はここだ！

左右《さゆう》、そして頭《あたま》に利《き》きがない……

当然《とうぜん》だけど、成《な》らないうちは、上下《じょうげ》と左右《さゆう》に利《き》きがない。とくに角《かく》の頭《あたま》に駒《こま》を打《う》たれると、厳《きび》しい展開《てんかい》になること必至《ひっし》だ。強力《きょうりょく》なはずの角《かく》が、歩《ふ》にあっさりと取《と》られてしまう……ということもあるんだよ。

こうすればOK《オーケー》！

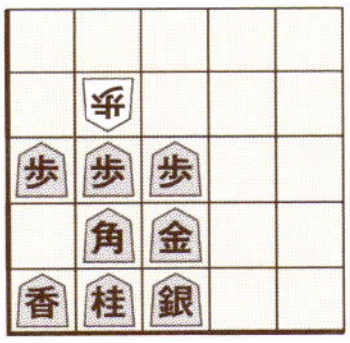

相手《あいて》の歩《ふ》がせまってきたら、金《きん》や銀《ぎん》を前《まえ》に出《だ》して角《かく》の頭《あたま》を守《まも》っておこう！

コラム2

千日手《せんにちて》と持将棋《じしょうぎ》

対局《たいきょく》を進《すす》めていて、まれに引《ひ》き分《わ》けになることがあるよ。「千日手《せんにちて》」と「持将棋《じしょうぎ》」、2つの引《ひ》き分《わ》けパターンを覚《おぼ》えよう。

千日手《せんにちて》

同《おな》じ局面《きょくめん》が続《つづ》き、千日《せんにち》経《た》っても決着《けっちゃく》がつかない…!?

図《ず》A は、先手《せんて》の飛車《ひしゃ》と後手《ごて》の金《きん》が、左《さ》右《ゆう》に行《い》ったり来《き》たりしているだけ。このように、お互《たが》いが同《おな》じ指《さ》し手《て》をくり返《かえ》してゆずらず、同《おな》じ局面《きょくめん》が4回《かい》あらわれると、「千日手《せんにちて》」と判断《はんだん》され、引《ひ》き分《わ》けになるよ。なお、同《おな》じ指《さ》し手《て》で王手《おうて》をかけ続《つづ》けるのは、「連続王手《れんぞくおうて》の千日手《せんにちて》」という反則《はんそく》になる。王手《おうて》をかけているほうの負《ま》けになるから注意《ちゅうい》しよう。

図《ず》A

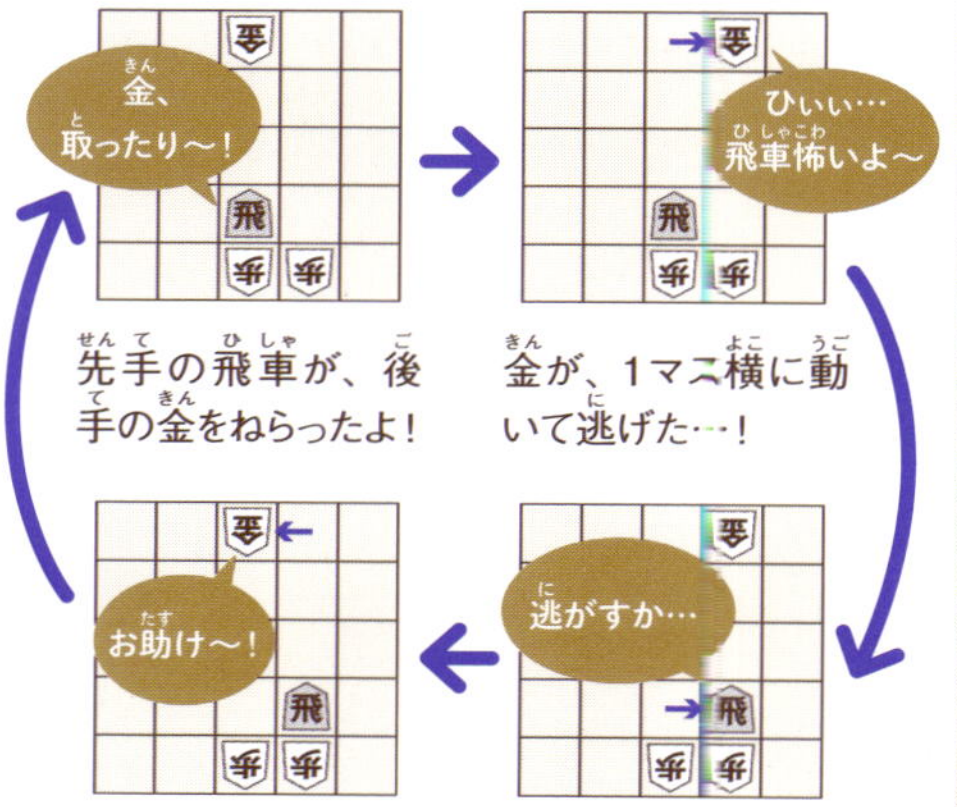

先手《せんて》の飛車《ひしゃ》が、後《ご》手《て》の金《きん》をねらったよ!

金《きん》が、1マス横《よこ》に動《うご》いて逃《に》げた…!

飛車《ひしゃ》はもう一度《いちど》金《きん》をねらいにいく!

金《きん》はもとの位置《いち》に戻《もど》り、また逃《に》げた!

持将棋《じしょうぎ》

おたがいが「入玉《にゅうぎょく》」し詰《つ》ますことができなくなる

先手《せんて》も後手《ごて》も「入玉《にゅうぎょく》(玉《ぎょく》が相手《あいて》の陣地《じんち》に入《はい》ること)」し、どちらも相手《あいて》の玉《ぎょく》を詰《つ》ませるのがむずかしい状況《じょうきょう》の場合《ばあい》、「持将《じしょう》棋《ぎ》」という特別《とくべつ》ルールが適用《てきよう》されるよ。まず、お互《たが》いが玉《ぎょく》を除《のぞ》いた盤上《ばんじょう》の駒《こま》と持《も》ち駒《ごま》を、「大駒《おおごま》(飛角《ひかく》)=5点《てん》」、「小駒《こごま》(金銀桂香歩《きんぎんけいきょうふ》)=1点《てん》」として合計点《ごうけいてん》を出《だ》すよ。成駒《なりごま》は表《おもて》にして数《かぞ》えてね。合計点《ごうけいてん》数《すう》がどちらも24点以上《てんいじょう》なら引《ひ》き分《わ》け、どちらかが24点未満《てんみまん》なら、点数《てんすう》が足《た》りないほうの負《ま》けになるんだ。

図《ず》B

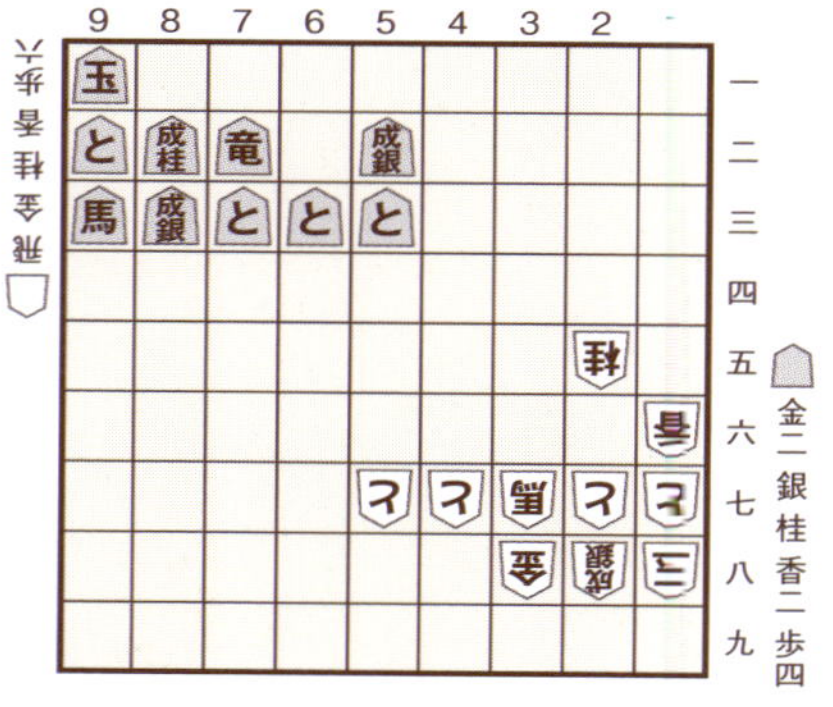

この場合《ばあい》は、先手《せんて》は飛《ひ》1、角《かく》1、金《きん》2、銀《ぎん》3、桂《けい》2、香《きょう》2、歩《ふ》8で、**合計《ごうけい》27点《てん》**、後手《ごて》は飛《ひ》1、角《かく》1、金《きん》2、銀《ぎん》1、桂《けい》2、香《きょう》2、歩《ふ》10で、**合計《ごうけい》27点《てん》**、持将棋《じしょうぎ》で引《ひ》き分《わ》けになるんだ。

パート 3 将棋《しょうぎ》の流《なが》れと基本《きほん》の戦《たたか》い方《かた》

到着《とうちゃく》——
え…？
こ ここ…!?
ふみもと
子供将棋塾

どうだい 普通《ふつう》のお家《うち》で 驚《おどろ》いたかい？
ガラ
ガラララ
～～～…
ガーン
…入《はい》るの？ 入《はい》らないの？
へ？
そこ… どいてほしいんだけど
シュウヤ
あ…
ううん ごめん…

おじゃましま～す
ドサ
あ　もう靴《くつ》がある…
うわ～!? 机《つくえ》がぎゅうぎゅう詰《づ》めだぁ…!
文本《ふみもと》先生《せんせい》 16級《きゅう》のシュウヤです 今日《きょう》も一日《いちにち》よろしくお願《ねが》いします
今月のお月謝です
こんにちは～
オレと似《に》た歳《とし》ごろの子《こ》ばっかりだぁ～♫
みんな真剣《しんけん》に何《なに》かやってる…!
パチ
パチ
パチ…

文本先生《ふみもとせんせい》
ごぶさたしております～！
池田先生
16級のミッちゃんな
今日も1日
よろしくおねがいしまな
やぁ！こんにちは
よく来《き》たね
そちらが息子《むすこ》さん？
ふみもと子供将棋教室《こどもしょうぎきょうしつ》
文本先生《ふみもとせんせい》
こんにちは
リクトくん
あ…
ど
ども…
ぺこり…
よかった
やさしそうな
先生《せんせい》だ…♪

こりゃッ
!!!
ビクッ
!?
なんや
今《いま》のは！
ちゃんと
あいさつせぇ！
池田先生《いけだせんせい》
ご…
ごめんなさい
け 見学《けんがく》にきた
リクトです…
今日一日《きょういちにち》よろしく
お願《ねが》いします…
ぺこり
んっ
あいさつは
基本《きほん》だで
ちゃんとせんと
いかん！
こっちの
おじいちゃん先生《せんせい》は
怖そうだ…
将棋《しょうぎ》は
指《さ》せるんか
？
え？
あ はい
お父《とう》さんに
教《おそ》わって…

じゃあまず
この本《ほん》の最初《さいしょ》の
定跡《じょうせき》を覚《おぼ》えて
みなさい
へ？
ガビーーン
お覚《おぼ》えるって…
このブ厚《あつ》い本《ほん》の
中身《なかみ》を～!?
ていうか
コマオチ
テイ…何《なに》!?
何《なに》が書《か》いてあるのか
チンプンカンプン
なんだけど…！
コマオチ
ジョウセキって
読《よ》むんだよ～

見学《けんがく》の子《こ》? こんにちは〜♡
わたしマホ! よろしくね〜
マホ
9級《きゅう》のマホです 今日《きょう》も一日《いちにち》よろしくお願《ねが》い します〜!
ハイ お月謝♥
こんにちは〜
女《おんな》の子《こ》も いるんだ〜…
ポワワ〜〜ン
池田先生《いけだせんせい》! この子《こ》に 定跡本《じょうせきぼん》の読《よ》み方《かた》 教《おし》えてあげても いいですか〜?
そこで やんなさい
こりゃ! 教《おし》えてもらうん だから ちゃんと あいさつせい!
プンスカー!
は はひっ
リリクトです よろしくお願《ねが》い します…!

えーと 何《なに》から教《おし》え ようか?
全部《ぜんぶ》… 「ジョーセキ」も 「コマオチ」も わかんないです…
お… オッケー
「定跡《じょうせき》」は大先輩《だいせんぱい》たちが 残《のこ》してくれた 将棋《しょうぎ》の指《さ》し方《かた》の ナビみたいなものかな
その場合は 2-七の歩を 前進させて~
それから 右の歩を 成りで あ~して こ~して…
2七歩
金
どどこで 何すれば イイのか さっぱりだ…
玉
「駒落《こまお》ち」は 強《つよ》いほうが駒《こま》を 減《へ》らして戦《たたか》う ハンディのこと!
全軍 勢ぞろい!!
対局!!!
10級
20級
6枚使用禁止!
この教室《きょうしつ》では まず駒落《こま》ち《お》の 定跡《じょうせき》を並《なら》べることから はじめるの!
じゃあまず 簡単《かんたん》なのを ひとつ覚《おぼ》えて みよっか♡
まずそこ から~…
はは はい …!
よよ よ~し!
パチ
パチ
パチ…

竜《りゅう》☗6二《に》 玉《ぎょく》☖…5四《よん》
パチ
パチ
竜《りゅう》☗5三《さん》
パチ…
玉《ぎょく》☖4五《ご》
☗えーと4四《よん》…
竜《りゅう》ー!
で…できたっ!?
パチパチパチ…
い池田《いけだ》先生《せんせい》…覚《おぼ》えました
ん
じーーー
……
……
ドキドキ
ドキ…

よろしい!
ニカァ♡
コレでひとつレベルアップした!
は…はいっ♪
うへへ…ホメられちった～♡なんか急《きゅう》に強《つよ》くなった気《き》がするぜ～! 池田先生《いけだせんせい》怖《こわ》い人《ひと》かと思《おも》ったけど笑《わら》うと意外《いがい》にカワイイかも～♪
んじゃこの次《つぎ》の定跡《じょうせき》もイチから並《なら》べてみなさい
コロッ
ガビーン
えっ次《つぎ》も!?
ま まさかコレ1冊《さつ》全部覚《ぜんぶおぼ》えるとか…
そうだで!
ひとつ覚えるのでも超タイヘンなのに
よし じゃあ最後《さいご》に一局《いっきょく》だれかと対局《たいきょく》してみようか

じゃあ わたしの 弟《おとうと》がいいよ！
……
ふむシュウヤか 同学年《どうがくねん》だし 級差的《きゅうさてき》にもいいね
さっきの子《こ》… 同学年《どうがくねん》だったんだ…
ちっちゃいから 年下と思ってた…
よしじゃあ シュウヤの飛車《ひしゃ》 落《お》ちで…
コク
え゛っ
駒落《こまお》ち!?
お同《おな》い年《どし》なのに ハンディもらう なんて嫌《いや》だよ！
同学年《どうがくねん》でも シュウヤは先輩《せんぱい》で 級《きゅう》も16級《きゅう》 キミははじめた ばかりで20級《きゅう》だ
うちでは 級差《きゅうさ》に合《あ》わせて 駒落《こまお》ちで対局《たいきょく》する 決《き》まりだからね
う… はい…

同学年《どうがくねん》とハンディ戦《せん》なんて傷《きず》つくなぁ…
ようし…コテンパンにやっつけてあっと言《い》わせてやる!
よろしくおねがいします
パチ
パチ…
パチ
パチ
パチ…
——と気合《きあ》いは入《い》れたけど…
ズ〜〜ん
むずかしい…!
ん〜〜
知恵熱
次《つぎ》…どう指《さ》せばいいの…!?
ムムウ…
それにこのシュウヤってやつ強《つよ》い…!
まったく迷《まよ》わずどんどん指《さ》してくるし…

シュウヤはまだ
入《はい》って間《ま》もないから
級《きゅう》は低《ひく》いが
勉強熱心《べんきょうねっしん》だし
才能《さいのう》もある…
ええと…
さっき覚《おぼ》えた
定跡《じょうせき》があぁだった
から…
ゔ～～ん ゔ～～ん
パチ!
残念《ざんねん》だけど
初心者《しょしんしゃ》の
リクトでは…
こ…
こうかっ!
!?
…ん?
今《いま》の
一手《いって》は…!?
定跡《じょうせき》をアレンジ
した
おもしろい手《て》…
……
今《いま》のは…
ただの偶然《ぐうぜん》
——?
ゔ～～ん…

…いや！
まただ…！
コレも一見《いっけん》
苦《くる》し紛《まぎ》れだけど
意表《いひょう》をつく有効《ゆうこう》な
一手《いって》だ…！
はじめたばかりで
どうしてこんな
手《て》を…
もしかしたら
この少年《しょうねん》…
本能《ほんのう》で将棋《しょうぎ》の本質《ほんしつ》を
わかっているの
では…
でも──
うむ
シュウヤの
勝《か》ちじゃな
ホレ
負《ま》けたらちゃんと
「負《ま》けました」と
──

ポロ
ポロ
〜〜〜〜〜ツツ
ポロ…
基礎《きそ》ができていない
今《いま》のところは
ここまでかな…
…でも
負《ま》けて泣《な》く子《こ》は
強《つよ》くなる
負《ま》けず嫌《ぎら》いは
大事《だいじ》な才能《さいのう》！
勝《か》つためには
将棋《しょうぎ》の「流《なが》れを」
知《し》ることが大切《たいせつ》だ
来週《らいしゅう》から通《かよ》って
おいで
みんなと一緒《いっしょ》に
学《まな》ぼう！
教《おし》えるのが
楽《たの》しみな子《こ》が
入《はい》ってきたな…！
……
はい…！

一局《いっきょく》の流《なが》れをつかもう！

将棋《しょうぎ》は、大《おお》きく「序盤《じょばん》」「中盤《ちゅうばん》」「終盤《しゅうばん》」の3つの局面《きょくめん》に分《わ》かれるんだ。局面《きょくめん》によって、目的《もくてき》や、何《なに》を優先《ゆうせん》するかは変《か》わるものなんだよ。各局面《かくきょくめん》の特性《とくせい》については、68ページから紹介《しょうかい》していくから、しっかり頭《あたま》に入《い》れておこう！

序盤《じょばん》

注意《ちゅうい》しながら駒組《こまぐ》みしよう！

対局《たいきょく》がはじまったら、どの戦法《せんぽう》で戦《たたか》い、どんな風《ふう》に玉《ぎょく》を守《まも》るかの作戦《さくせん》を立《た》てて、陣形《じんけい》を組《く》み立《た》てていくよ。これを「駒組《こまぐ》み」というんだ。

→ 68ページ

中盤《ちゅうばん》

盤《ばん》の四隅《よすみ》に気《き》を配《くば》りすきを見《み》つけて駒得《こまどく》！

中盤《ちゅうばん》に入《はい》ると、お互《たが》いの駒《こま》がぶつかり合《あ》って、取《と》ったり取《と》られたりのくり返《かえ》しになる。損《そん》をしないよう、「駒得《こまどく》」をねらっていこう！　また、盤面《ばんめん》の一《いっ》か所《しょ》だけを見《み》ず、つねに盤《ばん》の四隅《よすみ》に気《き》を配《くば》ることが大事《だいじ》だ。

→ 88ページ

終盤《しゅうばん》

注意《ちゅうい》を集中《しゅうちゅう》し、寄《よ》せに全力《ぜんりょく》を傾《かたむ》ける

お互《たが》いの守《まも》りをくずしていき、玉《ぎょく》に駒《こま》がせまってきたら、いよいよ終盤《しゅうばん》。相手《あいて》の玉《ぎょく》を追《お》いこむ=「寄《よ》せ」のために、全力《ぜんりょく》を尽《つ》くそう。ちなみに、終《しゅう》盤《ばん》では一手《いって》の損《そん》で勝敗《しょうはい》が分《わ》かれるから、注意《ちゅうい》をおこたらないこと！

→ 100ページ

最終盤《さいしゅうばん》！

詰《つ》みを読《よ》んであらん限《かぎ》りの力《ちから》を出《だ》すこと！

①作戦《さくせん》を立《た》てて駒組《こまぐ》みをする
②駒得《こまどく》（90ページ）をねらって戦力《せんりょく》を底上《そこあ》げ
③総攻撃《そうこうげき》で相手《あいて》の玉《ぎょく》を詰《つ》ませる
って感《かん》じかな。もちろん、相手《あいて》も同《おな》じことをしてくるから、自分《じぶん》の玉《ぎょく》を守《まも》ることも大事《だいじ》だよ～。

基本《きほん》 棋譜《きふ》を読《よ》み取《と》れるようになろう

駒《こま》がどこにいるかを示《しめ》す表記《ひょうき》を覚《おぼ》えよう！

将棋盤《しょうぎばん》にはマス目《め》が81あって、それぞれのマス目《め》には〝住所《じゅうしょ》〟があるよ。**タテ方向《ほうこう》の列《れつ》を「筋《すじ》」、ヨコ方向《ほうこう》の列《れつ》を「段《だん》」といい、筋《すじ》は1～9の算用数字《さんようすうじ》、段《だん》は一《いち》～九《きゅう》の漢数字《かんすうじ》で表《あらわ》す**んだ。たとえば、右上《みぎうえ》は「1一《いち》」、中心《ちゅうしん》は「5五《ご》」になるよ。この〝住所《じゅうしょ》〟を使《つか》って対局《たいきょく》を記録《きろく》したものを「棋譜《きふ》」というんだ。

定跡《じょうせき》も「棋譜《きふ》」で書《か》かれているから、くり返《かえ》し並《なら》べるうちに、表記《ひょうき》とマスの場所《ばしょ》が一瞬《いっしゅん》でわかるようになるよ。

マスの呼《よ》び方《かた》

☖なし

筋《すじ》

	9	8	7	6	5	4	3	2	1	
	9一	8一	7一	6一	5一	4一	3一	2一	1一	一
	9二	8二	7二	6二	5二	4二	3二	2二	1二	二
	9三	8三	7三	6三	5三	4三	3三	2三	1三	三
	9四	8四	7四	6四	5四	4四	3四	2四	1四	四
	9五	8五	7五	6五	5五	4五	3五	2五	1五	五
	9六	8六	7六	6六	5六	4六	3六	2六	1六	六
	9七	8七	7七	6七	5七	4七	3七	2七	1七	七
	9八	8八	7八	6八	5八	4八	3八	2八	1八	八
	9九	8九	7九	6九	5九	4九	3九	2九	1九	九

段《だん》

☗金二歩

盤面《ばんめん》は、手前《てまえ》（下段《げだん》）が先手《せんて》☗、奥《おく》（上段《じょうだん》）が後手《ごて》☖になるよ。先手《せんて》の持《も》ち駒《ごま》は右下《みぎした》に、後手《ごて》の持《も》ち駒《ごま》は左上《ひだりうえ》に書《か》かれているんだ。この場合《ばあい》、先手《せんて》の持《も》ち駒《ごま》は金《きん》２枚《まい》と歩《ふ》、後手《ごて》の持《も》ち駒《ごま》はなしだよ。

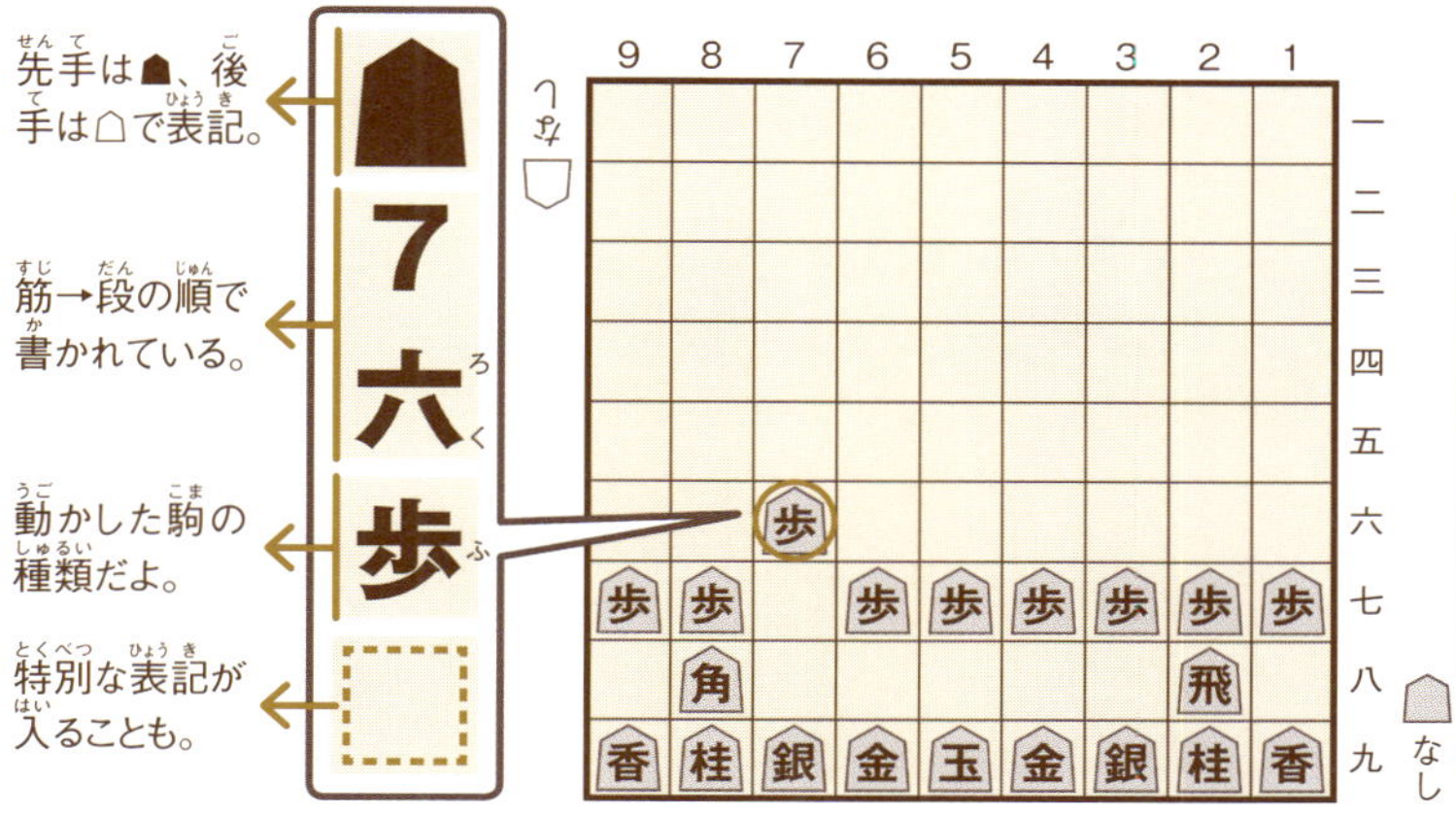
先手《せんて》は☗、後手《ごて》は☖で表記《ひょうき》。
筋《すじ》→段《だん》の順《じゅん》で書《か》かれている。
動《うご》かした駒《こま》の種類《しゅるい》だよ。
特別《とくべつ》な表記《ひょうき》が入《はい》ることも。
☗
7
六《ろく》
歩《ふ》
なし
なし

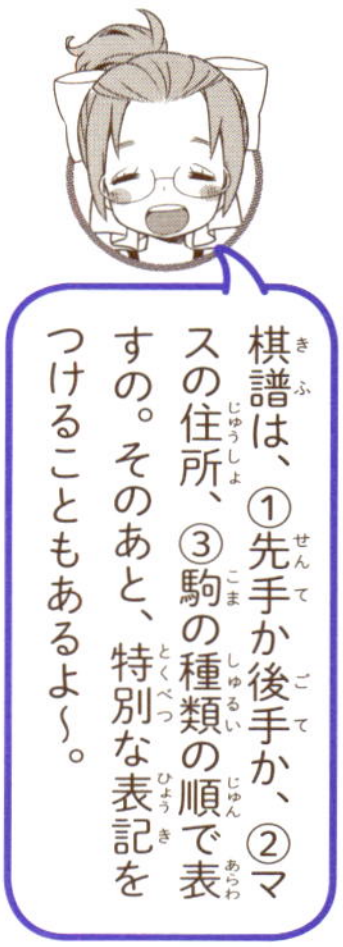
棋譜《きふ》は、①先手《せんて》か後手《ごて》か、②マスの住所《じゅうしょ》、③駒《こま》の種類《しゅるい》の順《じゅん》で表《あらわ》すの。そのあと、特別《とくべつ》な表記《ひょうき》をつけることもあるよ〜。

チェック

特別《とくべつ》な表記《ひょうき》を覚《おぼ》えよう!

棋譜《きふ》で使《つか》われる、特殊《とくしゅ》な表記《ひょうき》を紹介《しょうかい》するよ。
対局《たいきょく》ではしょっちゅう使《つか》われるものばかりだから、正確《せいかく》に覚《おぼ》えよう。

〈右《みぎ》と左《ひだり》〉

同《おな》じマス目《め》に、"左右《さゆう》の" 同《おな》じ種類《しゅるい》の駒《こま》が移動《いどう》できるとき。

☗3三金右《さんきんみぎ》

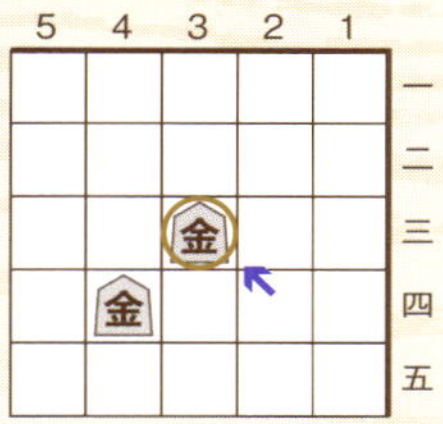

〈上《あがる》と下《さがる》〉

同《おな》じマス目《め》に、"上下《じょうげ》の" 同《おな》じ種類《しゅるい》の駒《こま》が移動《いどう》できるとき。下《さがる》は「引《ひく》」ともいう。

① **☗4四金上《よんきんあがる》**
② **☖3二金下《にきんさがる》**

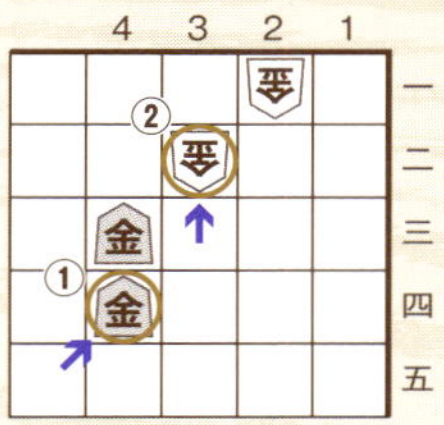

〈成《なる》と不成《ならず》〉

駒《こま》が相手陣地《あいてじんち》で成《な》ったときと、成《な》れるけど成《な》らなかったとき。

① **☗4三桂成《さんけいなる》**
② **☗2三桂不成《さんけいならず》**

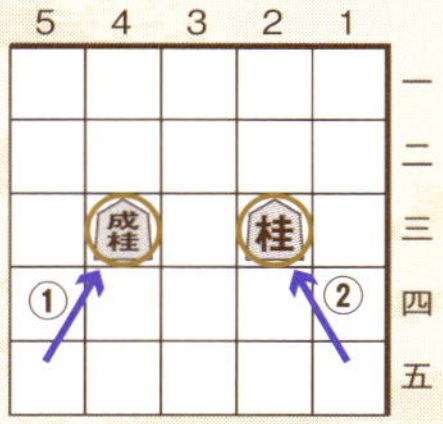

〈同《どう》〉

一手前《いってまえ》に相手《あいて》が指《さ》した駒《こま》を取《と》るとき。単《たん》に「同《どう》+駒《こま》の種類《しゅるい》」とすることも多《おお》い。

☗1三同金《さんどうきん》
(または「☗同金《どうきん》」)

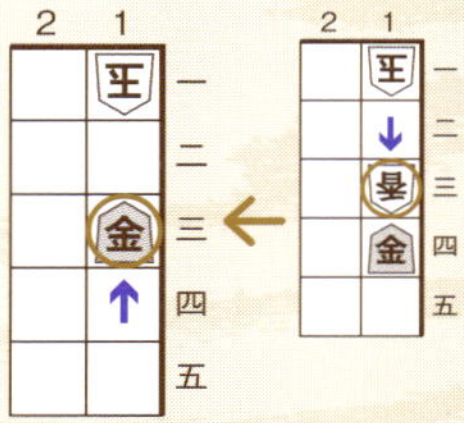

〈打《うつ》〉

盤上《ばんじょう》にある駒《こま》が移動《いどう》できるマスに、その駒《こま》と同《おな》じ種類《しゅるい》の持《も》ち駒《ごま》を打《う》ったとき。

☗2三桂打《さんけいうつ》

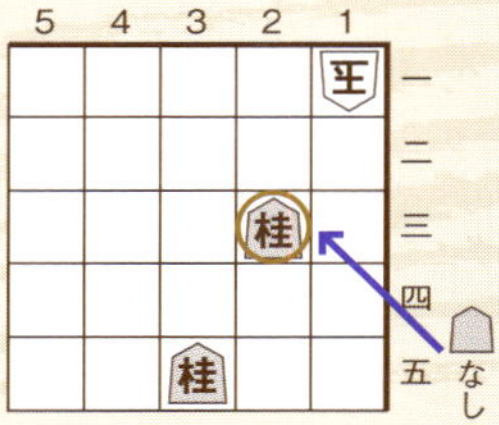
なし

棋譜《きふ》を読《よ》み取《と》れるようになると、プロ棋士《きし》の棋譜《きふ》を実際《じっさい》に並《なら》べたり、自分《じぶん》が指《さ》した将棋《しょうぎ》を記録《きろく》しておけたりするよ。ひとつひとつをしっかり覚《おぼ》えよう!

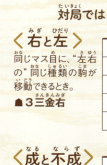

将棋《しょうぎ》の序盤《じょばん》

1 攻《せ》める駒《こま》、守《まも》る駒《こま》に分《わ》けよう

駒《こま》の役割《やくわり》を決《き》めて駒組《こまぐみ》みしていこう

序盤《じょばん》では、作戦《さくせん》を立《た》て、それぞれの駒《こま》の役割《やくわり》を決《き》めることが大切《たいせつ》だ。攻《せ》め駒《ごま》と守《まも》り駒《ごま》に分《わ》けたら、注意《ちゅうい》しながら「駒組《こまぐ》み」をしよう。パート2で紹介《しょうかい》した**駒《こま》の生《い》かし方《かた》をおさえたうえで駒組《こまぐ》みをすると、駒《こま》をうまく活躍《かつやく》させられる**ぞ。

ちなみに、序盤《じょばん》の駒組《こまぐ》みから中盤《ちゅうばん》に入《はい》るまで、**「こういう風《ふう》に指《さ》すと、駒《こま》の特性《とくせい》を生《い》かせるよ」と示《しめ》してくれるナビを、「定跡《じょうせき》」という**よ。定跡《じょうせき》を覚《おぼ》えると、駒《こま》の生《い》かし方《かた》が自然《しぜん》と身《み》につくんだ。

う〜ん。攻《せ》める駒《こま》と守《まも》る駒《こま》に分《わ》けるって、具体的《ぐたいてき》にはどうすればいいんだろう?

守《まも》りに適《てき》した駒《こま》、攻《せ》めに適《てき》した駒《こま》が、それぞれ力《ちから》を発揮《はっき》できるようにしよう。とくに重要《じゅうよう》な2つのポイントを紹介《しょうかい》するよ。

ポイント1 攻《せ》めの主役《しゅやく》は大駒《おおごま》の2枚《まい》!

基本的《きほんてき》に、飛《ひ》・角《かく》の大駒《おおごま》2枚《まい》が攻《せ》めの中心《ちゅうしん》になるよ。とくに**重要《じゅうよう》なのが飛車《ひしゃ》で、銀《ぎん》・桂《けい》と協力《きょうりょく》し、相手《あいて》の堅《かた》い守《まも》りをくずす要《かなめ》**の駒《こま》だ。飛車《ひしゃ》の動《うご》かし方《かた》で、序盤《じょばん》の陣形《じんけい》が決《き》まるといっても過言《かごん》じゃないよ。

ポイント2 守《まも》りは2枚《まい》の金《きん》に任《まか》せろ!

玉《ぎょく》を守《まも》る駒《こま》といえば、代表格《だいひょうかく》は守備隊長《しゅびたいちょう》の金《きん》だ。**2枚《まい》の金《きん》に銀《ぎん》1枚《まい》を加《くわ》え、「金銀《きんぎん》3枚《まい》」で玉《ぎょく》を囲《かこ》う**ことで、相手《あいて》に攻《せ》められてもびくともしない守《まも》りを築《きず》けるよ。

将棋《しょうぎ》の序盤《じょばん》

2 最初《さいしょ》に動《うご》かす駒《こま》は〝歩《ふ》〟だよ

攻《せ》める駒《こま》と守《まも》る駒《こま》に分《わ》けたから、それぞれの駒《こま》をうまく使《つか》えるような動《うご》かし方《かた》を考《かんが》えないといけないんだよね…。
うーん…

問題《もんだい》 まずどの駒《こま》を動《うご》かす？

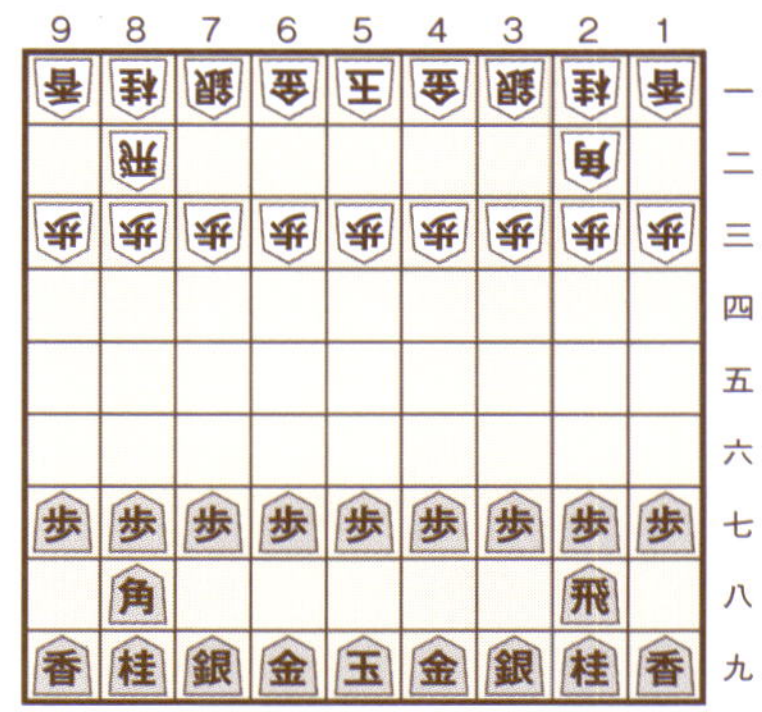

✕ 悪手《あくしゅ》

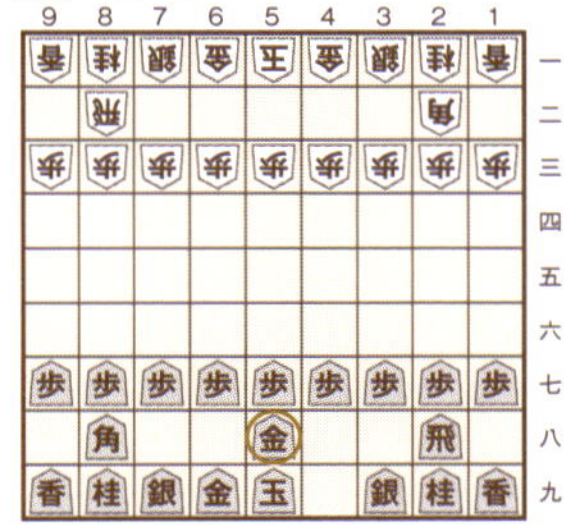

☗5八金右《はちきんみぎ》と動《うご》かした手《て》。目的《もくてき》が見《み》えないし、大駒《おおごま》を使《つか》う準備《じゅんび》にはならない……。もったいない手《て》だよ。

◎ 好手《こうしゅ》！

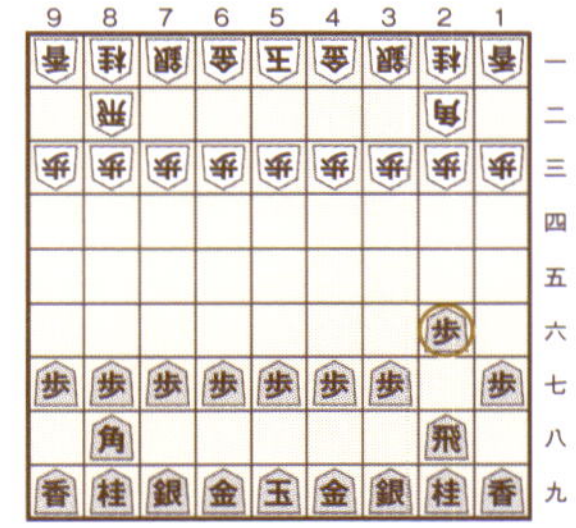

☗2六歩《ろくふ》と指《さ》したよ。飛車《ひしゃ》の上《うえ》にいる歩《ふ》を動《うご》かして、これから攻《せ》めるための準備《じゅんび》をしたよい手《て》だ！

一手目《いってめ》は大駒《おおごま》の道《みち》をあけよう！

一手目《いってめ》には、なんと30通《とお》りの動《うご》かし方《かた》がある。指《さ》せる手《て》が多《おお》すぎて、どの駒《こま》を動《うご》かすべきか迷《まよ》ってしまうね。**一手目《いってめ》の基本《きほん》は、攻《せ》めの中心《ちゅうしん》になる大駒《おおごま》が働《はたら》けるようにすること**！　つまり、壁《かべ》になっている歩《ふ》を動《うご》かして、**飛車《ひしゃ》と角《かく》の通《とお》り道《みち》をあけることが大切《たいせつ》**なんだよ。

具体的《ぐたいてき》には、飛車《ひしゃ》のタテの動《うご》きを生《い》かして攻《せ》めるために☗2六歩《ろくふ》（☖8四歩《よんふ》）と指《さ》すか、角《かく》の道《みち》をあける☗7六歩《ろくふ》（☖3三歩《さんふ》）の2つの手《て》が基本《きほん》になるよ。

3

将棋《しょうぎ》の戦法《せんぽう》を覚《おぼ》えよう

将棋《しょうぎ》の戦法《せんぽう》は、大《おお》きく2つの種類《しゅるい》に分《わ》かれる

将棋《しょうぎ》では、指《さ》し方《かた》の指針《ししん》となる作戦《さくせん》のことを、「戦法《せんぽう》」というよ。戦法《せんぽう》にはたくさんの種類《しゅるい》があるけれど、**飛車《ひしゃ》の位置《いち》によって、大《おお》きく「居飛車戦法《いびしゃせんぽう》」と「振《ふ》り飛車戦法《びしゃせんぽう》」の2種類《しゅるい》に分《わ》かれる**んだ。

居飛車戦法《いびしゃせんぽう》は、飛車《ひしゃ》を開始位置《かいしいち》の筋《すじ》のまま、タテに使《つか》う戦法《せんぽう》。振《ふ》り飛車戦法《びしゃせんぽう》は、飛車《ひしゃ》を左側《ひだりがわ》へ動《うご》かし、もとの筋《すじ》とは違《ちが》う筋《すじ》から攻《せ》める戦法《せんぽう》だ。居飛車《いびしゃ》、振《ふ》り飛車《びしゃ》ともに、いくつもの戦法《せんぽう》がある。代表的《だいひょうてき》なものから覚《おぼ》えよう！

戦法《せんぽう》の種類《しゅるい》

振《ふ》り飛車戦法《びしゃせんぽう》

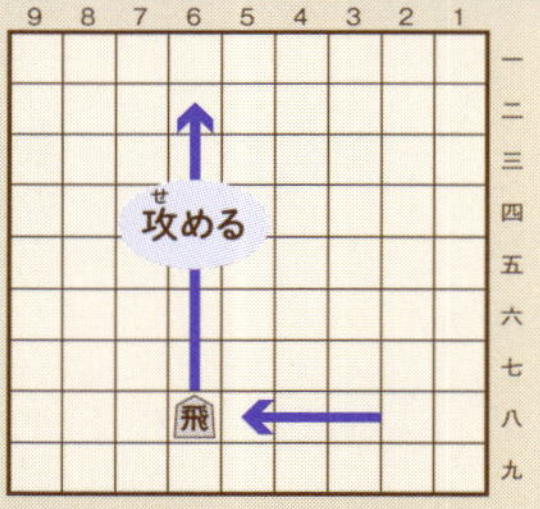

飛車《ひしゃ》を左《ひだり》の方向《ほうこう》に動《うご》かしてから攻《せ》める戦法《せんぽう》。飛車《ひしゃ》を動《うご》かす（振《ふ》る）筋《すじ》がどこかによって、戦法《せんぽう》の呼《よ》び名《な》が変《か》わるよ。

- 三間飛車戦法《さんけんびしゃせんぽう》
- 中飛車戦法《なかびしゃせんぽう》
- 四間飛車戦法《しけんびしゃせんぽう》 78ページ～

居飛車戦法《いびしゃせんぽう》

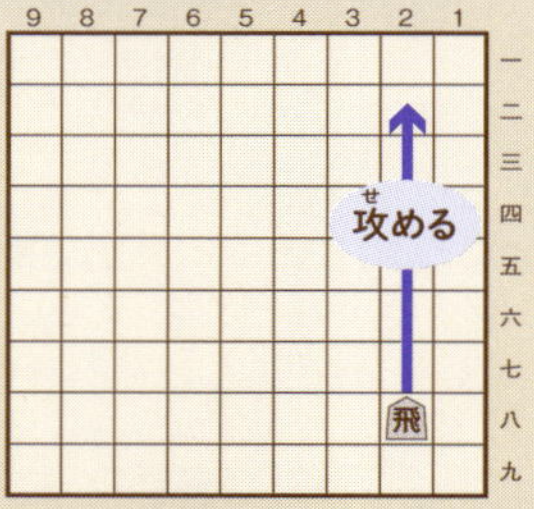

飛車《ひしゃ》が、初期《しょき》の筋《すじ》のまま、2の筋《すじ》（後手《ごて》は8の筋《すじ》）から攻《せ》める戦法《せんぽう》のこと。最初《さいしょ》は、居飛車《いびしゃ》から覚《おぼ》えてみよう（74ページ）。

- 相《あい》がかり戦法《せんぽう》
- 相矢倉戦法《あいやぐらせんぽう》 76ページ～
- 棒銀戦法《ぼうぎんせんぽう》 74ページ～

戦法《せんぽう》ってカッコいいな～！　……あれ？　でも、教《おし》えてくれた定跡《じょうせき》とは何《なに》が違《ちが》うの？

戦法《せんぽう》と定跡《じょうせき》は、似《に》たような意味《いみ》で使《つか》われているよ～。定跡《じょうせき》は言《い》いかえると、「戦法《せんぽう》などを指《さ》すうえで、最善《さいぜん》とされる指《さ》し方《かた》の手順《てじゅん》」ってとこかな！

その場合は2－七の歩を前進させて～
それから右の歩を成りであ～して こ～して…
2七歩
ど どこで何すればイイのかさっぱりだ…

ポイント

1 飛車《ひしゃ》と玉《ぎょく》は逆方向《ぎゃくほうこう》へ動《うご》かす

ここからは、戦法《せんぽう》の4つのポイントを学《まな》ぼう。ひとつ目《め》のポイントは、飛車《ひしゃ》と玉《ぎょく》は、かならず逆方《ぎゃくほう》向《こう》に動《うご》かすこと！　飛車《ひしゃ》は攻《せ》めの総大将《そうだいしょう》だから、**飛車《ひしゃ》がいる筋《すじ》とその周辺《しゅうへん》では、激《はげ》しい戦《たたか》いが起《お》きやすい**。玉《ぎょく》がそばにいると、戦《たたか》いに巻《ま》きこまれてしまい、落《お》ちつけないんだ。

わーーー
ウォーー
ギャー
ヒーー
わしの近くで戦うなーー!!

振《ふ》り飛車《びしゃ》の場合《ばあい》

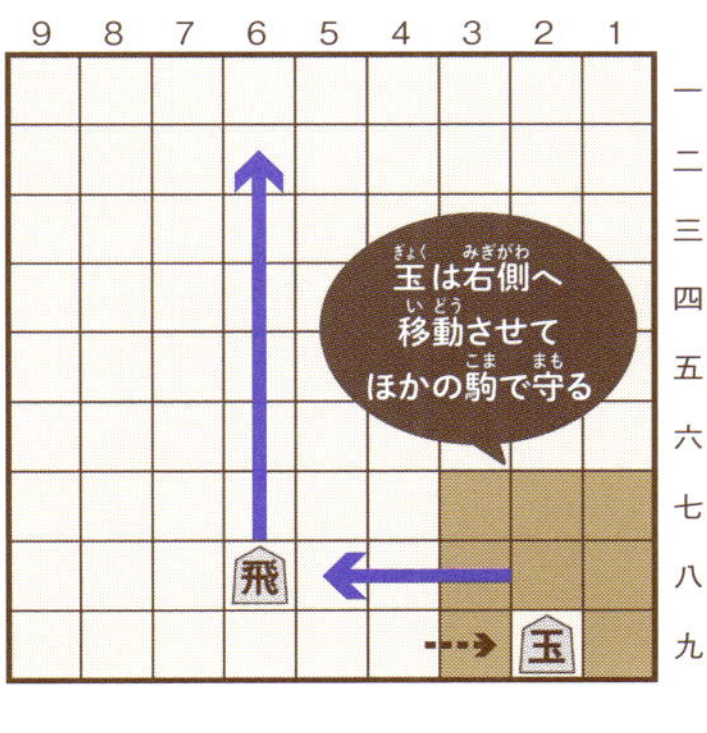
9 8 7 6 5 4 3 2 1
一 二 三 四 五 六 七 八 九
玉《ぎょく》は右側《みぎがわ》へ移動《いどう》させてほかの駒《こま》で守《まも》る
飛
玉

居《い》飛車《びしゃ》の場合《ばあい》

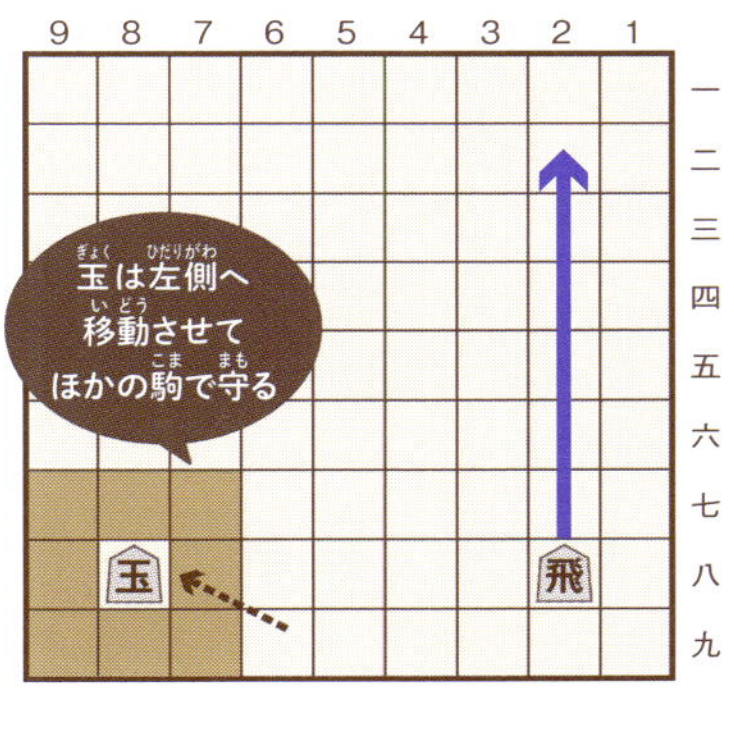
9 8 7 6 5 4 3 2 1
一 二 三 四 五 六 七 八 九
玉《ぎょく》は左側《ひだりがわ》へ移動《いどう》させてほかの駒《こま》で守《まも》る
玉
飛

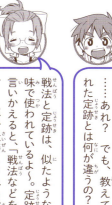

ポイント 2

玉《ぎょく》は「囲《かこ》い」でがっちり守《まも》る!

玉《ぎょく》を飛車《ひしゃ》と反対側《はんたいがわ》に動《うご》かしたぞ! このあと、どうすればいいか教《おし》えてください!

玉《ぎょく》は、守《まも》りの駒《こま》でがっちり囲《かこ》うよ。玉《ぎょく》が安全《あんぜん》な状態《じょうたい》でないと、安心《あんしん》して戦《たたか》えないからね。

玉《ぎょく》は、飛車《ひしゃ》と反対側《はんたいがわ》に移動《いどう》させ、金銀《きんぎん》3枚《まい》でがっちりと囲《かこ》って、守《まも》りを固《かた》めるよ。下《した》の図《ず》は、プロ棋《き》士《し》もよく使《つか》う「矢倉囲《やぐらがこ》い」という囲《かこ》い方《かた》。とても堅《かた》い守《まも》りで、どうやって攻《せ》めればいいのか迷《まよ》ってしまうね。序盤《じょばん》に玉《ぎょく》を囲《かこ》うことは、終盤《しゅうばん》で自分《じぶん》の玉《ぎょく》を生《い》かすことにつながるんだ!

「矢倉囲《やぐらがこ》い」という囲《かこ》い方《かた》

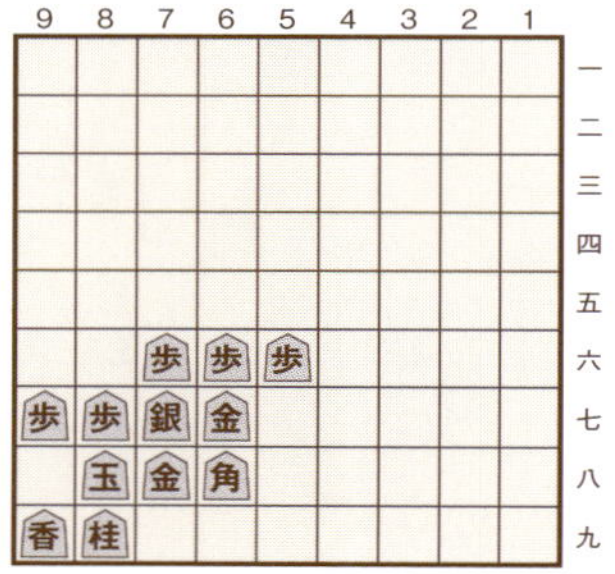

金銀《きんぎん》3枚《まい》と角桂香《かくけいきょう》歩《ふ》で玉《ぎょく》をがっちり囲《かこ》い、敵《てき》の侵入《しんにゅう》を許《ゆる》さない!

囲《かこ》いについては、80ページからさらにくわしく紹介《しょうかい》していくよ。囲《かこ》いもたくさんの種類《しゅるい》があって、相手《あいて》の戦法《せんぽう》に合《あ》わせて囲《かこ》い方《かた》を決《き》めることが大事《だいじ》なんだ。

ポイント 3

戦法《せんぽう》の組《く》み合《あ》わせは3通《とお》り

戦法《せんぽう》は、大《おお》きく2種類《しゅるい》に分《わ》けられると説明《せつめい》したよね。つまり、**自《じ》分《ぶん》と相手《あいて》がどの戦法《せんぽう》を指《さ》すかによって、3通《とお》りの組《く》み合《あ》わせがある**んだ。組《く》み合《あ》わせによって、指《さ》すときに気《き》をつけるべきポイントが変《か》わってくるから、特徴《とくちょう》をしっかり覚《おぼ》えよう!

3通《とお》りの組《く》み合《あ》わせ

先手《せんて》、後手《ごて》がともに居飛車《いびしゃ》	→ **相居飛車《あいいびしゃ》**
一方《いっぽう》が居飛車《いびしゃ》、一方《いっぽう》が振《ふ》り飛車《びしゃ》	→ **居飛車《いびしゃ》対《たい》振《ふ》り飛車《びしゃ》**
先手《せんて》、後手《ごて》がともに振《ふ》り飛車《びしゃ》	→ **相振《あいふ》り飛車《びしゃ》**

チェック

戦法《せんぽう》の組《く》み合《あ》わせと指《さ》し方《かた》のコツ

組《く》み合《あ》わせごとに、気《き》をつけるポイントと指《さ》し方《かた》のコツを解説《かいせつ》するよ！

相居飛車《あいいびしゃ》

相居飛車《あいいびしゃ》は、先手《せんて》の攻《せ》めと後手《ごて》の守《まも》り、先手《せんて》の守《まも》りと後手《ごて》の攻《せ》めが、それぞれ向《む》かい合《あ》う形《かたち》になるのが特徴《とくちょう》だ。敵陣《てきじん》の囲《かこ》いを攻《せ》めるべきか、自陣《じじん》の玉《ぎょく》を守《まも》るべきか、形勢《けいせい》を判断《はんだん》して見《み》きわめることが大切《たいせつ》だよ。

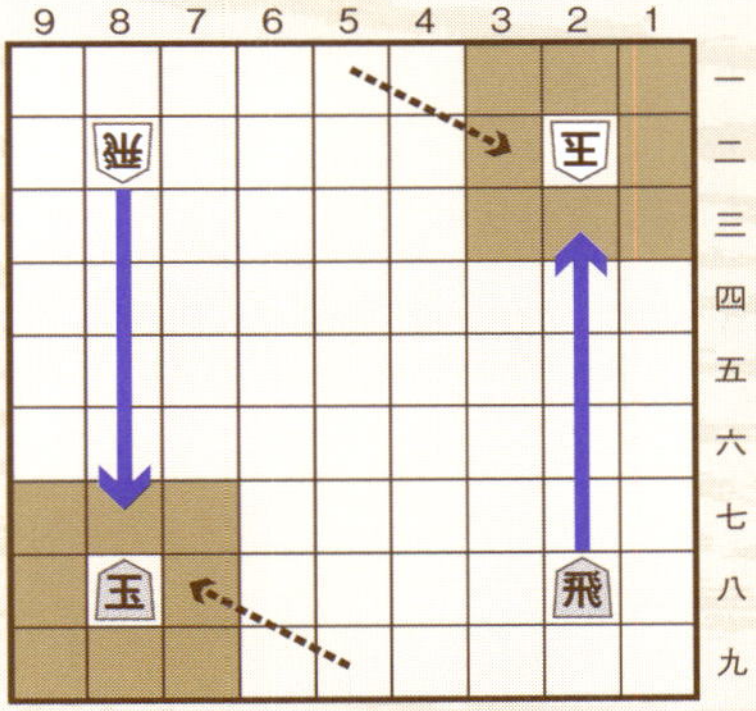

居飛車《いびしゃ》対《たい》振《ふ》り飛車《びしゃ》

振《ふ》り飛車《びしゃ》は、相手陣地《あいてじんち》に入《はい》ったあと、横方向《よこほうこう》から攻《せ》める戦《たたか》い方《かた》だ。居飛車《いびしゃ》側《がわ》は、相手《あいて》がどの筋《すじ》から攻《せ》めてくるかを見《み》きわめて、最適《さいてき》な囲《かこ》い方《かた》を判断《はんだん》しよう。ちなみに、右《みぎ》ページでも紹介《しょうかい》した「矢倉囲《やぐらがこ》い」は、対振《たいふ》り飛車《びしゃ》には向《む》かないよ（82ページ）。

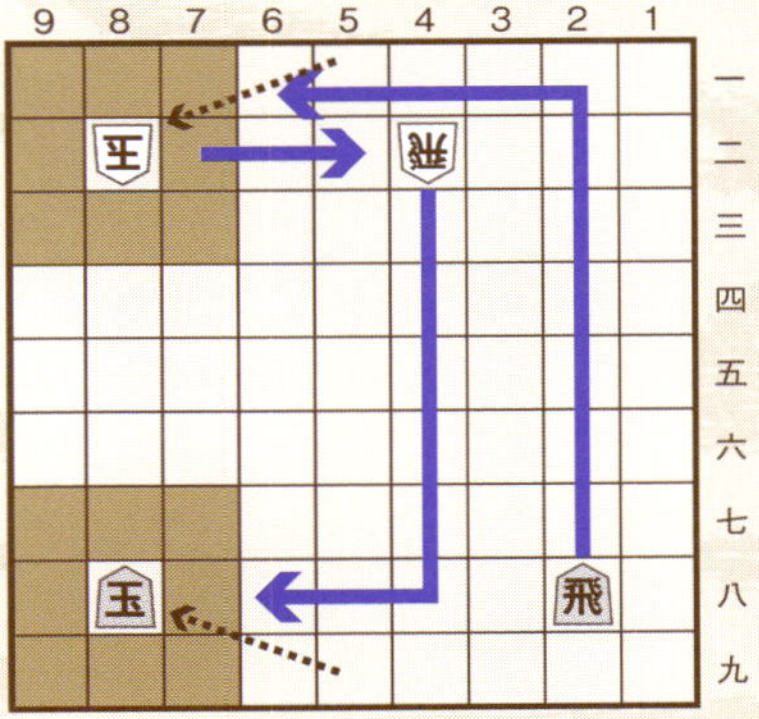

相振《あいふ》り飛車《びしゃ》

お互《たが》いが振《ふ》り飛車《びしゃ》を指《さ》す場合《ばあい》、相手《あいて》がどの筋《すじ》に飛車《ひしゃ》を振《ふ》って攻《せ》めてくるかによって、進《すす》め方《かた》がガラッと変《か》わる。共通《きょうつう》して大切《たいせつ》なのは、相手《あいて》の飛車先《ひしゃさき》からの攻《せ》めを、最適《さいてき》な囲《かこ》いできっちり守《まも》ることだよ！

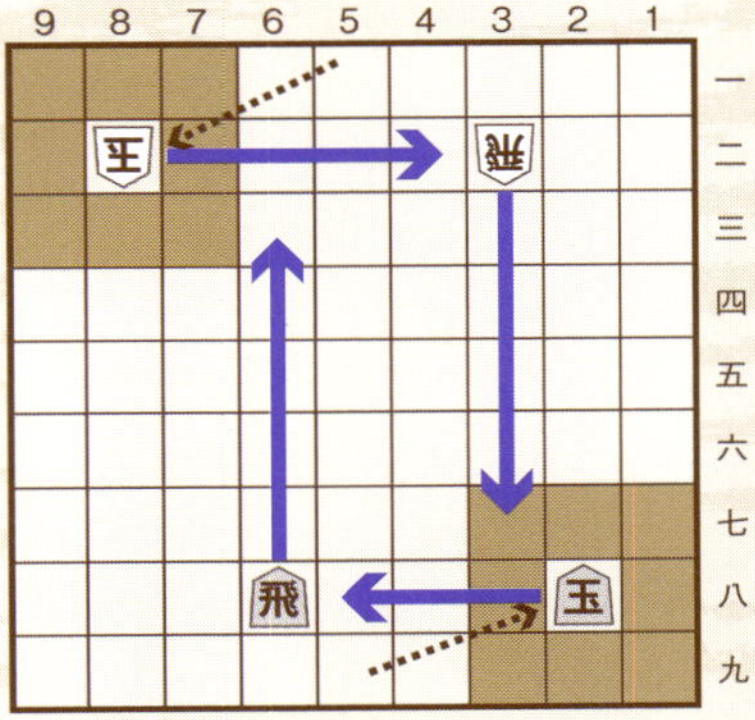

3つの基本戦法《きほんせんぽう》を覚《おぼ》えよう

戦法《せんぽう》は、本当《ほんとう》にたくさんの種類《しゅるい》がある。いくつか並《なら》べてみて、自分《じぶん》の得意《とくい》戦法《せんぽう》を見《み》つけてみよう。ここでは、もっとも基本的《きほんてき》な3つの戦法《せんぽう》を、居飛車《いびしゃ》から2つ、振《ふ》り飛車《びしゃ》から1つ紹介《しょうかい》するよ。

居飛車《いびしゃ》

棒銀戦法《ぼうぎんせんぽう》

戦《たたか》い方《かた》の基本《きほん》がわかる最初《さいしょ》に覚《おぼ》えたい戦法《せんぽう》

棒銀戦法《ぼうぎんせんぽう》は、飛車先《ひしゃさき》の銀《ぎん》を敵陣《てきじん》へ向《む》かって進《すす》めて、歩《ふ》や飛車《ひしゃ》と連携《れんけい》して相手《あいて》を攻《せ》める戦法《せんぽう》のことだよ！ 攻《せ》め方《かた》の基本《きほん》が詰《つ》まった戦法《せんぽう》だから、最初《さいしょ》に覚《おぼ》えよう。棒銀《ぼうぎん》には、いくつか種類《しゅるい》があるけれど、ここではもっとも初歩的《しょほてき》なものを紹介《しょうかい》するよ。

戦法《せんぽう》データ

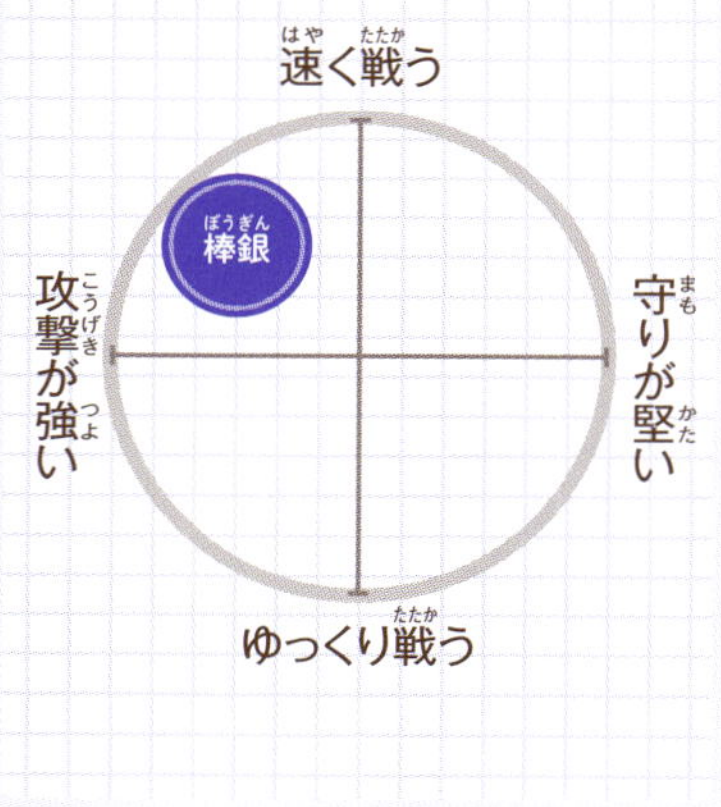

指《さ》し方《かた》の手順例《てじゅんれい》

先手《せんて》が棒銀《ぼうぎん》に挑戦《ちょうせん》！

1 飛車先《ひしゃさき》の歩《ふ》を突《つ》いていこう

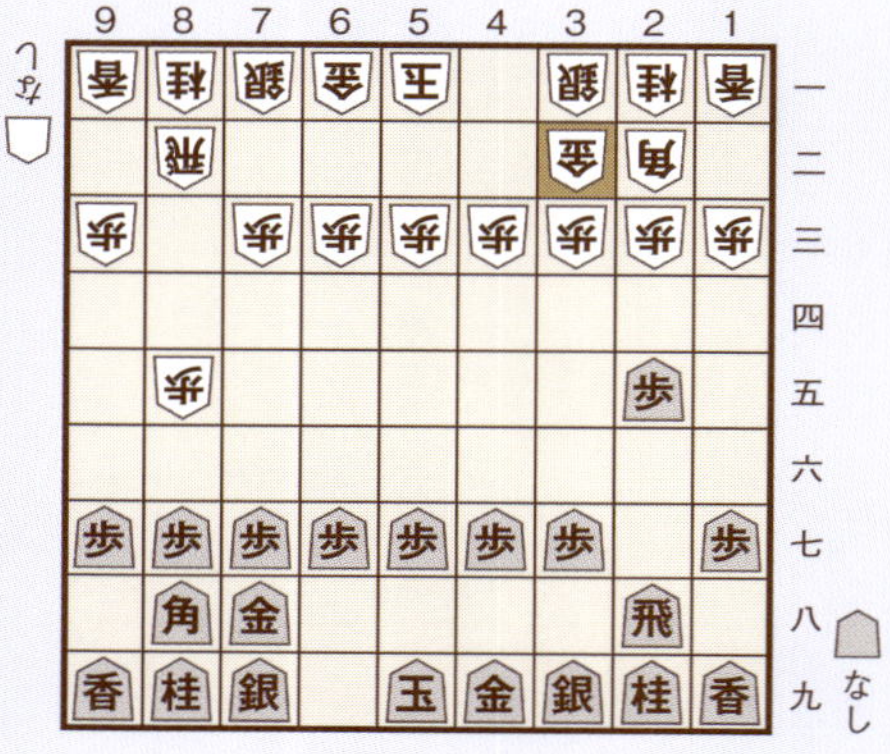

まずは、飛車先《ひしゃさき》から攻《せ》める準備《じゅんび》をするよ。2六歩《ろくふ》から、歩《ふ》を前《まえ》に突《つ》こう。☗7八金《はちきん》と指《さ》すのは、相手《あいて》の飛車先《ひしゃさき》からの攻《せ》めに備《そな》えるためだよ。

手順例《てじゅんれい》

☗2六歩《ろくふ》 ↓
☖8四歩《よんふ》 ↓
☗2五歩《ごふ》 ↓
☖8五歩《ごふ》 ↓
☗7八金《はちきん》 ↓
☖3二金《にきん》

2 銀《ぎん》を前《まえ》に進《すす》めていこう

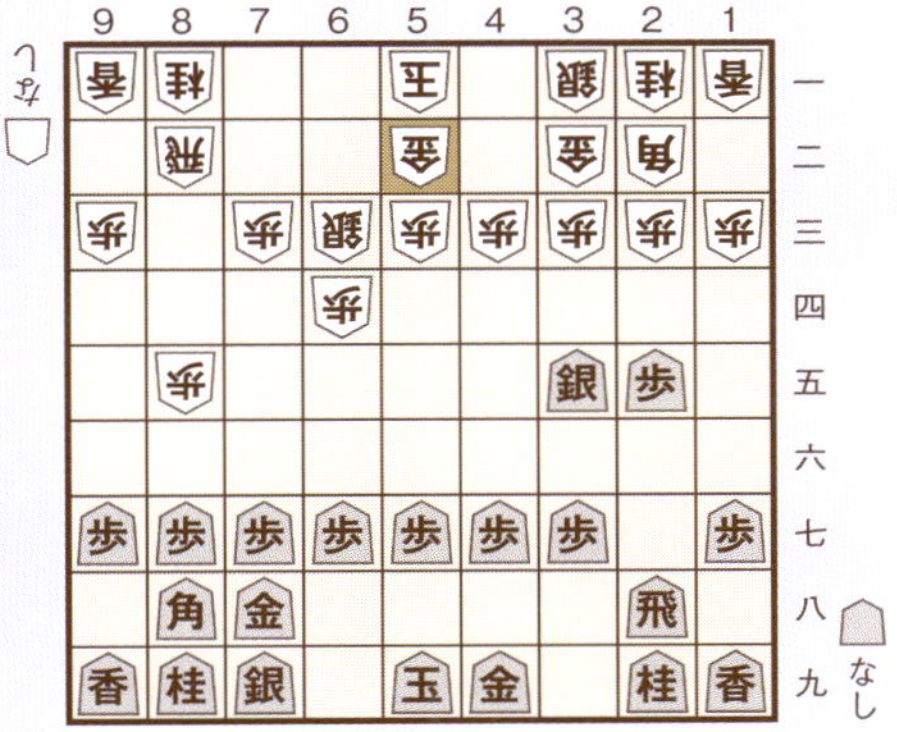

歩《ふ》を進《すす》めたら、棒銀戦法《ぼうぎんせんぽう》の主役《しゅやく》・銀《ぎん》を2筋《すじ》から前《まえ》へ突《つ》いていくよ。棒銀《ぼうぎん》は、飛《ひ》車《しゃ》・銀《ぎん》・歩《ふ》の3枚《まい》の駒《こま》で、相手《あいて》の角《かく》の頭《あたま》をねらう戦法《せんぽう》なんだ。

手順例《てじゅんれい》

（△3二金《にきん》から）
▲3八銀《はちぎん》
↓
△6二銀《にぎん》
↓
▲2七銀《ななぎん》
↓
△6四歩《よんふ》
↓
▲2六銀《ろくぎん》
↓
△6三銀《さんぎん》
↓
▲3五銀《ごぎん》
↓
△5二金《にきん》

3 ▲2四歩《よんふ》と突《つ》いて仕《し》かけよう

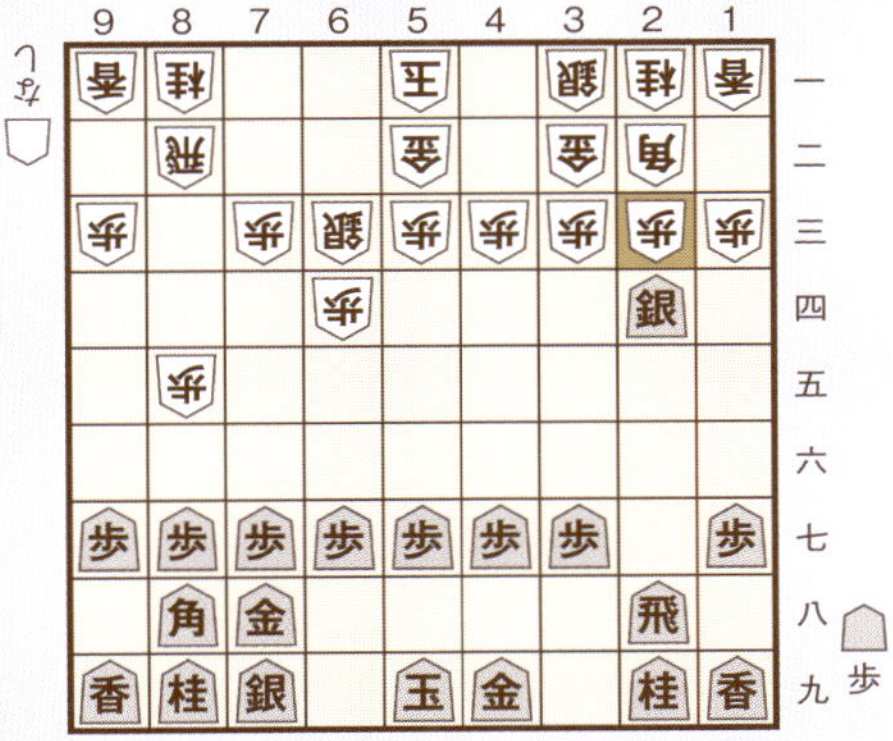

相手《あいて》の陣地《じんち》に歩《ふ》と銀《ぎん》がせまってきたね！いよいよ攻《せ》めていくよ。まずは▲2四歩《よんふ》と突《つ》き、そのあとそばにひかえていた銀《ぎん》で攻《せ》めよう。

手順例《てじゅんれい》

（△5二金《にきん》から）
▲2四歩《よんふ》
↓
△同歩《どうふ》
↓
▲同銀《どうぎん》
↓
△2三歩《さんふ》

4 飛車《ひしゃ》を竜《りゅう》に。棒銀成功《ぼうぎんせいこう》だ！

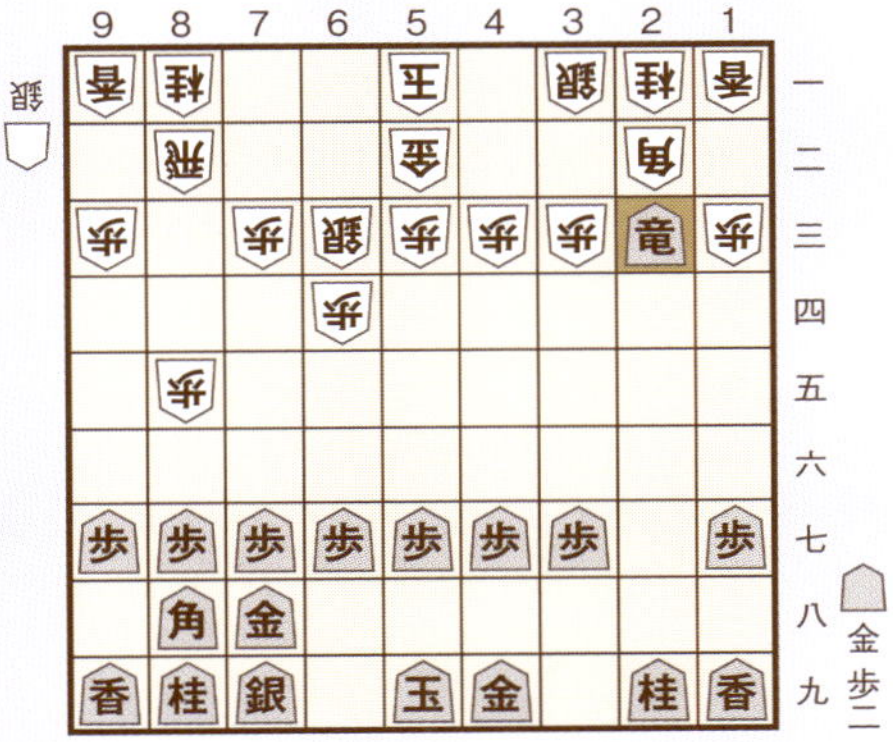

△2三歩《さんふ》を▲同銀成《どうぎんなり》で取《と》るよ。△同金《どうきん》とされたら、▲同飛成《どうひなり》！　先手《せんて》は銀《ぎん》と交換《こうかん》で、歩《ふ》2枚《まい》、金《きん》1枚《まい》を手《て》に入《い》れたほか、竜《りゅう》もつくれた。棒銀戦法《ぼうぎんせんぽう》が大成功《だいせいこう》だ！

手順例《てじゅんれい》

（△2三歩《さんふ》から）
▲同銀成《どうぎんなり》
↓
△同金《どうきん》
↓
▲同飛成《どうひなり》

居飛車《いびしゃ》

相矢倉戦法《あいやぐらせんぽう》

玉《ぎょく》を囲《かこ》いに入《い》れて戦《たたか》う守《まも》りの堅《かた》い戦法《せんぽう》

矢倉《やぐら》は、囲《かこ》いの名前《なまえ》のこと。つまり相矢倉《あいやぐら》は、**お互《たが》いが矢倉囲《やぐらがこ》いで玉《ぎょく》を囲《かこ》ったあとに、飛車先《ひしゃさき》から攻《せ》める戦法《せんぽう》**だよ。守《まも》りが堅《かた》いため、じっくり戦《たたか》いたいとき向《む》きなんだ。玉《ぎょく》を金銀《きんぎん》で囲《かこ》ってから戦《たたか》うから、手数《てかず》が多《おお》め。しっかり覚《おぼ》えよう！

戦法《せんぽう》データ

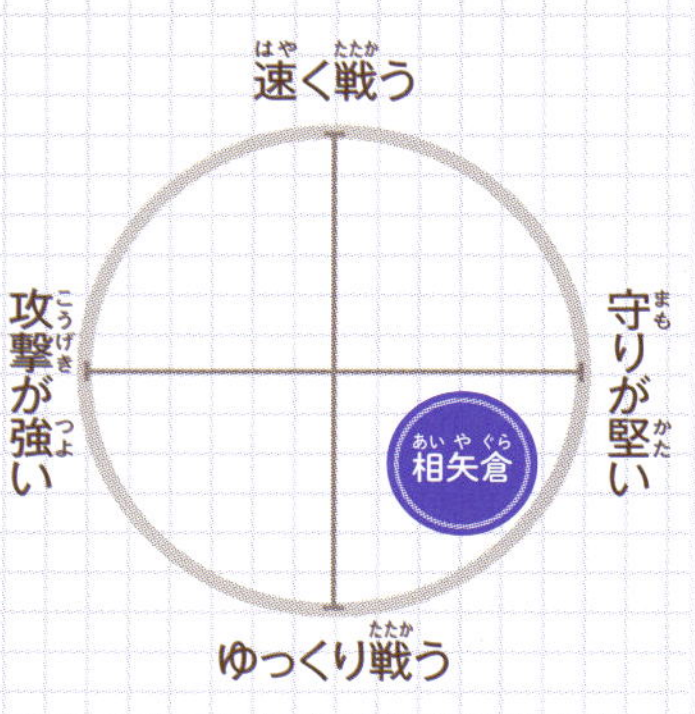
速《はや》く戦《たたか》う
守《まも》りが堅《かた》い
ゆっくり戦《たたか》う
攻撃《こうげき》が強《つよ》い
相矢倉《あいやぐら》

指《さ》し方《かた》の手順例《てじゅんれい》

先手《せんて》も後手《ごて》も同《おな》じ矢倉囲《やぐらがこ》いをねらっているよ！

1 ▲7七銀《ななぎん》（△3三銀《さんぎん》）と突《つ》くことが大切《たいせつ》！

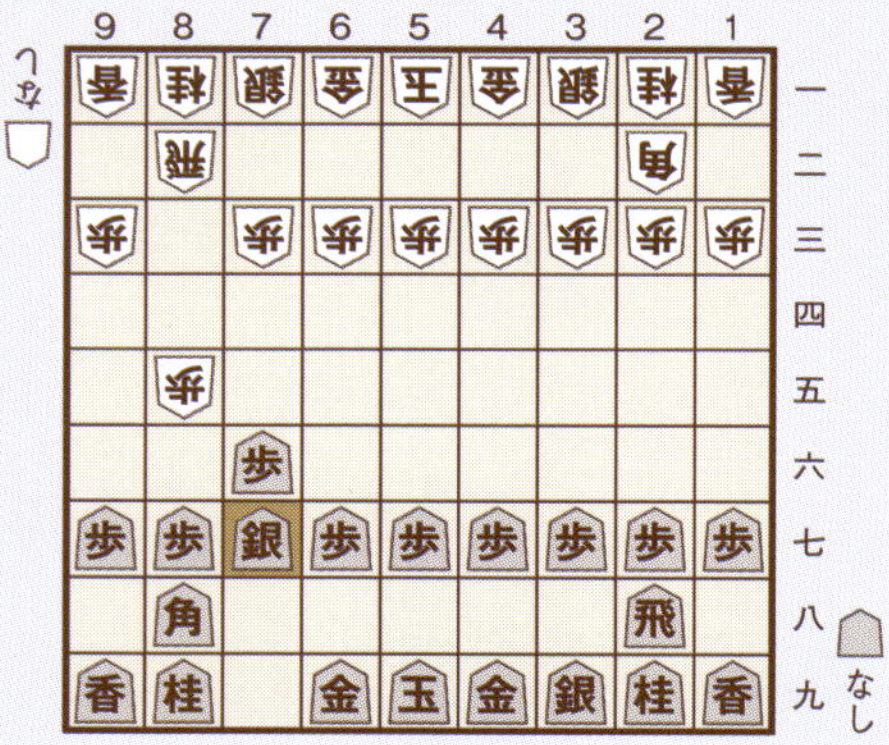

最初《さいしょ》の3手《て》がとても大事《だいじ》。手順通《てじゅんどお》り指《さ》さないと、相矢倉《あいやぐら》にしづらいんだ。先《せん》手は、まず▲7七銀《ななぎん》と指《さ》すことを目標《もくひょう》にしよう。相手《あいて》の飛車先《ひしゃさき》からの攻《せ》めに備《そな》えるためだ。

手順例《てじゅんれい》
▲7六歩《ろくふ》 ↓ △8四歩《よんふ》 ↓ ▲6八銀《はちぎん》 ↓ △8五歩《ごふ》 ↓ ▲7七銀《ななぎん》

2 先手《せんて》は守《まも》り、後手《ごて》は攻《せ》める準備《じゅんび》！

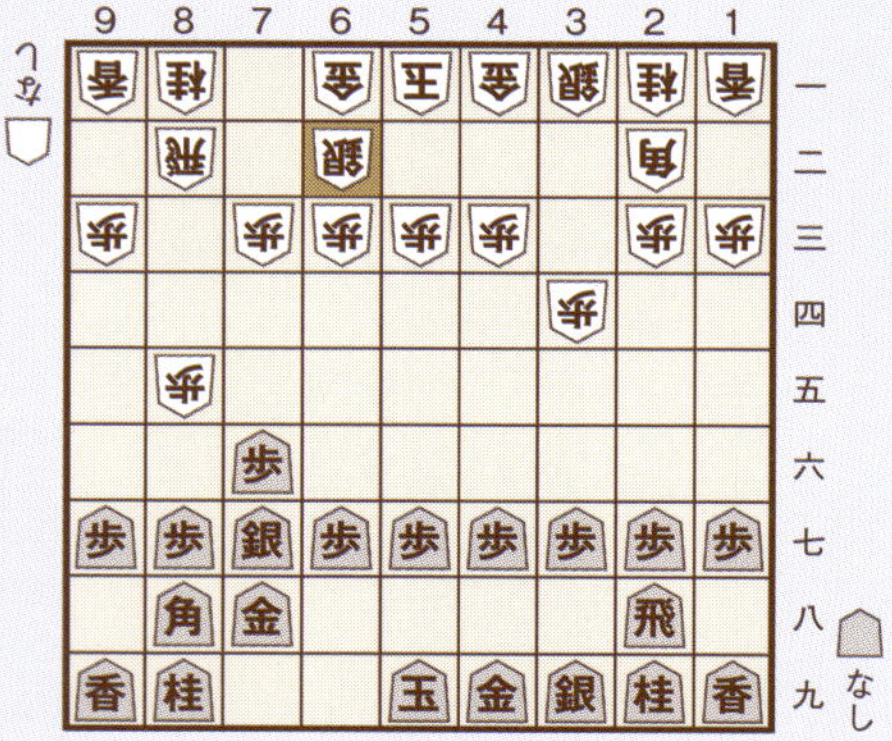

先手《せんて》か後手《ごて》かで手順《てじゅん》が変《か》わるから、しっかり覚《おぼ》えていこうね。先手《せんて》は、金銀《きんぎん》で相手《あいて》の飛車先《ひしゃさき》からの攻撃《こうげき》に備《そな》えるよ。後手《ごて》は、飛車先《ひしゃさき》の歩《ふ》を突《つ》いて、攻《せ》めの準備《じゅんび》をしよう。

手順例《てじゅんれい》
（▲7七銀《ななぎん》から）△3四歩《よんふ》 ↓ ▲7八金《はちきん》 ↓ △6二銀《にぎん》

3 先手《せんて》は攻《せ》めの準備《じゅんび》、後手《ごて》は守《まも》るぞ

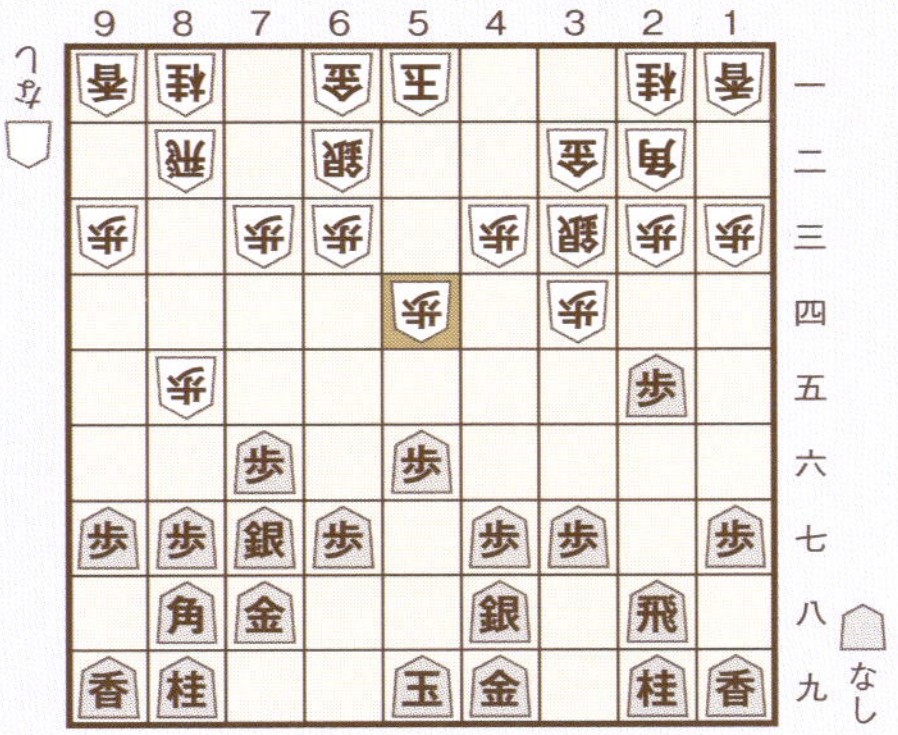

2とは逆《ぎゃく》に、先手《せんて》は飛車先《ひしゃさき》の歩《ふ》を突《つ》いて攻《せ》める準備《じゅんび》をし、後手《ごて》は守《まも》りを固《かた》めるために、5筋《すじ》の歩《ふ》を突《つ》いておこう！　手順《てじゅん》は違《ちが》ったけど、先手《せんて》も後手《ごて》も同《おな》じ駒組《こまぐ》みに。

手順例《てじゅんれい》

（△6二《に》銀《ぎん》から）
▲2六《ろく》歩《ふ》↓
△4二《に》銀《ぎん》↓
▲2五《ご》歩《ふ》↓
△3三《さん》銀《ぎん》↓
▲4八《はち》銀《ぎん》↓
△3二《に》金《きん》↓
▲5六《ろく》歩《ふ》↓
△5四《よん》歩《ふ》

4 矢倉囲《やぐらがこ》いの完成《かんせい》だ！

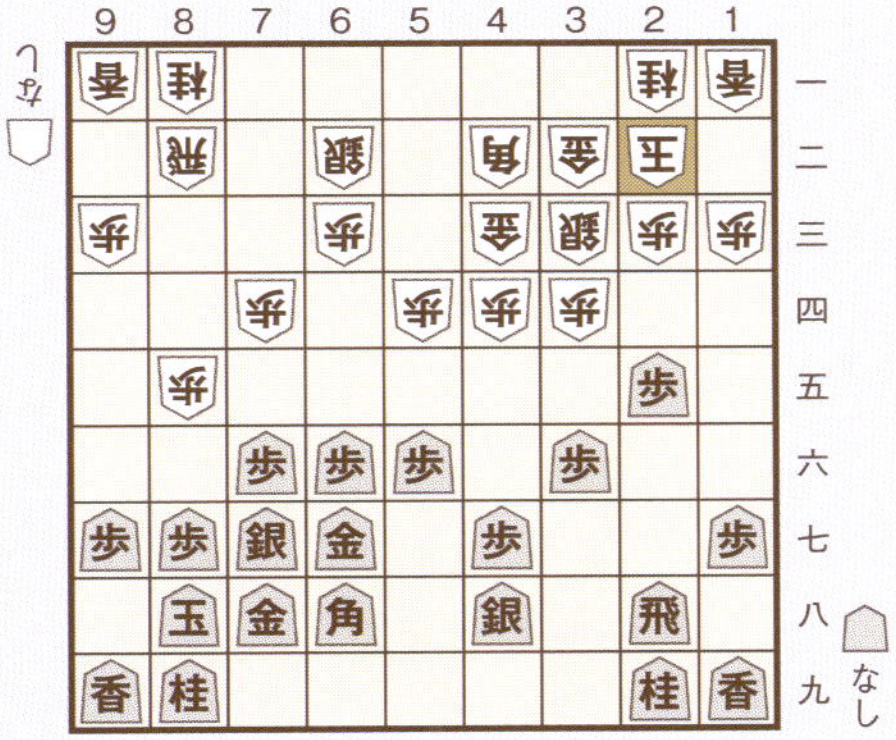

玉《ぎょく》を動《うご》かして、矢倉囲《やぐらがこ》いを完成《かんせい》させよう。駒《こま》の位置《いち》が1マスずれるだけで囲《かこ》いがもろくなるから、注意《ちゅうい》して駒組《こまぐ》みしよう。

手順例《てじゅんれい》

（△5四《よん》歩《ふ》から）
▲6九玉《きゅうぎょく》↓
△4一玉《いちぎょく》↓
▲5八金《はちきん》↓
△5二金《にきん》↓
▲7九角《きゅうかく》↓
△3一角《いちかく》↓
▲6六《ろく》歩《ふ》↓
△4四《よん》歩《ふ》↓
▲3六《ろく》歩《ふ》↓
△7四《よん》歩《ふ》↓
▲6七金右《ななきんみぎ》↓
△4三金右《さんきんみぎ》↓
▲6八角《はちかく》↓
△4二角《にかく》↓
▲7九玉《きゅうぎょく》↓
△3一玉《いちぎょく》↓
▲8八玉《はちぎょく》↓
△2二玉《にぎょく》

5 銀《ぎん》や桂《けい》で攻《せ》める準備《じゅんび》だ！

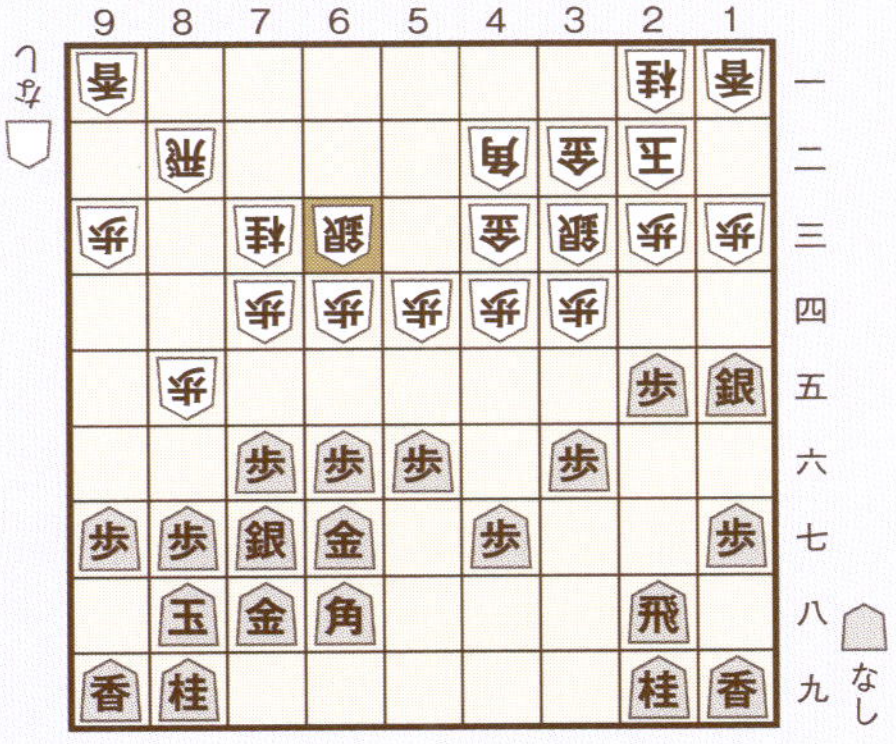

4までで、お互《たが》い矢倉囲《やぐらがこ》いが完成《かんせい》して、玉《ぎょく》の守《まも》りを固《かた》めたね。次《つぎ》は、銀《ぎん》や桂《けい》を突《つ》いて、攻《せ》めの準備《じゅんび》だ。先手《せんて》は銀《ぎん》を、後手《ごて》は桂《けい》を使《つか》って攻《せ》めようとしているよ。

手順例《てじゅんれい》

（△2二玉《にぎょく》から）
▲3七《なな》銀《ぎん》↓
△7三《さん》桂《けい》↓
▲2六《ろく》銀《ぎん》↓
△6四《よん》歩《ふ》↓
▲1五《ご》銀《ぎん》↓
△6三《さん》銀《ぎん》

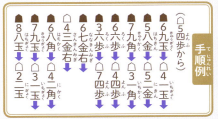

四間飛車戦法《しけんびしゃせんぽう》

振《ふ》り飛車《びしゃ》のなかでも攻守《こうしゅ》のバランスがよい戦法《せんぽう》

向《む》かって左側《ひだりがわ》から4つ目《め》の筋《すじ》に飛車《ひしゃ》を振《ふ》って戦《たたか》う戦法《せんぽう》だよ。美濃《みの》囲《がこ》い（84ページ）をつくりやすく、攻守《こうしゅ》のバランスがいいから、初心者《しょしんしゃ》に人気《にんき》があるんだ。ここでは、居飛車《いびしゃ》を相手《あいて》に、先手《せんて》が四間飛車《しけんびしゃ》で指《さ》す場合《ばあい》の手順例《てじゅんれい》を紹介《しょうかい》しよう。

戦法《せんぽう》データ

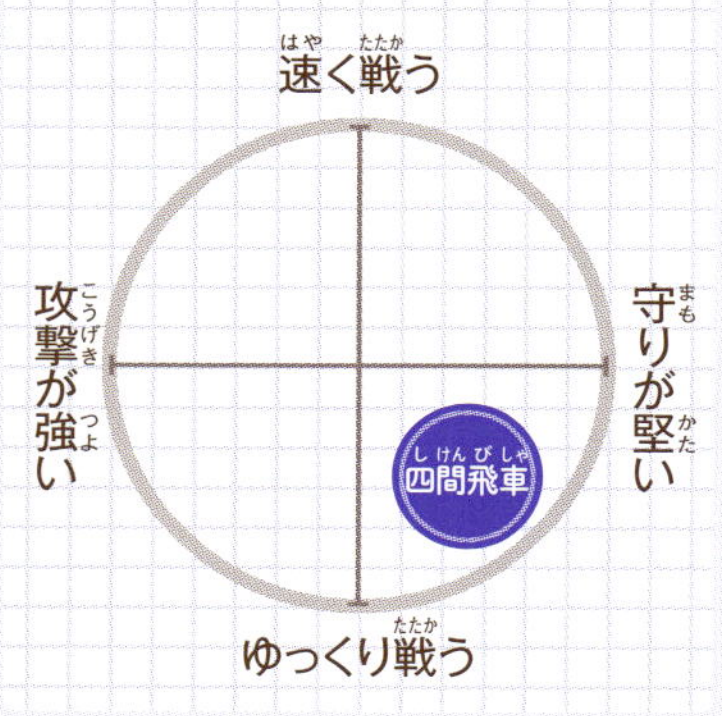

指《さ》し方《かた》の手順例《てじゅんれい》

先手《せんて》が四間飛車《しけんびしゃ》に挑戦《ちょうせん》！

1 左《ひだり》から4つ目《め》の筋《すじ》に飛車《ひしゃ》を振《ふ》る

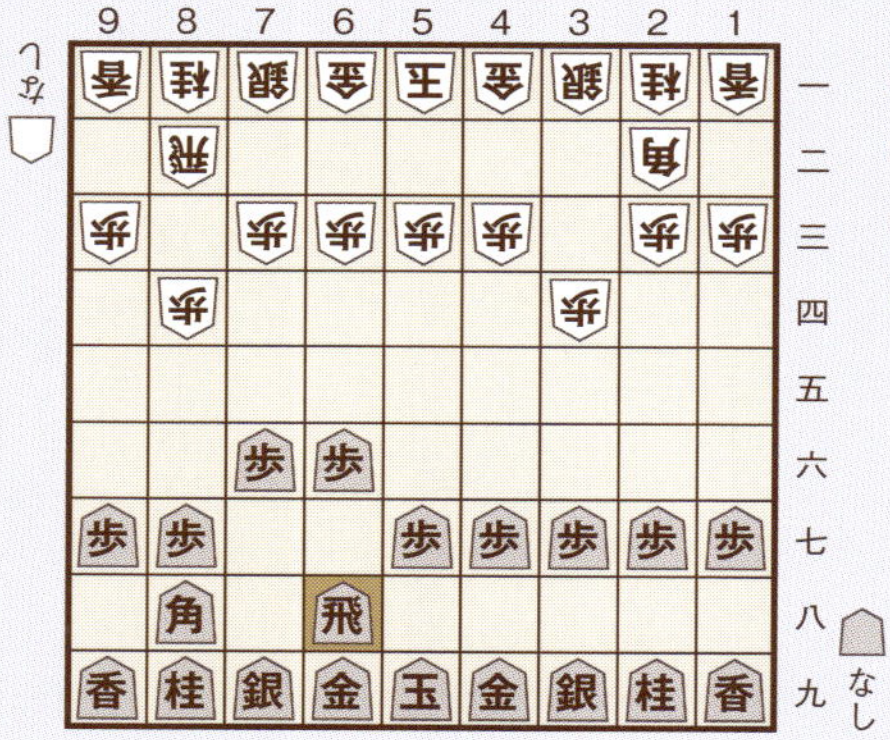

四間飛車《しけんびしゃ》の最初《さいしょ》の目標《もくひょう》は、左《ひだり》から4つ目《め》の筋《すじ》に飛車《ひしゃ》を振《ふ》ることだ。先手《せんて》の場合《ばあい》は、6筋《すじ》、後手《ごて》の場合《ばあい》は4筋《すじ》になる。合《あ》わせて、角道《かくみち》と、6の筋《すじ》の歩《ふ》を突《つ》いておこう。

手順例《てじゅんれい》

☗7六《ろく》歩《ふ》 ⬇ ☖3四《よん》歩《ふ》 ⬇ ☗6六《ろく》歩《ふ》 ⬇ ☖8四《よん》歩《ふ》 ⬇ ☗6八《はち》飛《ひ》

2 角《かく》と銀《ぎん》を飛車《ひしゃ》と協力《きょうりょく》させよう

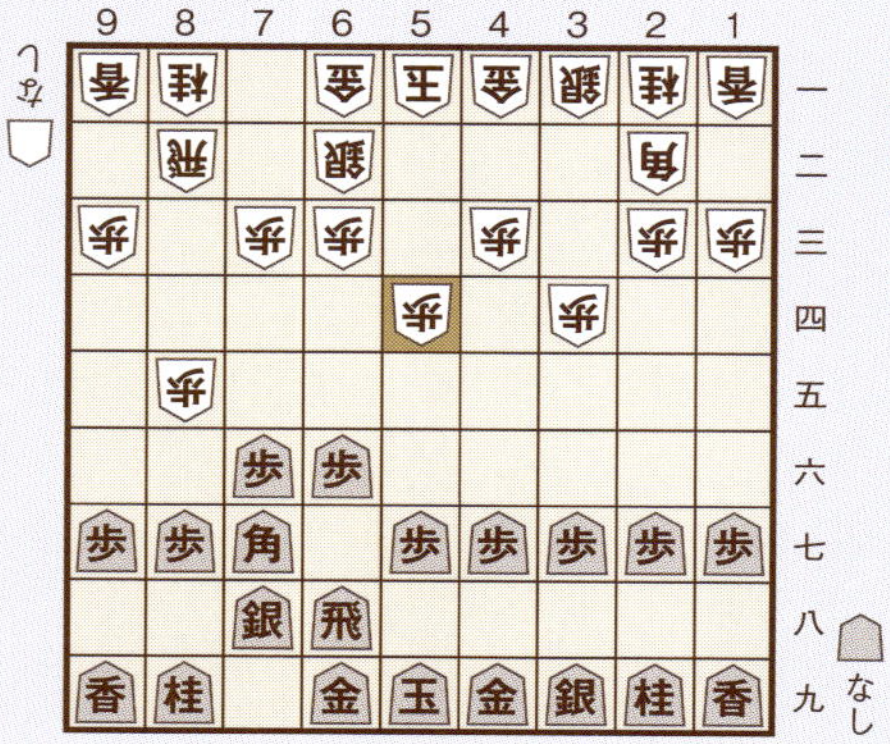

振《ふ》り飛車《びしゃ》では、角《かく》と左側《ひだりがわ》にある銀《ぎん》が、飛車《ひしゃ》と協力《きょうりょく》して戦《たたか》うよ。☗7七角《ななかく》で飛車《ひしゃ》の頭《あたま》を守《まも》ったら、☗7八銀《はちぎん》と進《すす》めてがっちり協力態勢《きょうりょくたいせい》を取《と》ろう。

手順例《てじゅんれい》

（☗6八《はち》飛《ひ》から）☖8五《ご》歩《ふ》 ⬇ ☗7七《なな》角《かく》 ⬇ ☖6二《に》銀《ぎん》 ⬇ ☗7八《はち》銀《ぎん》 ⬇ ☖5四《よん》歩《ふ》

3 美濃囲《みのがこ》いをつくろう！

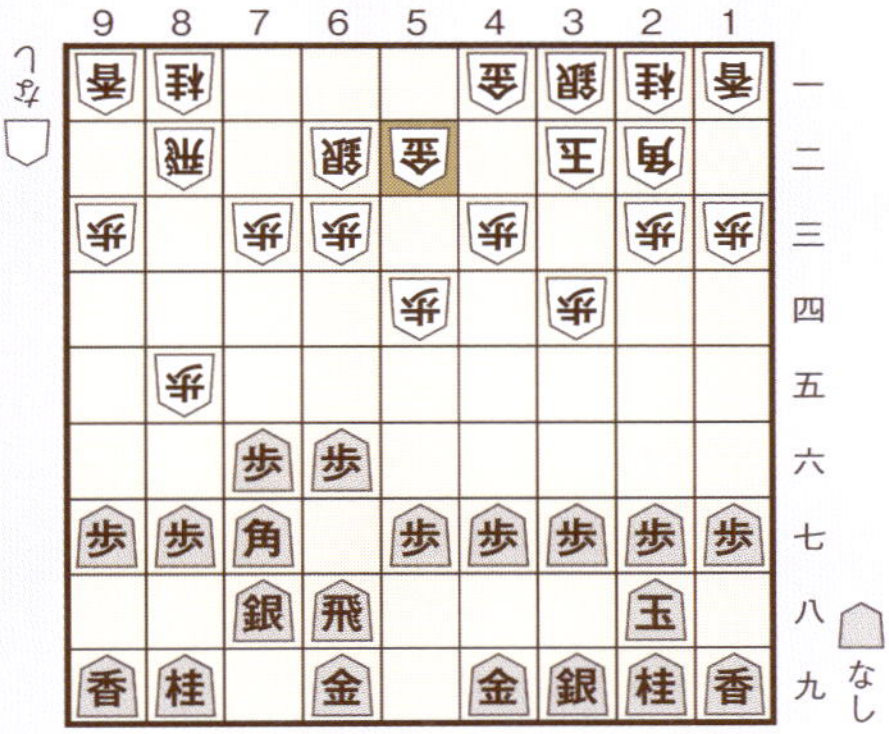

玉《ぎょく》を飛車《ひしゃ》と反対側《はんたいがわ》の右方向《みぎほうこう》へ移動《いどう》させ、金銀《きんぎん》3枚《まい》で守《まも》る「美濃囲《みのがこ》い」をつくっていくよ。ちなみに、後手《ごて》は振《ふ》り飛車相手《びしゃあいて》におすすめの「舟囲《ふながこ》い」を選《えら》んでいるぞ。

手順例《てじゅんれい》

（☖5四歩《よんふ》から）
☗4八玉《はちぎょく》↓
☖4二玉《にぎょく》↓
☗3八玉《はちぎょく》↓
☖3二玉《にぎょく》↓
☗2八玉《はちぎょく》↓
☖5二金右《にきんみぎ》

4 相手《あいて》の攻《せ》めを待《ま》って戦《たたか》おう！

金《きん》と銀《ぎん》を上《あ》げて、最後《さいご》に☗5八金左《はちきんひだり》とすれば、美濃囲《みのがこ》いの完成《かんせい》だ！　このあとは、相手《あいて》の攻《せ》めを待《ま》って、カウンターをねらいながら、飛車《ひしゃ》と銀《ぎん》で攻《せ》めていこう。

手順例《てじゅんれい》

（☖5二金右《にきんみぎ》から）
☗3八銀《はちぎん》↓
☖7四歩《よんふ》↓
☗1六歩《ろくふ》↓
☖1四歩《よんふ》↓
☗5八金左《はちきんひだり》

Q 居飛車《いびしゃ》と振《ふ》り飛車《びしゃ》、どっちがおすすめ？

ズバリ、居飛車《いびしゃ》がおすすめ。**居飛車《いびしゃ》は、将棋《しょうぎ》の戦術《せんじゅつ》がギュッと詰《つ》まっているから、指《さ》せるようになると、将棋《しょうぎ》の楽《たの》しみが広《ひろ》がるよ。**それに、プロ棋士《きし》のなかでもトップを争《あらそ》っているような棋士《きし》は、居飛車《いびしゃ》の戦法《せんぽう》が強《つよ》い人《ひと》のほうが多《おお》いんだ。もちろん、振《ふ》り飛車《びしゃ》も有効《ゆうこう》な戦法《せんぽう》だし、プロ棋士《きし》でも指《さ》している人《ひと》はたくさんいる。でも、振《ふ》り飛車《びしゃ》は「序盤《じょばん》が指《さ》しやすく、中盤以降《ちゅうばんいこう》がとてもむずかしい」戦法《せんぽう》なんだ。まずは居飛車《いびしゃ》を身《み》につけて基本《きほん》を完《かん》ぺきにしてから、振《ふ》り飛車《びしゃ》に挑戦《ちょうせん》してみよう。

ふみもと子供将棋教室《こどもしょうぎきょうしつ》は、「初段《しょだん》をとるまで飛車《ひしゃ》は振《ふ》らない」という方針《ほうしん》なんだ。

4 「囲《かこ》い」をつくって玉《ぎょく》を守《まも》ろう

玉《ぎょく》を守《まも》るためのお城《しろ》「囲《かこ》い」をつくろう!

将棋《しょうぎ》は玉《ぎょく》を取《と》られたら負《ま》けになるゲーム。ひとりぼっちで置《お》いておくと、あっという間《ま》に取《と》られてしまうよ。72ページでも紹介《しょうかい》したように、**ほかの駒《こま》ですきのないお城《しろ》をつくり、その中《なか》に玉《ぎょく》を入《い》れてがっちり守《まも》ろう!** このお城《しろ》のことを「囲《かこ》い」というんだ。

82ページから、さまざまな種類《しゅるい》の囲《かこ》いを紹介《しょうかい》していくよ。でも、単《たん》に丸暗記《まるあんき》するのではなく、囲《かこ》いを組《く》むときの基本《きほん》や、気《き》をつけるべきポイントを学《まな》ぼう!

ポイント 1 玉《ぎょく》は片側《かたがわ》に寄《よ》せてから囲《かこ》おう!

飛車《ひしゃ》と玉《ぎょく》は反対側《はんたいがわ》に動《うご》かすものだから、**居飛車《いびしゃ》なら向《む》かって左《ひだり》、振《ふ》り飛車《びしゃ》なら向《む》かって右《みぎ》に囲《かこ》いをつくるのが基本《きほん》**だよ。玉《ぎょく》をスタート位置《いち》のまま、盤面《ばんめん》の中央《ちゅうおう》に置《お》いておくと、どの方向《ほうこう》からも攻《せ》めることができて、相手《あいて》の攻撃《こうげき》のバリエーションを増《ふ》やすことになる。**すみに寄《よ》せることで、攻撃《こうげき》の方向《ほうこう》をしぼれて、守《まも》りやすくなるんだ!**

たとえば…

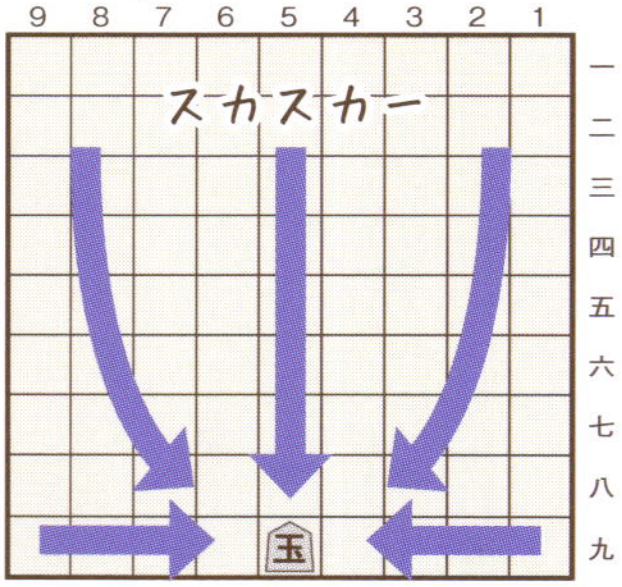

5九玉《きゅうぎょく》の位置《いち》にいると、真上《まうえ》、ななめ、左右《さゆう》と、相手《あいて》はどの方向《ほうこう》からでも攻《せ》めることができるね。

つまり…

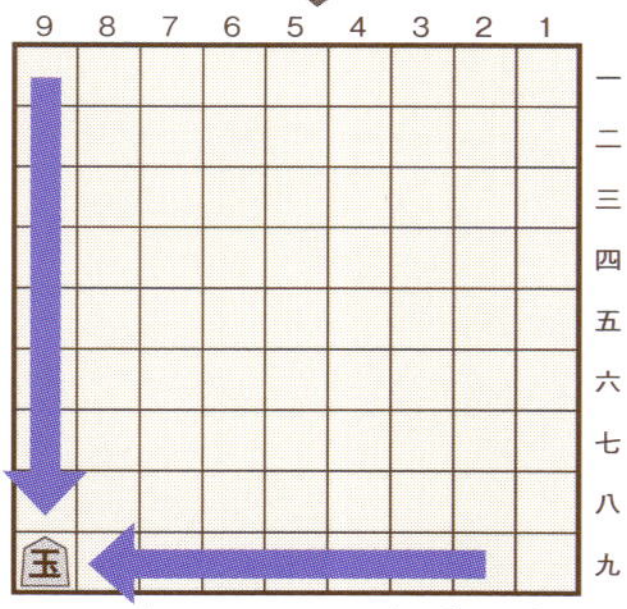

すみに寄《よ》せることで、相手《あいて》の攻《せ》めのパターンをしぼれる。近《ちか》づいてきた駒《こま》は、金銀《きんぎん》3枚《まい》で撃退《げきたい》だ!

ポイント

② 玉《ぎょく》の逃《に》げ道《みち》をつくることも大事《だいじ》！

がっちり囲《かこ》って守《まも》るといっても、ただ強《つよ》い駒《こま》で玉《ぎょく》を囲《かこ》うだけではダメ。むしろ、バランスも考《かんが》えずに囲《かこ》いすぎてしまうと、**味方《みかた》の駒《こま》がじゃまをして、玉《ぎょく》の逃《に》げ道《みち》をふさぐこともあるんだ**。この、**じゃまをする駒《こま》のことを「壁駒《かべごま》」という**よ。味方《みかた》の駒《こま》が壁《かべ》になっている具《ぐ》体例《たいれい》をいくつか見《み》てみよう。

例《れい》①「銀《ぎん》が壁駒《かべごま》に」

	9	8	7	6	5	4	3	2	1
一									
二	飛								
三	香								
四									
五									
六	歩								
七	歩	歩	歩	歩					
八		銀	金						
九	香	桂	玉		竜				

8八《はち》にいる銀《ぎん》が、玉《ぎょく》の道《みち》をふさいでしまっている。☖5九竜《きゅうりゅう》と指《さ》されると、合《あ》い駒《ごま》できなければ詰《つ》まされてしまう。

例《れい》②「バランスが悪《わる》い」

	9	8	7	6	5	4	3	2	1
一	香								
二	飛								
三									
四									
五	歩								
六			歩	歩	歩				
七	歩	歩	桂	金					
八		玉	銀	銀					
九	香			金					

金銀《きんぎん》でがっちり囲《かこ》っているけど、9筋《すじ》から攻《せ》められると、味方《みかた》の駒《こま》すべてが壁《かべ》になってしまう……。

ポイント

③ 囲《かこ》いは相手《あいて》の戦法《せんぽう》に合《あ》わせる！

どんな局面《きょくめん》でも対応《たいおう》できる、**万《ばん》能《のう》の囲《かこ》いは存在《そんざい》しない**。どこを重《じゅう》点的《てんてき》に守《まも》るべきかは、指《さ》しはじめてみないとわからないからだ。たとえば「相矢倉戦法《あいやぐらせんぽう》」で戦《たたか》う予定《よてい》だったとしても、相手《あいて》が振《ふ》り飛車《びしゃ》戦法《せんぽう》を使《つか》ってくる場合《ばあい》、矢倉囲《やぐらがこ》いにはせず、ほかの囲《かこ》いにしたほうがいいよね？　**相手《あいて》の戦法《せんぽう》に合《あ》わせて対応《たいおう》することが大切《たいせつ》**なんだよ。

玉《ぎょく》を寄《よ》せて、逃《に》げ道《みち》を確保《かくほ》して、相手《あいて》の戦法《せんぽう》を見《み》て……。む、むずかしすぎない!?

3つのポイントをバッチリおさえた囲《かこ》いを次《つぎ》のページから紹介《しょうかい》するから、参考《さんこう》にしてね！

いろいろな囲《かこ》いを見《み》てみよう

大切《たいせつ》な玉《ぎょく》を守《まも》るための囲《かこ》いを、いくつか紹介《しょうかい》するよ。それぞれの囲《かこ》いには、長所《ちょうしょ》と短所《たんしょ》がある。この情報《じょうほう》を参考《さんこう》に、相手《あいて》がどんな戦《たたか》い方《かた》をしてくるかを見《み》つつ、臨機応変《りんきおうへん》につくる囲《かこ》いを決《き》めていこう！

居飛車《いびしゃ》におすすめ

矢倉囲《やぐらがこ》い

居飛車戦法《いびしゃせんぽう》を指《さ》すときの基本《きほん》的《てき》な囲《かこ》い方《かた》だよ。相矢倉戦法《あいやぐらせんぽう》と合《あ》わせて覚《おぼ》えよ〜！

手順例《てじゅんれい》

（先手《せんて》の場合《ばあい》）☗7六歩《ろくふ》↓☗6八銀《はちぎん》↓☗6六《ろく》歩《ふ》↓☗5六歩《ろくふ》↓☗5八金右《はちきんみぎ》↓☗7八金《はちきん》↓☗7七銀《ななぎん》↓☗6七金右《ななきんみぎ》↓☗6九玉《きゅうぎょく》↓☗7九角《きゅうかく》↓☗6八角《はちかく》↓☗7九玉《きゅうぎょく》↓☗8八玉《はちぎょく》

矢倉囲《やぐらがこ》い（金矢倉《きんやぐら》）

9	8	7	6	5	4	3	2	1	
									一
									二
									三
									四
									五
		歩	歩	歩					六
歩	歩	銀	金						七
	玉	金	角						八
香	桂								九

金《きん》2枚《まい》と銀《ぎん》1枚《まい》で守《まも》る王道《おうどう》の囲《かこ》い方《かた》！

居飛車戦法《いびしゃせんぽう》で用《もち》いる基本《きほん》の囲《かこ》い方《かた》。上《うえ》からの攻《せ》めに強《つよ》く、手順《てじゅん》がシンプルだから、初心者《しょしんしゃ》にもおすすめだ。ただし、**横《よこ》からの攻《せ》めにはとても弱《よわ》く、玉《ぎょく》の横《よこ》の金《きん》を取《と》られると、一気《いっき》に弱《よわ》くなる**……。相《あい》手《て》が振《ふ》り飛車《びしゃ》の場合《ばあい》、この囲《かこ》いは避《さ》けたほうがよいだろう。

長所《ちょうしょ》

- 上《うえ》からの攻《せ》めに強《つよ》い
- 玉《ぎょく》を金銀《きんぎん》3枚《まい》でがっちり囲《かこ》める
- 手順《てじゅん》がシンプルで囲《かこ》いやすい

短所《たんしょ》

- 横《よこ》からの攻《せ》めに弱《よわ》く、振《ふ》り飛車戦法《びしゃせんぽう》の相手《あいて》に弱《よわ》い

こんなバリエーションも

銀矢倉《ぎんやぐら》

9	8	7	6	5	4	3	2	1	
									一
									二
									三
									四
									五
		歩	歩						六
歩	歩	銀	銀	歩					七
	玉	金							八
香	桂								九

金《きん》の代《か》わりに銀《ぎん》2枚《まい》を配置《はいち》した囲《かこ》い方《かた》。矢倉囲《やぐらがこ》いの弱点《じゃくてん》である7八《はち》の金《きん》を、銀《ぎん》がフォローしているのが特徴《とくちょう》だ。囲《かこ》むのに時間《じかん》がかかる。

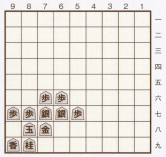

居飛車《いびしゃ》におすすめ

カニ囲《がこ》い

すばやく囲《かこ》めるから攻《せ》めが速《はや》い！

玉《ぎょく》のなめ上《うえ》にいる2枚《まい》の金《きん》が、カニのはさみのように見《み》える囲《かこ》い。**あまり堅《かた》くないけど、手数《てかず》がかからず、速《はや》めに攻撃《こうげき》に入《はい》れるのが特徴《とくちょう》**なんだ。角道《かくみち》があいているから、囲《かこ》いができたら、すぐに角《かく》を動《うご》かして攻《せ》めることができるぞ！

長所《ちょうしょ》

- すばやく囲《かこ》える
- 角《かく》を動《うご》かしやすい
- 上《うえ》からの攻《せ》めには強《つよ》い

短所《たんしょ》

- ほかの囲《かこ》いより守《まも》りが薄《うす》い
- 横《よこ》や端《はし》からの攻《せ》めに弱《よわ》く、振《ふ》り飛車戦法《びしゃせんぽう》にとても弱《よわ》い

カニ囲《がこ》い

9	8	7	6	5	4	3	2	1	
									一
									二
									三
									四
									五
		歩		歩					六
歩	歩		歩		歩				七
	角	金	銀	金	銀				八
香	桂		玉						九

手順例《てじゅんれい》

（先手《せんて》の場合《ばあい》）☗7六歩《ろくふ》→☗4八銀《はちぎん》→☗5六歩《ろくふ》→☗7八金《はちきん》→☗6八銀《はちぎん》→☗6九玉《きゅうぎょく》→☗5八金《はちきん》

居飛車《いびしゃ》におすすめ

舟囲《ふながこ》い

振《ふ》り飛車《びしゃ》と戦《たたか》うときの基本《きほん》の囲《かこ》い方《かた》

名前《なまえ》の由来《ゆらい》は、囲《かこ》いが舟《ふね》の形《かたち》に似《に》ているから。**横《よこ》からの攻《せ》めに強《つよ》く、手数《てかず》が少《すく》なくすばやく囲《かこ》えるから、振《ふ》り飛車相手《びしゃあいて》にイチオシ**の囲《かこ》いだ。上《うえ》からの攻《せ》めには弱《よわ》いので、じっくり守《まも》りたいなら85ページの穴熊囲《あなぐまがこ》いに発展《はってん》させよう。

長所《ちょうしょ》

- すばやく囲《かこ》える
- 横《よこ》からの攻《せ》めに強《つよ》い
- 対振《たいふ》り飛車《びしゃ》にぴったり

短所《たんしょ》

- ほかの囲《かこ》いより守《まも》りが薄《うす》い
- 上《うえ》からの攻《せ》めには弱《よわ》い
- 相居飛車《あいいびしゃ》には向《む》かない

舟囲《ふながこ》い

9	8	7	6	5	4	3	2	1	
									一
									二
									三
									四
									五
歩		歩		歩					六
	歩		歩		歩				七
	角	玉		金	銀				八
香	桂	銀	金						九

手順例《てじゅんれい》

（先手《せんて》の場合《ばあい》）☗7六歩《ろくふ》→☗4八銀《はちぎん》→☗5六歩《ろくふ》→☗6八玉《はちぎょく》→☗7八玉《はちぎょく》→☗5八金右《はちきんみぎ》→☗9六歩《ろくふ》

振《ふ》り飛車《びしゃ》におすすめ

美濃囲《みのがこ》い

振《ふ》り飛車《びしゃ》における基本的《きほんてき》な囲《かこ》い方《かた》

居飛車《いびしゃ》の代表的《だいひょうてき》な囲《かこ》いが「矢倉《やぐら》囲《がこ》い」なら、**「美濃囲《みのがこ》い」**は**振《ふ》り飛車《びしゃ》の王道的《おうどうてき》な囲《かこ》い方《かた》**だ。横《よこ》からの攻《せ》めに強《つよ》いから、**相手《あいて》が居飛車《いびしゃ》で戦《たたか》ってくるときに力《ちから》を発揮《はっき》する**ぞ。ただし、上《うえ》からの攻撃《こうげき》には弱《よわ》く、相振《あいふ》り飛車《びしゃ》には向《む》かないんだ。

長所《ちょうしょ》
- すばやく囲《かこ》える
- 横《よこ》からの攻《せ》めに強《つよ》い
- 対居飛車《たいいびしゃ》に効果的《こうかてき》

短所《たんしょ》
- 上《うえ》からの攻《せ》めには弱《よわ》い
- 対振《たいふ》り飛車《びしゃ》には向《む》かない

美濃囲《みのがこ》い

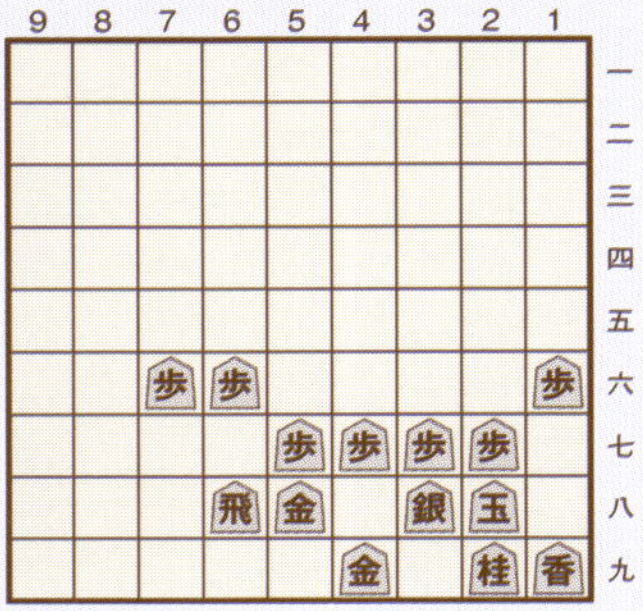

手順例《てじゅんれい》

（先手《せんて》の場合《ばあい》）☗7六歩《ろくふ》➡☗6六歩《ろくふ》➡☗6八飛《はちひ》（四間飛車《しけんびしゃ》なら）➡☗4八玉《はちぎょく》➡☗3八玉《はちぎょく》➡☗2八玉《はちぎょく》➡☗3八銀《はちぎん》➡☗5八金左《はちきんひだり》➡☗1六歩《ろくふ》

振《ふ》り飛車《びしゃ》におすすめ

金無双囲《きんむそうがこ》い

相振《あいふ》り飛車戦《びしゃせん》は2枚《まい》の金《きん》に任《まか》せろ！

2枚《まい》の金《きん》が左右《さゆう》に並《なら》ぶことから、二枚金《にまいきん》とも呼《よ》ばれるよ。**美濃囲《みのがこ》いとくらべて上《うえ》からの攻撃《こうげき》に強《つよ》い**ため、自分《じぶん》も相手《あいて》も振《ふ》り飛車《びしゃ》を指《さ》す、**相振《あいふ》り飛車戦《びしゃせん》で力《ちから》を発揮《はっき》する**んだ。横《よこ》からの攻《せ》めには弱《よわ》いから、対居《たいい》飛車《びしゃ》では使《つか》わないようにしよう。

長所《ちょうしょ》
- 上《うえ》からの攻撃《こうげき》に強《つよ》い
- とくに1、2筋《すじ》が堅《かた》い
- 相振《あいふ》り飛車戦《びしゃせん》におすすめ

短所《たんしょ》
- 横《よこ》からの攻《せ》めに弱《よわ》め
- 4筋《すじ》に少《すこ》しだけすきがある
- 対居飛車《たいいびしゃ》には向《む》かない

金無双囲《きんむそうがこ》い

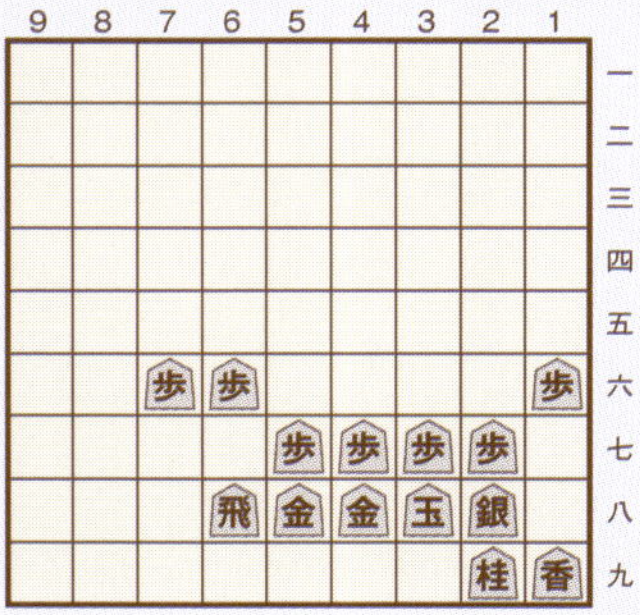

手順例《てじゅんれい》

（先手《せんて》の場合《ばあい》）☗7六歩《ろくふ》➡☗6六歩《ろくふ》➡☗6八飛《はちひ》（四間飛車《しけんびしゃ》なら）➡☗4八玉《はちぎょく》➡☗3八玉《はちぎょく》➡☗4八金《はちきん》➡☗5八金左《はちきんひだり》➡☗2八銀《はちぎん》➡☗1六歩《ろくふ》

居飛車《いびしゃ》&振《ふ》り飛車《びしゃ》におすすめ

穴熊囲《あなぐまがこ》い

手数《てかず》はかかるけどもっとも堅《かた》い囲《かこ》いのひとつ!

居飛車《いびしゃ》、振《ふ》り飛車《びしゃ》どちらでも使《つか》える囲《かこ》い。「穴熊《あなぐま》」の名前通《なまえどお》り、**玉《ぎょく》を盤《ばん》のすみに置《お》き、味方《みかた》の駒《こま》でがっちりと守《まも》る囲《かこ》い**だ。すきがないから、**しっかり組《く》めれば攻《せ》めに集中《しゅうちゅう》できる**ぞ。難点《なんてん》は手数《てかず》がかかるのと、玉《ぎょく》の逃《に》げ道《みち》がないことだ。

長所《ちょうしょ》

- 居飛車《いびしゃ》、振《ふ》り飛車《びしゃ》どちらもOK《オーケー》
- 囲《かこ》いの堅《かた》さは最強《さいきょう》!
- すきがなく、王手《おうて》されづらい

短所《たんしょ》

- 組《く》むのに手数《てかず》がかかる
- 玉《ぎょく》の逃《に》げ道《みち》はふさがれている
- 攻《せ》めの駒《こま》が足《た》りなくなることも

穴熊囲《あなぐまがこ》い(居飛車穴熊《いびしゃあなぐま》)

	9	8	7	6	5	4	3	2	1
一									
二									
三									
四									
五									
六			歩		歩				
七	歩	歩	角	歩	銀	歩	歩		
八	香	銀	金						
九	玉	桂	金						

手順例《てじゅんれい》

(先手《せんて》の場合《ばあい》)☗7六歩《ろくふ》➡☗4八銀《はちぎん》➡☗5六歩《ろくふ》➡☗6八玉《はちぎょく》➡☗7八玉《はちぎょく》➡☗5八金右《はちきんみぎ》➡☗5七銀《ななぎん》➡☗7七角《ななかく》➡☗8八玉《はちぎょく》➡☗9八香《はちきょう》➡☗9九玉《きゅうぎょく》➡☗8八銀《はちぎん》➡☗7九金《きゅうきん》➡☗6八金右《はちきんみぎ》➡☗7八金右《はちきんみぎ》

チェック 気《き》をつけて!「初心者囲《しょしんしゃがこ》い」

「玉《ぎょく》を囲《かこ》うのが大事《だいじ》」と聞《き》いて、右《みぎ》の図《ず》のように囲《かこ》う人《ひと》がいる。「初心者囲《しょしんしゃがこ》い」なんて呼《よ》ばれることもある囲《かこ》い方《かた》で、本格的《ほんかくてき》な囲《かこ》いにくらべて手数《てかず》がかからないし、一見守《いっけんまも》れているように思《おも》えるよね。

でもよく見《み》ると、①居玉《いぎょく》になってしまっている(87ページ)、②飛車《ひしゃ》が攻《せ》めに参加《さんか》できない、③角《かく》の頭《あたま》が守《まも》られていない、④3八《はち》にスキがある、⑤両端《りょうはし》が弱《よわ》いなど、弱点《じゃくてん》がいっぱいだ。

	9	8	7	6	5	4	3	2	1
一									
二									
三									
四									
五									
六									
七	歩	歩	歩	歩	歩	歩	歩	歩	歩
八		角		銀	飛	銀			
九	香	桂		金	玉	金		桂	香

一見堅《いっけんかた》そうだけど、弱点《じゃくてん》だらけだ。

相手《あいて》が「初心者囲《しょしんしゃがこ》い」をつくったら、上《うえ》で紹介《しょうかい》した弱点《じゃくてん》をつけば簡単《かんたん》に破《やぶ》れるよ。

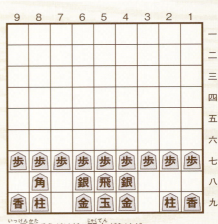

よし一人《ひとり》ずつ格言《かくげん》を言《い》ってみぃ！
はーい！
居玉《いぎょく》は避《さ》けよ♡
桂馬《けいま》の高跳《たかと》び歩《ふ》のえじき
仕《し》かけは歩《ふ》の突《つ》き捨《す》てから
玉《ぎょく》の早逃《はやに》げ八手《はって》の得《とく》あり
カクゲンって何《なに》…？
将棋《しょうぎ》の教訓《きょうくん》をまとめた言葉《ことば》だよ強《つよ》くなるためのヒントが詰《つ》まっているんだ
リクトもいくつか覚《おぼ》えてみよう！

将棋《しょうぎ》の格言《かくげん》を覚《おぼ》えよう 序盤編《じょばんへん》

飛先交換《ひさきこうかん》 3つの得《とく》あり

飛車《ひしゃ》の先《さき》の歩《ふ》を、相手《あいて》の角先《かくさき》にある歩《ふ》と交換《こうかん》することで、①歩《ふ》が持《も》ち駒《ごま》になる、②飛車《ひしゃ》が敵陣《てきじん》に届《とど》く、③交換《こうかん》した歩《ふ》がいたところに味方《みかた》の駒《こま》が進《すす》める、という3つの得《とく》が生《う》まれるんだ。つまり、相手《あいて》にだけ交換《こうかん》されてしまうと、3つ損《そん》をしてしまうということだよ。

玉飛接近《ぎょくひせっきん》 すべからず

飛車《ひしゃ》と玉《ぎょく》は、反対側《はんたいがわ》に動《うご》かすこと！　飛車《ひしゃ》がいるところは戦《たたか》いが激《はげ》しくなりやすいし、攻《せ》めこんでいくために味方《みかた》の駒《こま》がいなくなってしまうから、玉《ぎょく》を置《お》いておくと危険《きけん》だよ。また、飛車《ひしゃ》はとても強力《きょうりょく》な駒《こま》だけど、ななめには動《うご》けないから、守《まも》り駒《ごま》には向《む》かないんだ。

居玉《いぎょく》は避《さ》けよ

玉《ぎょく》を開始位置《かいしいち》（先手《せんて》は5九《きゅう》、後手《ごて》は5一《いち》）から動《うご》かさないことを、「居玉《いぎょく》」というよ。居玉《いぎょく》は、相手《あいて》に攻《せ》めこまれるすきを与《あた》えることになるから避《さ》けたほうがいい、という格言《かくげん》だ。角《かく》による、「王手飛車《おうてひしゃ》取《と》り」などもかけられやすくなるよ。

玉《ぎょく》の守《まも》りは 金銀《きんぎん》3枚《まい》

これまでもくり返《かえ》し紹介《しょうかい》しているけど、玉《ぎょく》はかならず、金《きん》2枚《まい》、銀《ぎん》1枚《まい》の、計《けい》3枚《まい》で守《まも》ること！　これは、格言《かくげん》にもなっているんだよ。実際《じっさい》には、玉《ぎょく》が移動《いどう》した側《がわ》にある桂《けい》1枚《まい》、香《きょう》1枚《まい》も囲《かこ》いに加《くわ》わるから、計《けい》5枚《まい》と歩《ふ》で守《まも》ることになるね。

桂馬《けいま》の高跳《たかと》び 歩《ふ》のえじき

桂馬《けいま》は、一度《いちど》跳《と》ぶともとの位置《いち》には戻《もど》れず、頭《あたま》に弱点《じゃくてん》がある……。何《なに》も考《かんが》えずに調子《ちょうし》にのってはねてしまうと、一番《いちばん》弱《よわ》い駒《こま》である歩《ふ》にあっさり取《と》られてしまう、という教訓《きょうくん》だよ。桂馬《けいま》をはねる前《まえ》に、盤面《ばんめん》をよく観察《かんさつ》するようにしよう！

← 中盤編《ちゅうばんへん》は98ページ、終盤編《しゅうばんへん》は111ページへ！

形勢《けいせい》を見《み》ながら攻《せ》めて、守《まも》る！

駒《こま》がぶつかり合《あ》う中盤戦《ちゅうばんせん》は攻《せ》める、守《まも》るのくり返《かえ》し

対局開始《たいきょくかいし》とともに駒組《こまぐ》みをはじめ、戦《たたか》うための陣形《じんけい》づくりをしたら、いよいよお互《たが》いの駒《こま》がぶつかり合《あ》う。**駒《こま》を取《と》ったり取《と》られたり、成《な》ったり成《な》られたりするこの局面《きょくめん》を、「中盤《ちゅうばん》」というんだ。**

中盤《ちゅうばん》の目標《もくひょう》は、相手《あいて》より強《つよ》い戦《せん》力《りょく》を得《え》ることと、局面《きょくめん》を攻《せ》めやすい&守《まも》りやすい形《かたち》に整《ととの》えること。そのためには、状況《じょうきょう》に応《おう》じて、攻《せ》めるか、守《まも》るかの判断《はんだん》をしなければならないんだ。将棋《しょうぎ》における「攻《せ》め」と「守《まも》り」の基礎《きそ》を学《まな》ぼう。

中盤《ちゅうばん》の「攻《せ》め」と「守《まも》り」

攻《せ》め

- **相手《あいて》の駒《こま》を「取《と》る」**

相手《あいて》の駒《こま》を取《と》ることで、自陣《じじん》の戦《せん》力《りょく》アップと、相手《あいて》の戦力《せんりょく》をダウンさせることができるよ。

- **自分《じぶん》の駒《こま》を「成《な》る」**

とくに大駒《おおごま》は、相手陣地《あいてじんち》に入《はい》って成《な》ることで大幅《おおはば》なパワーアップができる！　積極的《せっきょくてき》にねらおう。

守《まも》り

- **自分《じぶん》の駒《こま》を「取《と》らせない」**

攻《せ》めてばかりだと、相手《あいて》にも駒《こま》を取《と》られてしまう。盤面《ばんめん》をよく見《み》て、相手《あいて》のねらいをつねに確認《かくにん》しよう。

- **相手《あいて》の駒《こま》を「成《な》らせない」**

相手《あいて》の駒《こま》が自陣《じじん》に侵入《しんにゅう》すると、パワーアップをゆるすばかりか、自《じ》陣《じん》の玉《ぎょく》にせまってくるかも！

正《ただ》しい形勢判断《けいせいはんだん》で中盤《ちゅうばん》を有利《ゆうり》に運《はこ》ぼう！

中盤《ちゅうばん》は、攻《せ》めるか守《まも》るかの判断《はんだん》がとても大切《たいせつ》。その基準《きじゅん》となるのが、**盤面《ばんめん》がどのような状態《じょうたい》なのか、相手《あいて》とくらべてどちらのほうが形勢《けいせい》がよいか、どれくらい差《さ》があるのかを見《み》きわめる「形勢判断《けいせいはんだん》」**だ。

形勢《けいせい》は、下《した》で紹介《しょうかい》する4つのポイントで判断《はんだん》できるよ。この4つを総合的《そうごうてき》に見《み》て、プラス面《めん》とマイナス面《めん》を計算《けいさん》し、今《いま》の状況《じょうきょう》がよいか、悪《わる》いかを判断《はんだん》するんだ。形勢《けいせい》判断《はんだん》が正《ただ》しくできると、中盤《ちゅうばん》を有利《ゆうり》に戦《たたか》えるようになるぞ！

将棋《しょうぎ》は、たった一手《いって》で局面《きょくめん》が大《おお》きく変《か》わることもあるよ〜。形勢《けいせい》はこまめに確認《かくにん》してね！

チェック 形勢判断《けいせいはんだん》の4つのポイント

4つのポイントのうち、1と2はあとでくわしく解説《かいせつ》するよ！

1 駒《こま》の損得《そんとく》

将棋《しょうぎ》は、味方《みかた》が大勢《おおぜい》いたり、強《つよ》い駒《こま》を持《も》っているほど有利《ゆうり》になるゲームだ。タダで相手《あいて》の駒《こま》を取《と》ったり、弱《よわ》い駒《こま》で価値《かち》の高《たか》い駒《こま》を取《と》ることを「得《とく》」、その逆《ぎゃく》を「損《そん》」というよ。

➡90ページへ

2 駒《こま》の働《はたら》き

せっかく強《つよ》い駒《こま》を持《も》っていても、駒《こま》がきちんと働《はたら》いていなければ、宝《たから》の持《も》ちぐされ。駒《こま》の働《はたら》きは、利《き》き（駒《こま》が動《うご》ける範囲《はんい》のこと）の多《おお》さと、よい場所《ばしょ》に利《き》いているかで判断《はんだん》できるよ。

➡94ページへ

3 玉《ぎょく》の守《まも》りの堅《かた》さ

自陣《じじん》の玉《ぎょく》がしっかり守《まも》られていれば、相手《あいて》にちょっと攻《せ》められたくらいじゃびくともしないよね。80ページで紹介《しょうかい》した囲《かこ》いが破《やぶ》られていなければ、玉《ぎょく》の守《まも》りは堅《かた》いといえるよ。

4 手番《てばん》がどちらか

将棋《しょうぎ》は、一手《いって》ごとに状況《じょうきょう》が変《か》わるもの。手番《てばん》（次《つぎ》に手《て》を指《さ》すほう）のほうが形《けい》勢《せい》はよくなるよ。形勢《けいせい》が少《すこ》しくらい悪《わる》くても、ひらめきの一手《いって》で形勢《けいせい》をひっくり返《かえ》せる可能性《かのうせい》があるからね！

形勢《けいせい》は、自分《じぶん》の駒《こま》だけではなく、相手《あいて》の状況《じょうきょう》もしっかり見《み》て判断《はんだん》しよう。

将棋《しょうぎ》の中盤《ちゅうばん》

2

駒得《こまどく》をねらっていこう【攻《せ》め・取《と》る】

8種類《しゅるい》の駒《こま》はそれぞれ価値《かち》が違《ちが》う

駒得《こまどく》を理解《りかい》するには、まず8種《しゅ》類《るい》の駒《こま》の価値《かち》を知《し》ることが重要《じゅうよう》だ。駒《こま》の価値《かち》を得点化《とくてんか》したものを紹介《しょうかい》するよ。ただし、そのときどきの駒《こま》の働《はたら》きによって価値《かち》は変《か》わるから、あくまで基本《きほん》だと考《かんが》えてね。

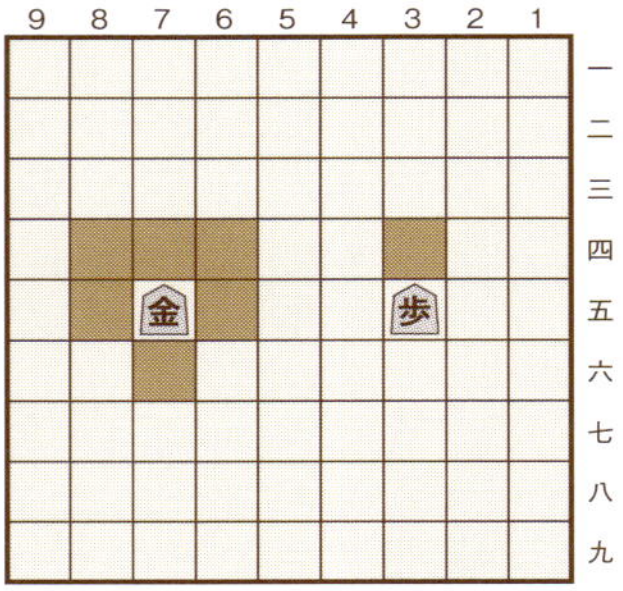

たとえば、歩《ふ》は動《うご》けるマスが1、金《きん》は5だから、金《きん》のほうが価値《かち》がずっと上《うえ》になるんだ。

駒《こま》の価値《かち》 早見表《はやみひょう》

飛車《ひしゃ》と角《かく》は成《な》ると10点《てん》に!

3点《てん》 金 守《まも》りの要《かなめ》。詰《つ》ませるときも必要《ひつよう》だよ。	5点《てん》 角 動《うご》ける範囲《はんい》の多《おお》さはピカイチ!	5点《てん》 飛 攻《せ》めの要《かなめ》。取《と》られるとかなり苦《くる》しい。	∞《むげんだい》 玉 取《と》られたら負《ま》けになる特別《とくべつ》な駒《こま》だよ。
1点《てん》 歩 移動力《いどうりょく》が低《ひく》く価値《かち》は一番下《いちばんした》だよ。	2点《てん》 香 相手陣《あいてじん》へ一手《いって》で攻《せ》めこめる可能性《かのうせい》も。	2点《てん》 桂 特殊《とくしゅ》な動《うご》きで攻《せ》め駒《ごま》として活躍《かつやく》!	3点《てん》 銀 攻《せ》めにも守《まも》りにも大活躍《だいかつやく》するよ。

駒得《こまどく》の基本《きほん》は…

価値《かち》の低《ひく》い駒《こま》で価値《かち》の高《たか》い駒《こま》を取《と》る!

「駒得《こまどく》」とは、得《とく》をしながら駒《こま》を手《て》に入《い》れていくこと。つまり、自陣《じじん》の価値《かち》が低《ひく》い駒《こま》で、相手《あいて》の価値《かち》が高《たか》い駒《こま》をねらうのが基本《きほん》になるんだ。

たとえば…

歩 を取《と》られて 金 を取《と》ったら

−1点《てん》 +3点《てん》 → 2点《てん》の得《とく》!

竜 を取《と》られて 桂 金 を取《と》ったら

−10点《てん》 +2点《てん》 +3点《てん》

→ 5点《てん》の損《そん》…

駒得《こまどく》をねらうには、3つのポイントをおさえることが大事《だいじ》だよ。ちゃんと覚《おぼ》えてね。

ポイント①

タダ取《ど》りをねらおう！

タダ取《ど》りは、自分《じぶん》の駒《こま》を取《と》らせずに相手《あいて》の駒《こま》を取《と》ること。取《と》った駒《こま》のぶんまるまる戦力《せんりょく》アップできるよ。ほかの駒《こま》と協力《きょうりょく》(94ページ)していない駒《こま》をねらうのがコツだ。

相手《あいて》のねらい目《め》の駒《こま》は…

金《きん》、角《かく》と協力《きょうりょく》しているから駒損《こまぞん》になるかも…
ほかの駒《こま》と協力《きょうりょく》していないからタダ取《ど》りできる！

ポイント②

価値《かち》の低《ひく》い駒《こま》から攻撃《こうげき》を仕《し》かけよう

相手《あいて》の駒《こま》を取《と》りにいくときは、**価値《かち》の低《ひく》い駒《こま》から攻撃《こうげき》を仕《し》かけるのが基本《きほん》。**価値《かち》の高《たか》い駒《こま》から攻《せ》めると、その駒《こま》が取《と》られてしまい、結果的《けっかてき》に駒損《こまぞん》になる可能性《かのうせい》が高《たか》くなるからだ。例《れい》を見《み》てみよう。

問題《もんだい》 どうすれば駒得《こまどく》をねらえる？

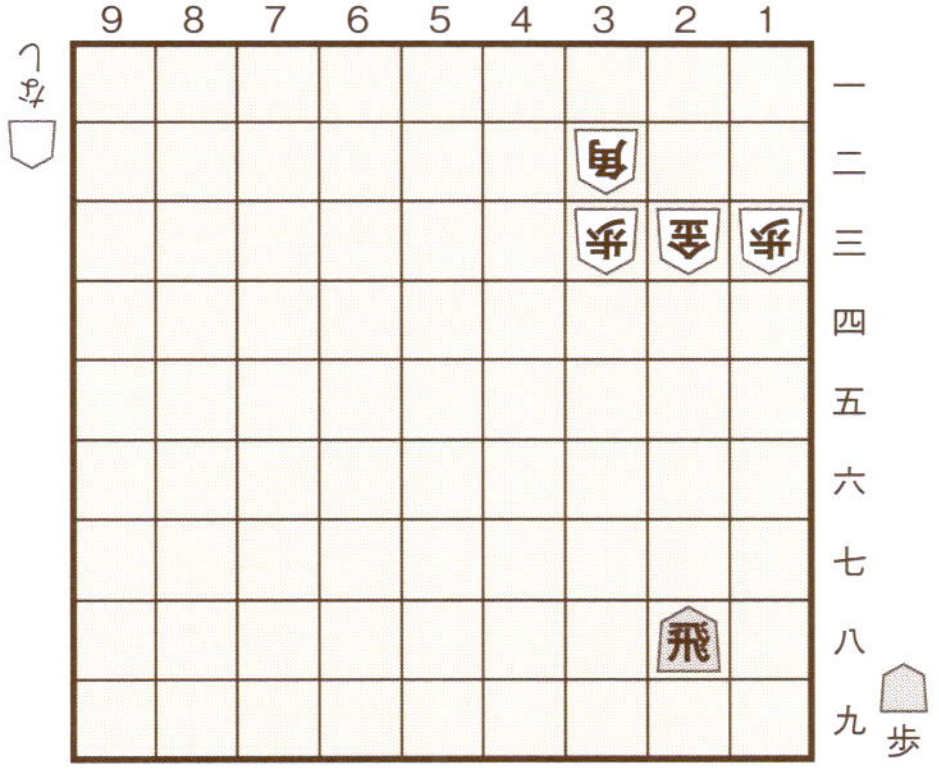

9 8 7 6 5 4 3 2 1
一 二 三 四 五 六 七 八 九
なし
歩

✕ 悪手《あくしゅ》

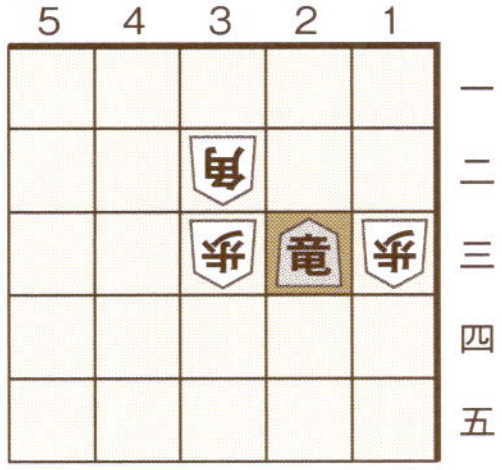

5 4 3 2 1
一 二 三 四 五

☗2三飛成《さんひなり》と指《さ》すのは悪手《あくしゅ》。金《きん》は取《と》れるものの、☖同角《どうかく》で竜《りゅう》を取《と》られて、駒損《こまぞん》になってしまう……。

◎ 好手《こうしゅ》！

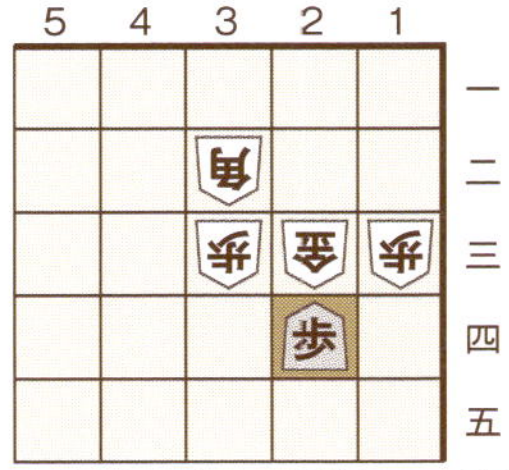

5 4 3 2 1
一 二 三 四 五

☗2四歩《よんふ》と指《さ》した盤面《ばんめん》。☖同金《どうきん》→☗同飛《どうひ》と指《さ》せば、自分《じぶん》の歩《ふ》と相手《あいて》の金《きん》を交換《こうかん》して、駒得成功《こまどくせいこう》！

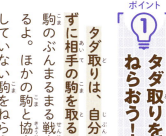

ポイント3

駒《こま》の特性《とくせい》を生《い》かして両取《りょうど》りをねらおう！

そういえば、お父《とう》さんに教《おそ》わった「両取《りょうど》り」も駒得《こまどく》になるんじゃないかな？

その通《とお》り！　両取《りょうど》りは、駒得《こまどく》の有効《ゆうこう》なテクニックのひとつだよ。よく覚《おぼ》えていたね！

両取《りょうど》りは、駒《こま》の特性《とくせい》（40ページ）でも紹介《しょうかい》した、**相手《あいて》の2枚《まい》の駒《こま》のうち、どちらかはかならず取《と》れるように指《さ》す手《て》**のことだよ。タダ取《ど》りできる可能性《かのうせい》も高《たか》いから、各駒《かくこま》の両取《りょうど》りの方法《ほうほう》を覚《おぼ》えておこう！

両取《りょうど》りのテクニック例《れい》

桂《けい》で両取《りょうど》り！

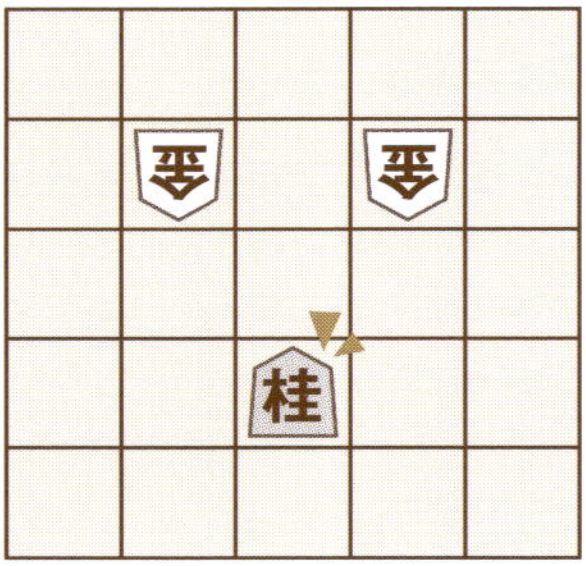

1マス離《はな》れて指《さ》されている2枚《まい》の金《きん》。ここに桂《けい》を打《う》つと、利《き》きが両方《りょうほう》の金《きん》にとどくよ。

角《かく》で両取《りょうど》り！

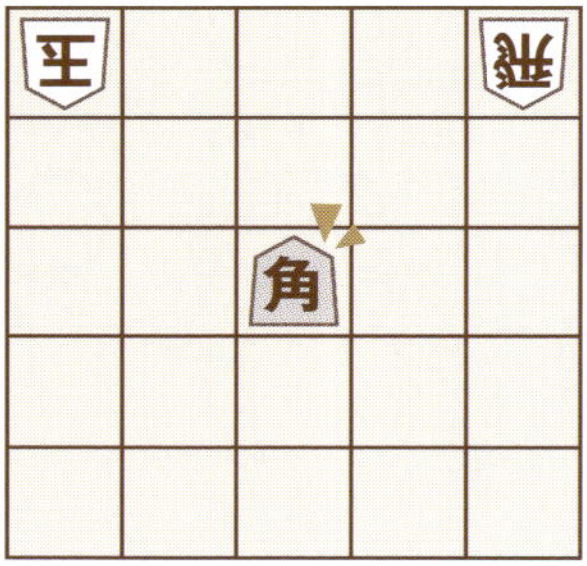

角《かく》のななめのにらみを使《つか》うと両取《りょうど》りできる！　この局面《きょくめん》なら、王手《おうて》飛車取《ひしゃと》りをねらえるね。

3 成《な》るチャンスを見逃《みのが》すな！【攻《せ》め・成《な》る】

戦力《せんりょく》アップのために積極的《せっきょくてき》に駒《こま》を成《な》らせよう

　味方《みかた》の戦力《せんりょく》を底上《そこあ》げするには、相手陣地《あいてじんち》に入《はい》り、「成《な》る」ことが不可欠《ふかけつ》だ。桂《けい》や銀《ぎん》など、状況《じょうきょう》によっては成《な》らないほうがよい場合《ばあい》もあるけれど、**歩《ふ》や大駒《おおごま》は、成《な》ったほうが確実《かくじつ》に戦力《せんりょく》アップ**になるぞ。

　もちろん、相手陣地《あいてじんち》には相手《あいて》の駒《こま》がひしめいているから、むやみに成《な》っても、すぐに取《と》られてしまうよ。**駒損《こまぞん》をしないように、成《な》るチャンスを見《み》きわめることが大切《たいせつ》**なんだ！　そのための2つのポイントをおさえておこう。

ポイント①

相手《あいて》の駒《こま》の利《き》きをチェック！

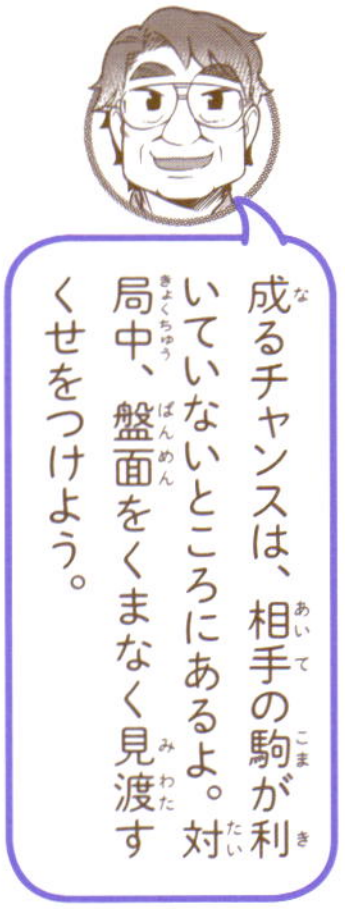
成《な》るチャンスは、相手《あいて》の駒《こま》が利《き》いていないところにあるよ。対《たい》局中《きょくちゅう》、盤面《ばんめん》をくまなく見渡《みわた》すくせをつけよう。

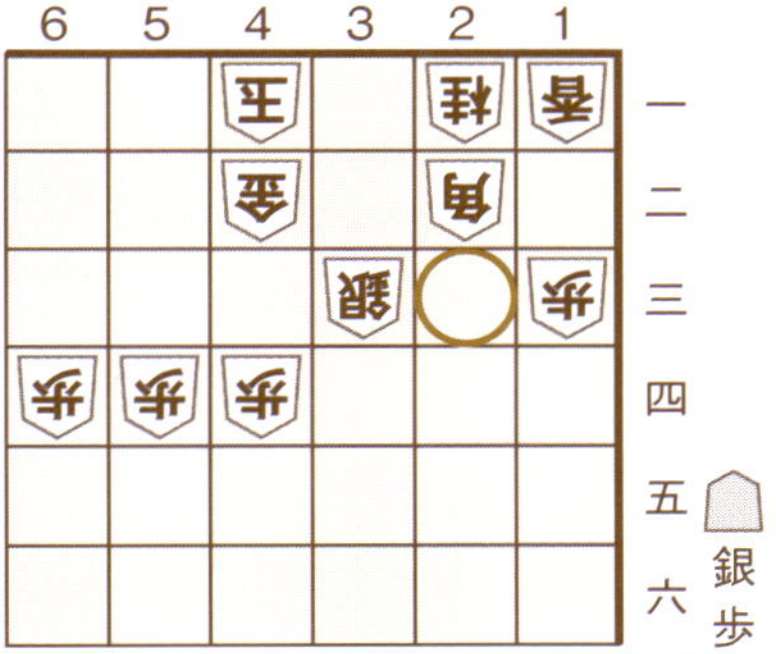
6 5 4 3 2 1
一 二 三 四 五 六
銀 歩

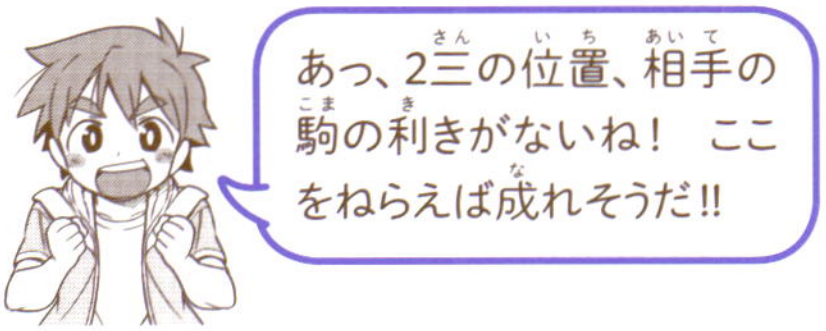
あっ、2三《さん》の位置《いち》、相手《あいて》の駒《こま》の利《き》きがないね！　ここをねらえば成《な》れそうだ!!

ポイント②

数《かず》の攻《せ》めで勝《か》ち抜《ぬ》こう

　相手《あいて》の守《まも》りが堅《かた》く、**駒《こま》の利《き》きがない位置《いち》を見《み》つけられない場合《ばあい》は、数《かず》の力《ちから》で突破《とっぱ》**するよ！　1枚《まい》で守《まも》っているなら2枚《まい》、2枚《まい》で守《まも》っているなら3枚《まい》で攻《せ》めよう。ただし、駒損《こまぞん》にならないように注意《ちゅうい》してね。

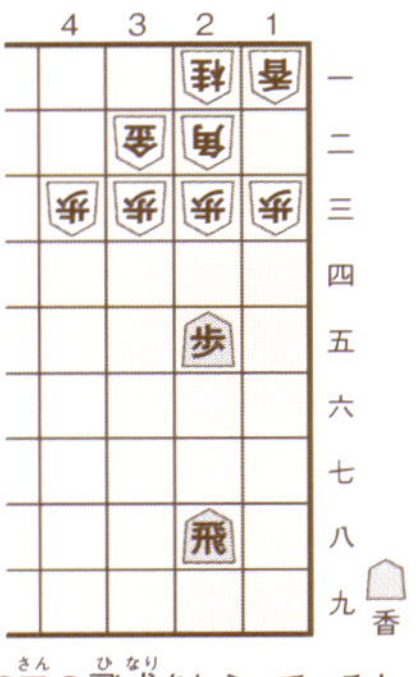
4 3 2 1
一 二 三 四 五 六 七 八 九
香

先手《せんて》は2三《さん》の飛成《ひなり》をねらっているよ。後手《ごて》の守《まも》り駒《ごま》は歩《ふ》と金《きん》の2枚《まい》。先手《せんて》は持《も》ち駒《ごま》の香車《きょうしゃ》を足《た》して、攻《せ》め駒《ごま》を歩《ふ》、香《きょう》、飛《ひ》の3枚《まい》にしてから攻《せ》めよう！

将棋《しょうぎ》の中盤《ちゅうばん》

4 駒《こま》を協力《きょうりょく》させて戦《たたか》おう【攻《せ》め・守《まも》り】

ポイント 1

駒《こま》の弱点《じゃくてん》をしっかり守《まも》ろう！

駒《こま》の利《き》きを確認《かくにん》しながら協力《きょうりょく》させよう

攻《せ》めるときも守《まも》るときも、駒《こま》を協力《きょうりょく》させることがとても大切《たいせつ》だよ。**駒《こま》が協力《きょうりょく》していないと、駒《こま》がねらわれたときに取《と》り返《かえ》すことができず、タダ取《ど》りをゆるすことになる**からだ。駒《こま》は、極力《きょくりょく》2枚以上《まいいじょう》を協《きょう》力《りょく》させて動《うご》かすようにしよう。

ただし、**駒《こま》によって利《き》きは違《ちが》う**から、ただ駒《こま》が側《そば》にあるだけでは、**協力《きょうりょく》できているとはいえない**。それぞれの駒《こま》の利《き》きを頭《あたま》に入《い》れて、協力《きょうりょく》できるように配置《はいち》を考《かんが》えよう。

駒《こま》には相性《あいしょう》があるよ。下《した》の盤面《ばんめん》、どの駒《こま》もきちんと協力《きょうりょく》できているように見《み》えるけれど、いくつか協力《きょうりょく》できていないものがあるんだ。

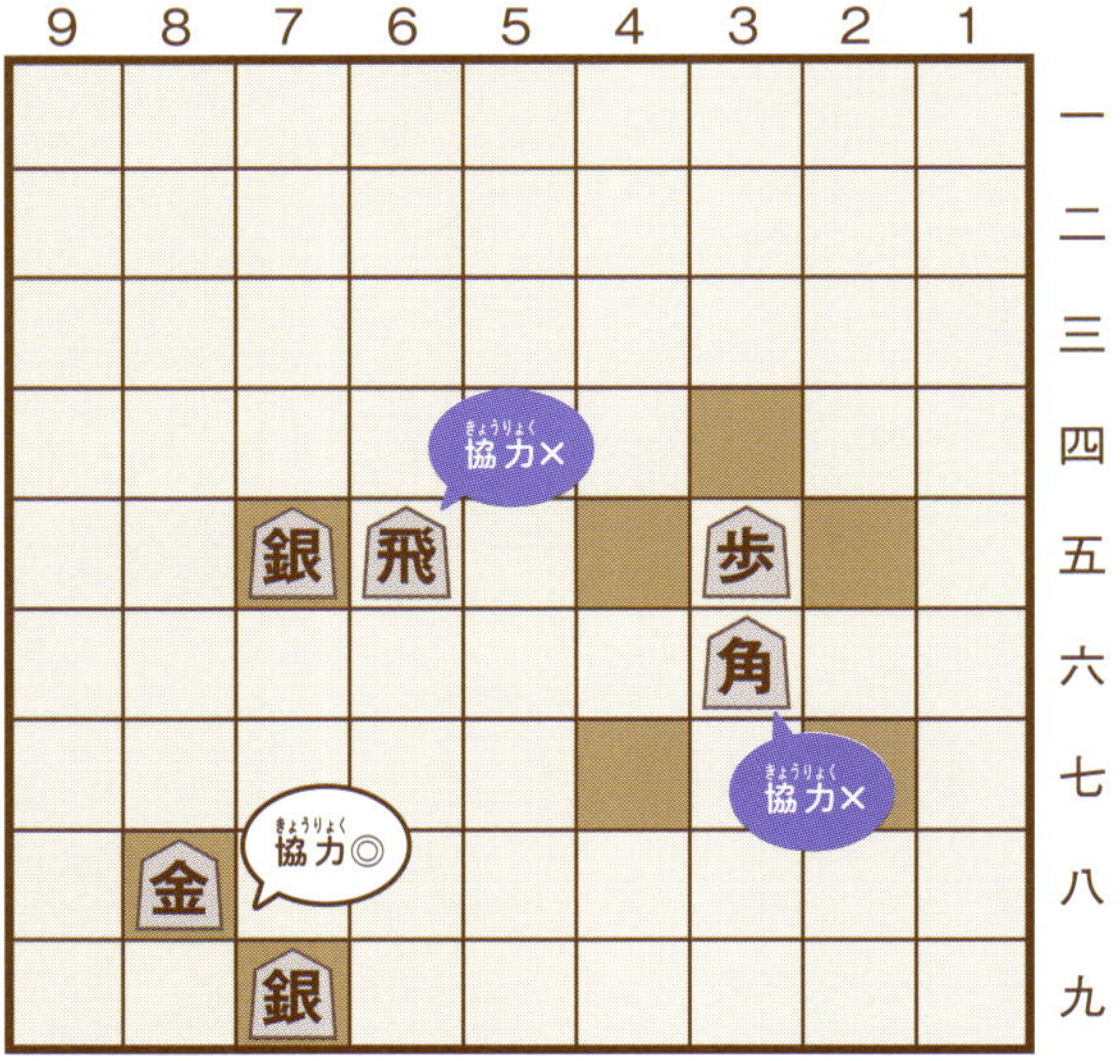

このままだと、大事《だいじ》な飛車《ひしゃ》や角《かく》がタダ取《ど》りされてしまうね。価値《かち》が高《たか》い駒《こま》はとくに、協力《きょうりょく》できているかしっかり確認《かくにん》しよう。

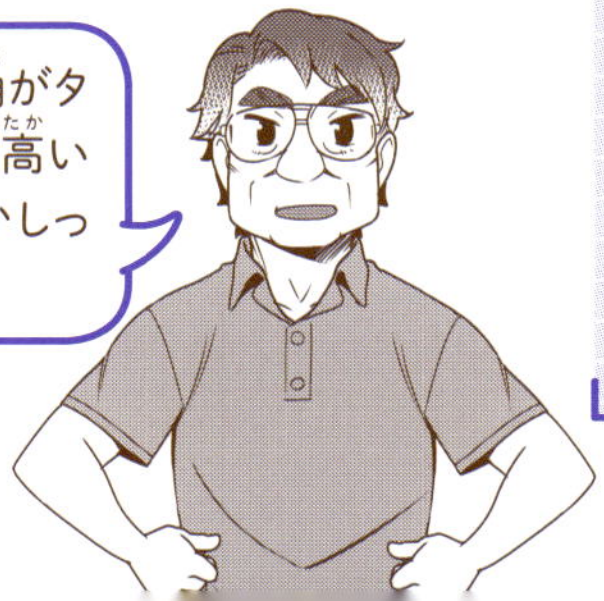

ポイント

② 先読《さきよ》みして守《まも》っておこう

協力《きょうりょく》していない駒《こま》をねらわれたら、**相手《あいて》の動《うご》きを先読《さきよ》みし、近《ちか》くにある駒《こま》を動《うご》かしたり、持《も》ち駒《ごま》を打《う》ったりして、駒《こま》を協力《きょうりょく》させよう。**そのためには、どこが攻《せ》められているか、いち早《はや》く見抜《みぬ》くことが大事《だいじ》だよ。

タダ取《ど》りを防《ふせ》ぐテクの例《れい》

9	8	7	6	5	4	3	2	1	
香	桂	銀							一
	飛								二
歩		歩	歩						三
									四
	歩								五
									六
歩	歩	歩	歩						七
	角								八
香	桂	銀	金						九

あーっ！　このまま
☖8五《ご》の歩《ふ》が進《すす》んで
くると、角《かく》の弱点《じゃくてん》の
頭《あたま》を突《つ》かれちゃう!!

テク1 金《きん》を上《あ》げて守《まも》り駒《ごま》を増《ふ》やす！

9	8	7	6	5	4	3	2	1	
香	桂	銀							一
	飛								二
歩		歩	歩						三
									四
	歩								五
									六
歩	歩	歩	歩						七
	角	金							八
香	桂	銀							九

☗7八金《はちきん》と上《あ》がって、金《きん》と角《かく》が協力《きょうりょく》！　相手《あいて》の飛《ひ》は簡単《かんたん》には攻《せ》められないね。

テク2 持《も》ち駒《ごま》の歩《ふ》で壁《かべ》を築《きず》き直《なお》す！

9	8	7	6	5	4	3	2	1	
香	桂	銀							一
									二
歩		歩	歩						三
									四
									五
	飛								六
歩	歩	歩	歩						七
	角	金							八
香	桂	銀							九

テク1から、☖8六歩《ろくふ》→☗同歩《どうふ》→☖同飛《どうひ》ときたら、☗8七歩《ななふ》と持《も》ち駒《ごま》を打《う》って相手《あいて》の飛車《ひしゃ》を追《お》い返《かえ》そう。

ポイント

③ 手筋《てすじ》を覚《おぼ》えよう

将棋《しょうぎ》には、戦《たたか》いを有利《ゆうり》に進《すす》めるために使《つか》うテクニックがあるよ。これを「手筋《てすじ》」というんだ。**手筋《てすじ》の基本《きほん》は、相手《あいて》に取《と》らせてそれ以上《いじょう》の効果《こうか》をあげるというもの。**だから、駒損《こまぞん》をしないよう、**もっとも価値《かち》の低《ひく》い歩《ふ》を使《つか》う手筋《てすじ》が一番《いちばん》多《おお》い**んだ。代表的《だいひょうてき》なのは、5種類《しゅるい》の手筋《てすじ》。ぜひ覚《おぼ》えてみよう！

代表的《だいひょうてき》な歩《ふ》の手筋《てすじ》

- **合《あ》わせの歩《ふ》**
- **垂《た》れ歩《ふ》**
- **継《つ》ぎ歩《ふ》**
- **タタキの歩《ふ》**
- **突《つ》き捨《す》ての歩《ふ》**

96ページから、
5つの歩《ふ》の手筋《てすじ》を
解説《かいせつ》していくよ。

歩《ふ》の手筋《てすじ》を覚《おぼ》えよう

代表的《だいひょうてき》な5つの歩《ふ》の手筋《てすじ》を紹介《しょうかい》するよ。どれも強力《きょうりょく》なテクニックだから、しっかり覚《おぼ》えてここぞというときに指《さ》せるようになろう！　それぞれのねらいを理解《りかい》しながら指《さ》すことが大切《たいせつ》だよ。

合《あ》わせの歩《ふ》

持《も》ち駒《こま》の歩《ふ》を、相手《あいて》の歩《ふ》にぶつけるテクニック。駒《こま》を進出《しんしゅつ》させるときなどに使《つか》うよ。

指《さ》し方《かた》の例《れい》

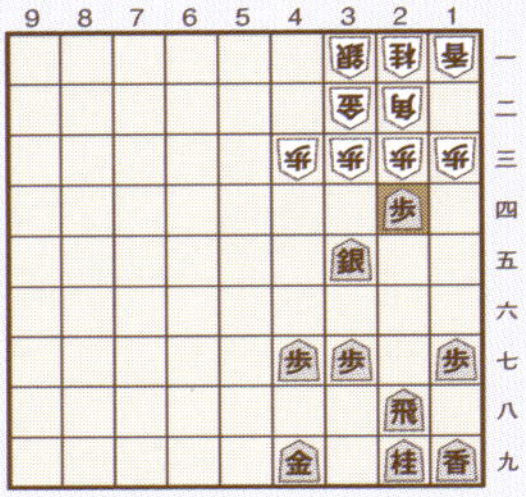

1 持《も》ち駒《ごま》の歩《ふ》を相手《あいて》の歩《ふ》にぶつける

☗2四歩《よんふ》と指《さ》したよ。1枚《まい》で攻《せ》めず、銀《ぎん》や飛車《ひしゃ》と協力《きょうりょく》しているか確認《かくにん》してから指《さ》してね。

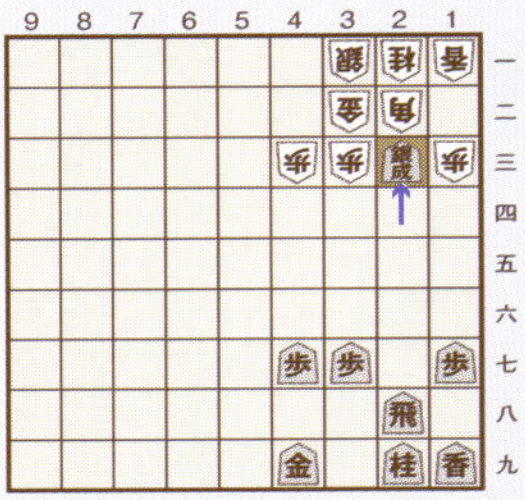

2 歩《ふ》を取《と》られたら銀《ぎん》で取《と》り返《かえ》す！

☖2四同歩《よんどうふ》→☗同銀《どうぎん》→☖2三《さん》歩《ふ》→☗同銀成《どうぎんなり》と進《すす》んだ局面《きょくめん》だよ。☖2三同金《さんどうきん》なら☗同飛成《どうひなり》で戦力《せんりょく》アップだ！

守《まも》りにも活躍《かつやく》！

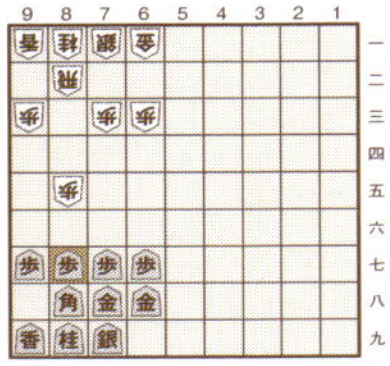

攻《せ》めこまれそうなこの局面《きょくめん》。☗8七歩《ななふ》と打《う》てば、相手《あいて》の攻《せ》めを遅《おく》らせることができるぞ。

垂《た》れ歩《ふ》

次《つぎ》に成《な》れるマス目《め》に歩《ふ》を打《う》つテクニック。成功《せいこう》すれば大《おお》きな戦力《せんりょく》アップになるよ！

指《さ》し方《かた》の例《れい》

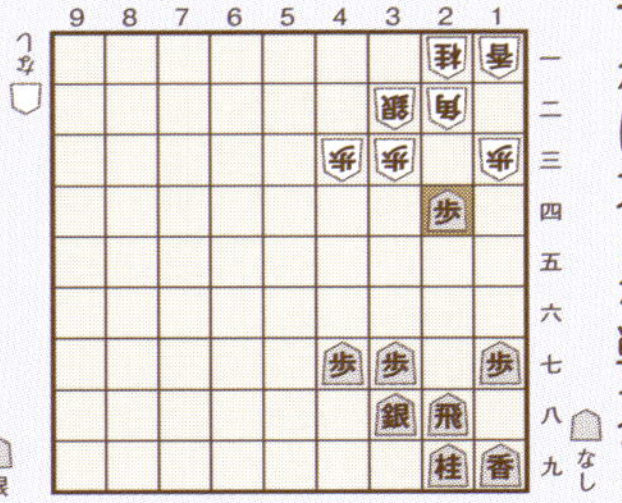

1 先手《せんて》は四段目《よんだんめ》に歩《ふ》を打《う》つ

この局面《きょくめん》、先手《せんて》は☗2四歩《よんふ》と垂《た》れ歩《ふ》を打《う》つのが正解《せいかい》だよ。後手《ごて》は☗2三歩成《さんふなり》を受《う》ける手《て》がないんだ。

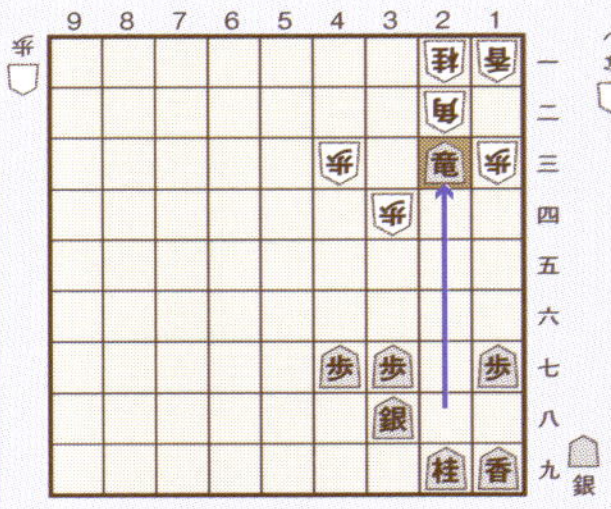

2 駒得《こまどく》&飛成《ひなり》で垂《た》れ歩《ふ》は大成功《だいせいこう》だ！

後手《ごて》はあわてて☖3四歩《よんふ》と角道《かくみち》をあけたけど、☗2三歩成《さんふなり》→☖同銀《どうぎん》→☗同飛成《どうひなり》と指《さ》せば、大《おお》きく優勢《ゆうせい》になるぞ！

相手《あいて》に垂《た》れ歩《ふ》を成功《せいこう》されちゃうと、序盤《じょばん》から劣勢《れっせい》になっちゃうよ～。垂《た》れ歩《ふ》を打《う》たれる前《まえ》に、後手《ごて》は☖2三歩《さんふ》と受《う》ける準備《じゅんび》をしよう。

継《つ》ぎ歩《ふ》

合《あ》わせの歩《ふ》を連続《れんぞく》して行《おこな》うテクニック！ 相手《あいて》の歩《ふ》の壁《かべ》をくずすのに効果的《こうかてき》だよ。

指《さ》し方《かた》の例《れい》

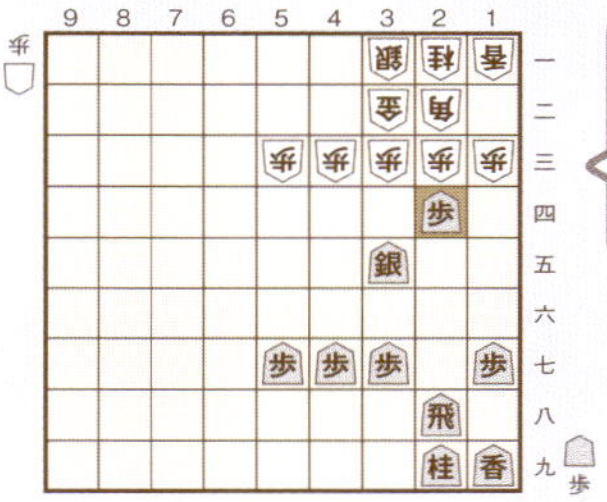

1 歩《ふ》を連続《れんぞく》してぶつけていくよ

相手《あいて》の歩《ふ》の壁《かべ》は、継《つ》ぎ歩《ふ》で攻略《こうりゃく》。まずは☗2四歩《よんふ》。この後《あと》は、☖2四《よん》同歩《どうふ》→☗2五歩《ごふ》と連続《れんぞく》でぶつけて。

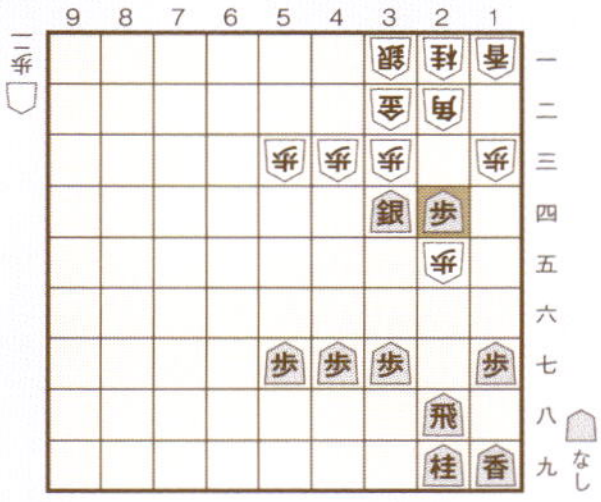

2 歩《ふ》をつり上《あ》げたら垂《た》れ歩《ふ》の合《あ》わせ技《わざ》！

☖2五同歩《ごどうふ》と、後手《ごて》の歩《ふ》をつり上《あ》げたら、今度《こんど》は☗2四歩《よんふ》と打《う》とう。垂《た》れ歩《ふ》がさくれつだ！

タタキの歩《ふ》

相手駒《あいてごま》の前《まえ》に歩《ふ》を打《う》ち、タダ取《ど》りさせることで、相手《あいて》の駒《こま》を動《うご》かして後《のち》の駒得《こまどく》をねらうよ。

指《さ》し方《かた》の例《れい》

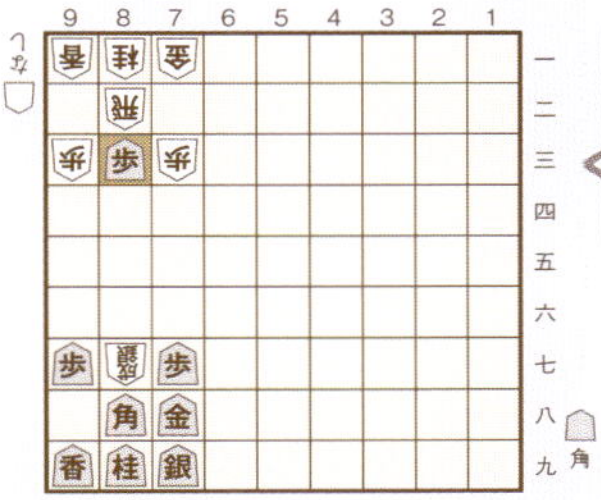

1 飛車《ひしゃ》の前《まえ》にタタキの歩《ふ》を打《う》つよ

後手《ごて》にきびしい手《て》を打《う》たれているこの局面《きょくめん》。☗8三歩《さんふ》と飛車《ひしゃ》の頭《あたま》に歩《ふ》を打《う》ってたたくと……。

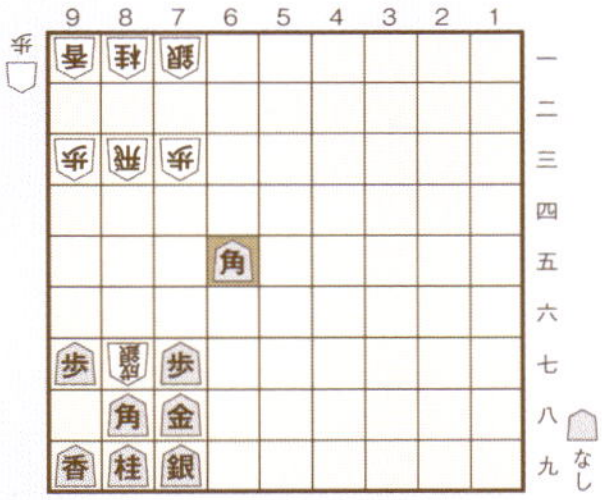

2 角打《かくう》ちで飛車《ひしゃ》と成銀《なりぎん》の両取《りょうど》りだ！

☖同飛《どうひ》と上《あ》がってきたら、☗6五角《ごかく》と打《う》とう。飛車《ひしゃ》と成銀《なりぎん》の両取《りょうど》りをかけられる強力《きょうりょく》な手《て》だ！

突《つ》き捨《す》ての歩《ふ》

相手《あいて》の駒《こま》の利《き》き位置《いち》に歩《ふ》を進《すす》め、取《と》らせて捨《す》てる手《て》。後《のち》の攻《せ》めをスムーズにする手筋《てすじ》だよ。

指《さ》し方《かた》の例《れい》

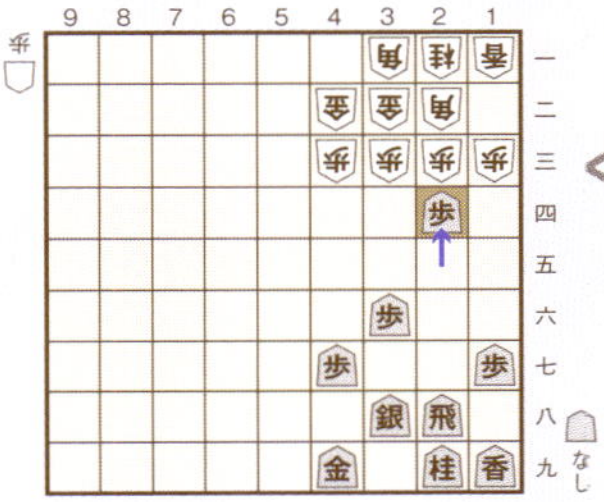

1 飛車先《ひしゃさき》の歩《ふ》を「突《つ》き捨《す》て」よう！

2の筋《すじ》から攻《せ》めるとき、2五《ご》に歩《ふ》があると、攻《せ》めづらくなってしまうね。事前《じぜん》に☗2四歩《よんふ》と進《すす》めてしまおう。

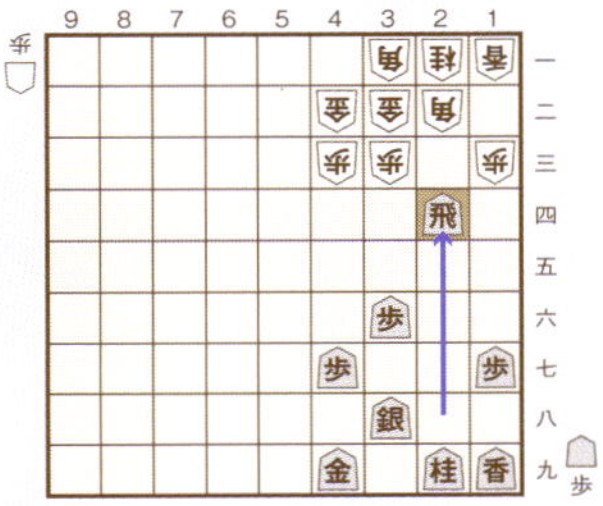

2 同歩《どうふ》と取《と》られたら飛車《ひしゃ》で取《と》り返《かえ》す！

☖2四同歩《よんどうふ》と取《と》られたら、☗同飛《どうひ》と取《と》り返《かえ》すよ。このあとは、飛車《ひしゃ》の成《な》りをねらっていこう！

将棋《しょうぎ》の格言《かくげん》を覚《おぼ》えよう 中盤編《ちゅうばんへん》

仕《し》かけは歩《ふ》の突《つ》き捨《す》てから

中盤戦《ちゅうばんせん》は、お互《たが》いの歩《ふ》がぶつかり合《あ》うことからスタートするよ。歩《ふ》をあえて取《と》らせて捨《す》てることで、そのマス目《め》に飛車《ひしゃ》や銀《ぎん》など、味方《みかた》の攻《せ》め駒《ごま》が進《すす》めるようになるんだ。「突《つ》き捨《す》ての歩《ふ》」は将棋《しょうぎ》においてかならず使《つか》うテクニックだから、しっかり覚《おぼ》えよう！

遊《あそ》び駒《ごま》をつくるな

攻《せ》めにも守《まも》りにも働《はたら》いていない駒《こま》のことを「遊《あそ》び駒《ごま》」というよ。将棋《しょうぎ》はお互《たが》いの戦力《せんりょく》がぶつかり合《あ》う総力戦《そうりょくせん》だから、遊《あそ》び駒《ごま》があるのはあまりよくない状態《じょうたい》。何《なに》もしていない駒《こま》は、盤面《ばんめん》の中央《ちゅうおう》に向《む》かわせるように進《すす》めると、きちんと働《はたら》けるようになるよ。

三歩《さんふ》持《も》ったら継《つ》ぎ歩《ふ》と垂《た》れ歩《ふ》

歩《ふ》は一番弱《いちばんよわ》い駒《こま》だけど、96 ～ 97 ページでも紹介《しょうかい》したように、歩《ふ》には強力《きょうりょく》な手《て》筋《すじ》がたくさんある！　なかでも、継《つ》ぎ歩《ふ》と垂《た》れ歩《ふ》はとても強力《きょうりょく》だから、持《も》ち駒《ごま》に3枚《まい》歩《ふ》があるなら、これらを積極的《せっきょくてき》にねらっていくといいんだ。

桂頭《けいとう》の銀《ぎん》定跡《じょうせき》なり

ぴょんぴょんはねる桂馬《けいま》の動《うご》きを止《と》めるには、桂《けい》の頭《あたま》に銀《ぎん》を打《う》つべし！　銀《ぎん》はななめ後《うし》ろにも動《うご》けるから、桂《けい》がはねてもはねなくても、かならずつかまえられるよ。

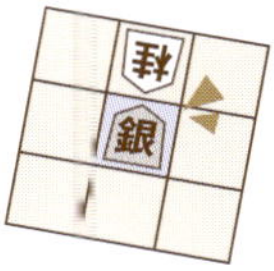

金底《きんぞこ》の歩《ふ》は岩《いわ》より堅《かた》し

「底歩《そこふ》」は、自陣《じじん》から見《み》ていちばん下《した》の段《だん》（先手《せんて》は九《きゅう》、後手《ごて》なら一《いち》）に打《う》つ歩《ふ》のこと。なかでも、金《きん》の下《した》に打《う》つ底歩《そこふ》は「金底《きんぞこ》の歩《ふ》」といい、とても守《まも》りが堅《かた》くなるんだ。たとえば右《みぎ》の局面《きょくめん》。守《まも》りの要《かなめ》の金《きん》が飛車《ひしゃ》にねらわれているけど、金底《きんぞこ》の歩《ふ》を打《う》つと、簡単《かんたん》には攻《せ》められなくなるね！

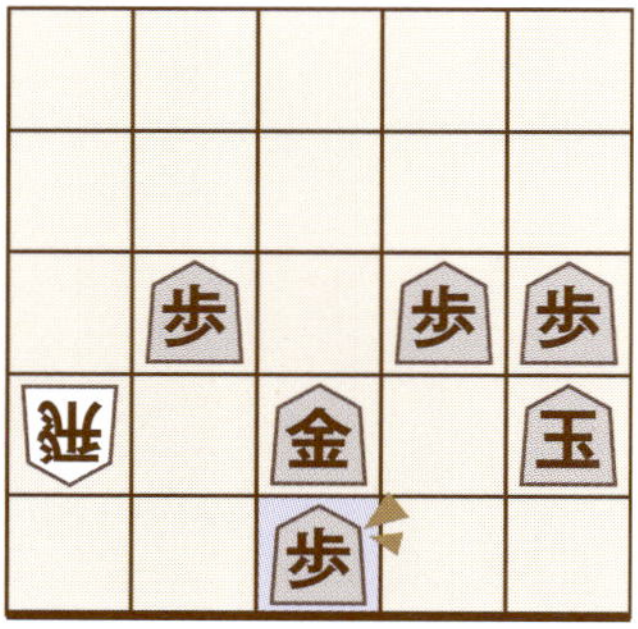

← 序盤編《じょばんへん》は87ページ、終盤編《しゅうばんへん》は111ページへ！

う〜〜ん…
だーーっ！　ダメだぁ!!
もう玉《ぎょく》の逃《に》げ場《ば》がないーーー！
あ゛〜〜〜
うるさいなァ…
途中《とちゅう》まではうまく指《さ》せたし
オレのほうが強《つよ》い駒《こま》をこんなに持《も》っているのに
なんで勝《か》てないんだろう…？
？
ム〜
リクトは駒得《こまどく》にこだわりすぎちゃうのが敗因《はいいん》かな
将棋《しょうぎ》の勝敗《しょうはい》は強《つよ》い駒《こま》を持《も》っていることじゃなく
相手玉《あいてぎょく》を早《はや》く詰《つ》ませることなんだから！

将棋《しょうぎ》の終盤《しゅうばん》

1 終盤《しゅうばん》には3つの流《なが》れがある

序盤《じょばん》で準備《じゅんび》し、中盤《ちゅうばん》で戦力《せんりょく》アップをはかったら、いよいよ終盤《しゅうばん》戦《せん》だ。終盤《しゅうばん》では、いかに早《はや》く、きっちり相手玉《あいてぎょく》を詰《つ》ませられるかが勝負《しょうぶ》のカギになるよ！

決着《けっちゃく》は3つのステップを経《へ》て！

終盤《しゅうばん》に入《はい》ったからといって、すぐに決着《けっちゃく》がつくわけではないよ。終盤《しゅうばん》に入《はい》ってから決着《けっちゃく》するまでは、さらに**①寄《よ》せ、②詰《つ》めろ・必至《ひっし》、③詰《つ》みという、3つのステップに分《わ》かれる**んだ。それぞれのステップの目的《もくてき》をおさえながら、慎重《しんちょう》に詰《つ》みを目指《めざ》そう！

1 寄《よ》せ

相手《あいて》が玉《ぎょく》を囲《かこ》っている場合《ばあい》、すぐに詰《つ》ませることはできないよ。まず、**玉《ぎょく》の囲《かこ》いをくずして、相手《あいて》の守《まも》りを弱《よわ》くすることからはじめる**んだ。これを「寄《よ》せ」というよ。

2 詰《つ》めろ・必至《ひっし》

相手《あいて》の囲《かこ》いをくずしたら、いよいよ王手《おうて》をかけよう。だけど、やみくもに王手《おうて》をかけても意味《いみ》はない。まずは**「次《つぎ》に詰《つ》みにするぞ」とねらう手《て》、「詰《つ》めろ」を打《う》つことが大事《だいじ》**なんだ。さらに、**どう指《さ》しても次《つぎ》の詰《つ》みをふせげない手《て》、「必至《ひっし》」をねらう**よ。

3 詰《つ》み

いよいよ最後《さいご》、**相手《あいて》の玉《ぎょく》がどこに逃《に》げても取《と》れる手《て》を指《さ》す**よ。これこそが、「詰《つ》み」の一手《いって》。最後《さいご》まで気《き》を抜《ぬ》かないで！

2 寄《よ》せで相手《あいて》の堅《かた》い守《まも》りをくずそう

終盤《しゅうばん》までに整《とと》えた戦力《せんりょく》を相手玉《あいてぎょく》に向《む》かって投入《とうにゅう》だ！

では、詰《つ》みまでのステップをそれぞれくわしく解説《かいせつ》していくよ。まずは、相手《あいて》の囲《かこ》いをくずして玉《ぎょく》の守《まも》りを弱《よわ》くする「寄《よ》せ」だ。

寄《よ》せで大事《だいじ》なのはスタートダッシュだ！　相手《あいて》も玉《ぎょく》をねらっているから、もたもたしていると、自陣《じじん》の囲《かこ》いがどんどん薄《うす》くなってしまう。**中盤《ちゅうばん》で整《とと》えた戦力《せんりょく》を、次々《つぎつぎ》と相手玉《あいてぎょく》に向《む》かって投入《とうにゅう》していく**ようなイメージで指《さ》していこう！

そのためにおさえておきたいポイントを3つ紹介《しょうかい》するよ。

ポイント①

寄《よ》せの主役《しゅやく》は大駒《おおごま》だ！

寄《よ》せの局面《きょくめん》でも、活躍《かつやく》するのは2枚《まい》の大駒《おおごま》だ。**飛車《ひしゃ》は、横《よこ》から攻《せ》める**のがコツ。とくに居飛車《いびしゃ》向《む》きの囲《かこ》いは、上《うえ》からの攻《せ》めに強《つよ》く、横《よこ》からの攻《せ》めに弱《よわ》いものが多《おお》い。

飛車《ひしゃ》で横《よこ》から攻《せ》めれば、一気《いっき》に相《あい》手玉《てぎょく》までせまることもできるんだ。**角《かく》は、遠《とお》くからにらむ**のがポイント。相手《あいて》の玉《ぎょく》と自陣《じじん》の玉《ぎょく》、どちらもにらんだ手《て》を見《み》つけよう。

飛車《ひしゃ》は横《よこ》から攻《せ》める！

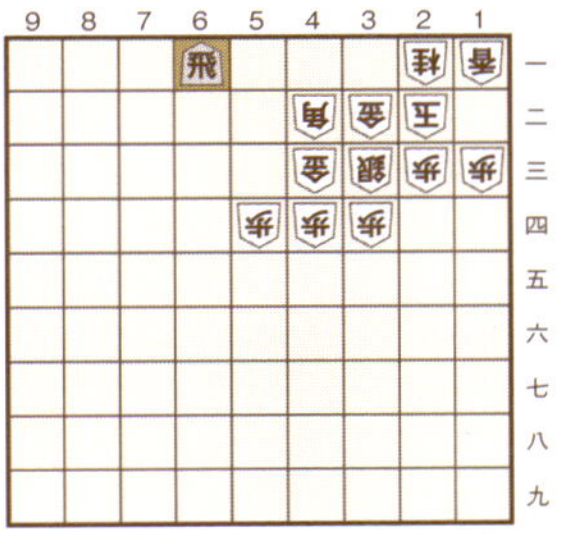

後手《ごて》は、がっちりと矢倉囲《やぐらがこ》いで守《まも》っているね。だけど持《も》ち駒《ごま》に飛車《ひしゃ》があるなら、☗6一飛《いちひ》と弱点《じゃくてん》を突《つ》けるぞ！

角《かく》は遠《とお》くからにらむ！

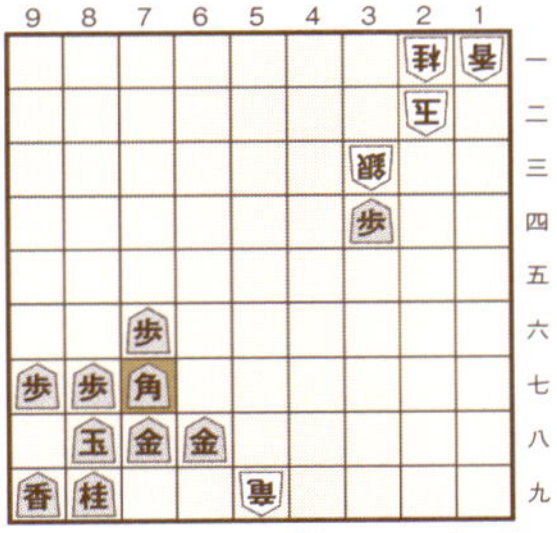

☗7七角《ななかく》と打《う》つのが好手《こうしゅ》だ！　相手《あいて》の玉《ぎょく》をにらんだするどい手《て》でもあるし、自陣《じじん》の守《まも》りを固《かた》める一手《いって》にもなっているぞ。

ポイント 2

金銀《きんぎん》の守《まも》りをくずそう！

「金銀《きんぎん》3枚《まい》でしっかり囲《かこ》いをつくることが大事《だいじ》」と覚《おぼ》えたよね。つまり**囲《かこ》いをくずしたければ、取《と》ったり、駒《こま》を打《う》って陣形《じんけい》をくずしたりして、金銀《きんぎん》3枚《まい》が働《はたら》かないようにすればいい**んだ。金銀《きんぎん》の弱点《じゃくてん》をねらって攻《せ》めると、寄《よ》せが成功《せいこう》しやすいよ！

問題《もんだい》 どこから攻《せ》めればいい？

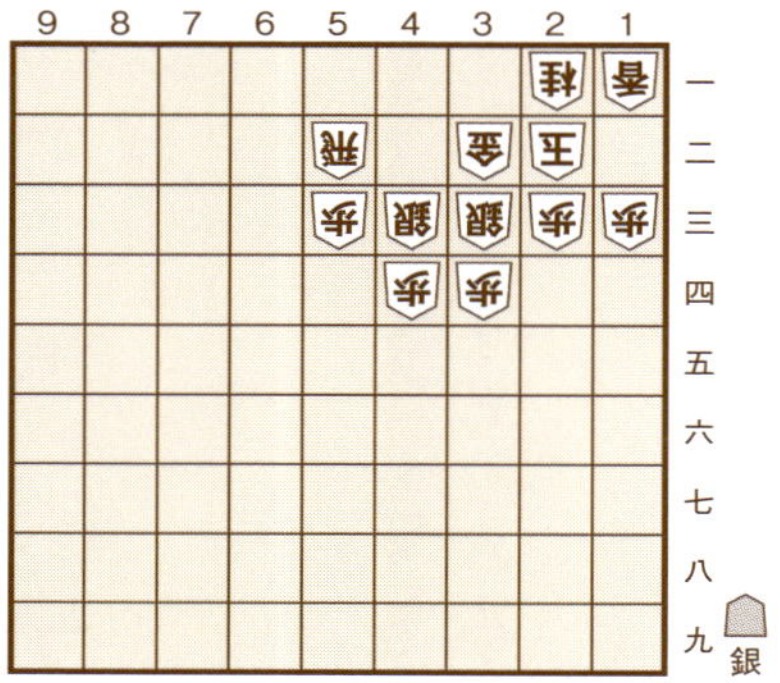

玉《ぎょく》はしっかり守《まも》られているように見《み》えるけど、どこかに弱点《じゃくてん》があるよ。

好手《こうしゅ》！

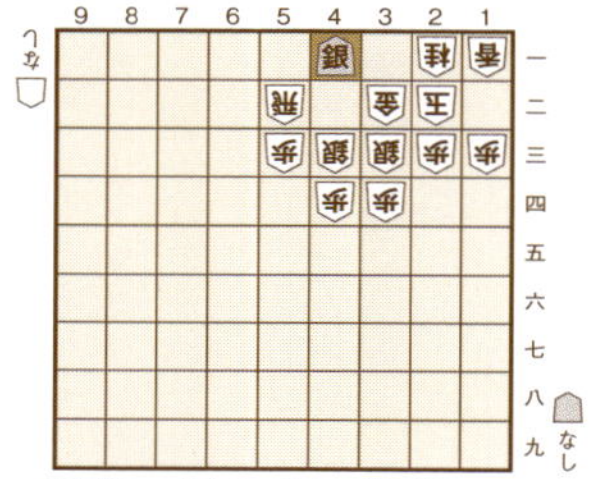

☗4一銀《いちぎん》で飛車《ひしゃ》と金《きん》の両取《りょうど》りをねらおう！　飛車《ひしゃ》が逃《に》げたら金《きん》を取《と》れば、玉《ぎょく》の守《まも》りがグッと薄《うす》くなるね。

ポイント 3

拠点《きょてん》を見《み》きわめよう

攻《せ》めるときに足《あし》がかりになるマス目《め》のことを「拠点《きょてん》」というよ。たとえば左《ひだり》の局面《きょくめん》なら、歩《ふ》の助《たす》けを借《か》りられる4三《さん》の位置《いち》だ。**拠点《きょてん》を見《み》つけたら、相手《あいて》の守《まも》り駒《ごま》より多《おお》い数《かず》で攻《せ》めこもう**。この場合《ばあい》、後《ご》手《て》の守《まも》り駒《ごま》は金銀《きんぎん》の2枚《まい》だから、先《せん》手《て》は歩《ふ》と飛車《ひしゃ》に加《くわ》え、持《も》ち駒《ごま》の銀《ぎん》や桂《けい》を投入《とうにゅう》すると、攻《せ》め勝《か》てるぞ！

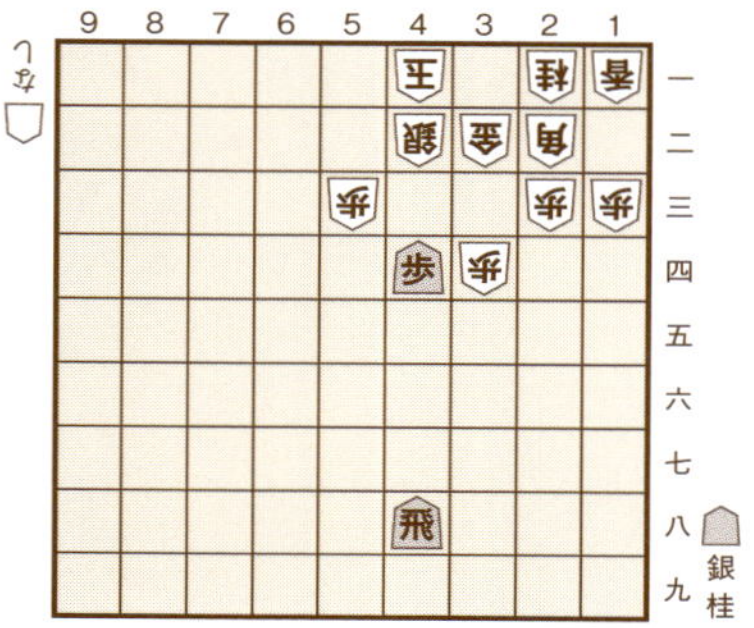

たとえば、☗4三銀《さんぎん》→☖同銀《どうぎん》→☗同《どう》歩《ふ》成《なり》→☖同金《どうきん》→☗同《どう》飛《ひ》成《なり》と進《すす》めれば、後手《ごて》の金銀《きんぎん》の守《まも》りを破《やぶ》れるぞ！

将棋《しょうぎ》の終盤《しゅうばん》

3 詰《つ》みの一歩《いっぽ》手前《てまえ》、詰《つ》めろ・必至《ひっし》

相手玉《あいてぎょく》を詰《つ》ませる方法《ほうほう》を考《かんが》えながら王手《おうて》をかける

寄《よ》せが成功《せいこう》して、玉《ぎょく》の守《まも》りが薄《うす》くなったら、詰《つ》めろと必至《ひっし》をかけていくよ。100ページで詰《つ》めろと必至《ひっし》の意味《いみ》を説明《せつめい》したけれど、最初《さいしょ》はあえて区別《くべつ》して考《かんが》えなくても大丈夫《だいじょうぶ》。「どう指《さ》せば相手玉《あいてぎょく》を詰《つ》ませられるか」を考《かんが》えて指《さ》そう。

詰《つ》めろでは、相手《あいて》の玉《ぎょく》に王手《おうて》をかけていくけど、**詰《つ》みを読《よ》まずにただ王手《おうて》するだけでは、相手玉《あいてぎょく》はさっさと逃《に》げてしまう**よ。相手玉《あいてぎょく》の逃《に》げ方《かた》と、それを詰《つ》ませる方法《ほうほう》を予測《よそく》しながら指《さ》していこう。

詰《つ》みが近《ちか》そうだね！
えぇと、相手玉《あいてぎょく》はどうやって逃《に》げようとするかな…？

問題《もんだい》　玉《ぎょく》を追《お》い詰《つ》める手《て》は？

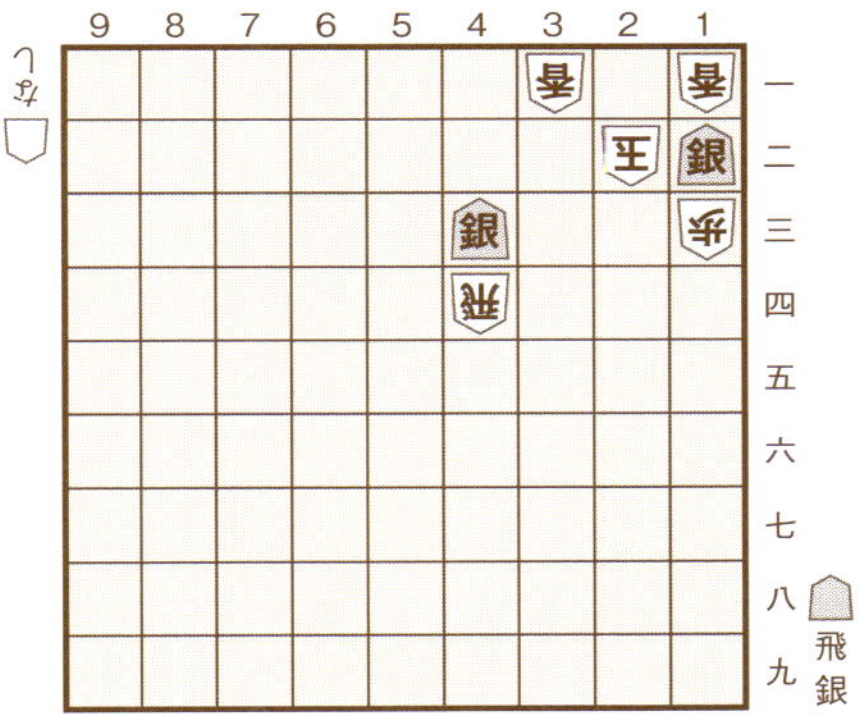
9 8 7 6 5 4 3 2 1
一 二 三 四 五 六 七 八 九
なし
飛 銀

✕ 悪手《あくしゅ》

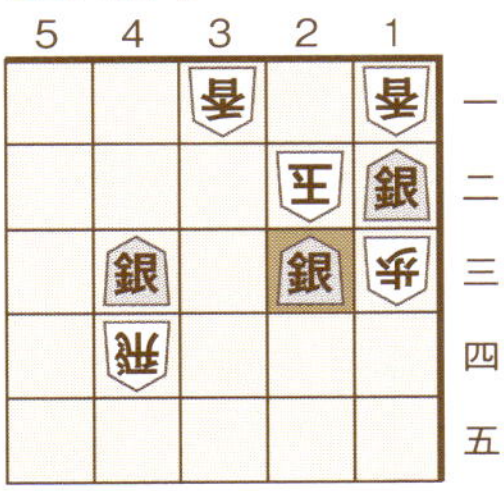
5 4 3 2 1
一 二 三 四 五

☗2三銀打《さんぎんうつ》だと、☖3三玉《さんぎょく》→☗3四銀右成《よんぎんみぎなり》→☖同飛《どうひ》→☗2三飛《さんひ》→☖4四玉《よんぎょく》と逃《に》げられてしまうよ。

◎ 好手《こうしゅ》!

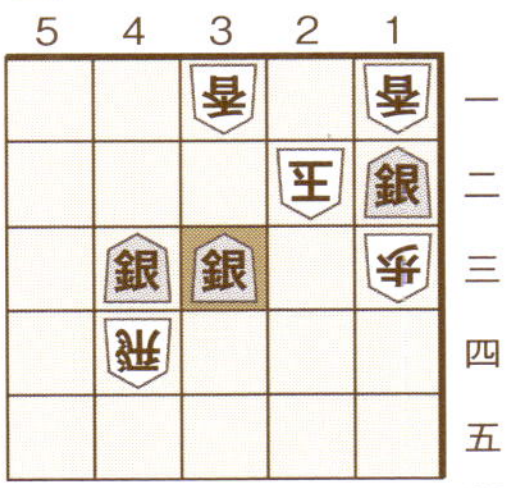
5 4 3 2 1
一 二 三 四 五

☗3三銀《さんぎん》が好手《こうしゅ》だよ！　☖同玉《どうぎょく》なら☗2三飛《さんひ》で詰《つ》みに。☖同香《どうきょう》でも、☗3二飛《にひ》で詰《つ》ませられるぞ！

ポイント 1

上《うえ》から押《お》さえて追《お》いこむ

玉《ぎょく》は周囲《しゅうい》のマスすべてに動《うご》けるから、広《ひろ》いスペースでつかまえようとしても逃《に》げられてしまう。できるだけ**玉《ぎょく》の逃《に》げ場《ば》をなくすために、上《うえ》から押《お》さえて追《お》いこもう**。具体的《ぐたいてき》には、玉《ぎょく》からひとつあけたマス目《め》に足《あし》がかりとなる駒《こま》を打《う》つんだ。

上《うえ》から押《お》さえこむと…

なし
後手玉《ごてぎょく》から
1マスあけて、
☗5四銀《よんぎん》と打《う》ったよ。
金二

後《うし》ろへ下《さ》がったら…

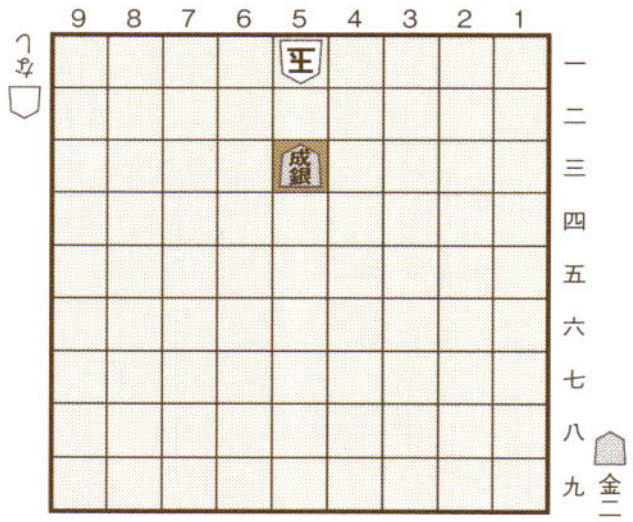
なし
金二

☖5一玉《いちぎょく》と後《うし》ろに下《さ》がったら、☗5三銀成《さんぎんなり》。次《つぎ》に玉《ぎょく》がどう逃《に》げても、頭金《あたまきん》で詰《つ》みにできるぞ！

横《よこ》へ逃《に》げたら…

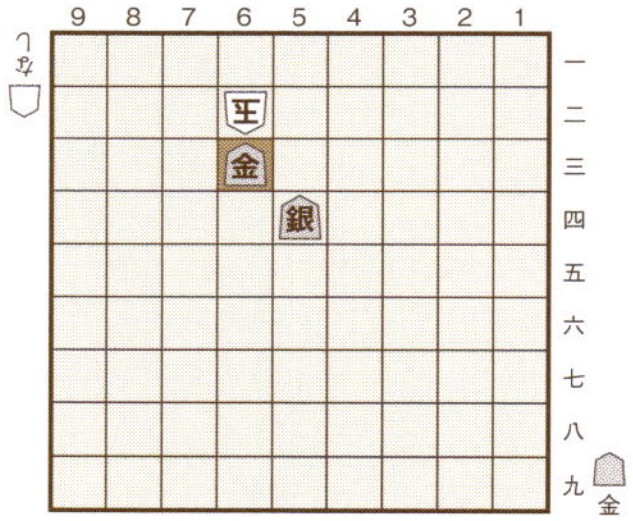
なし
金

☖6二玉《にぎょく》と逃《に》げたら、玉《ぎょく》の頭《あたま》に金《きん》を打《う》つよ。一《いち》の段《だん》に下《さ》がったら、もう一度《いちど》頭金《あたまきん》で詰《つ》みだ。

サッサ〜〜ッ！
広い場所《ばしょ》なら
逃げ放題《ほうだい》
じゃわ〜い！

チェック

王手《おうて》よりきびしい詰めろがある！

右《みぎ》の局面《きょくめん》、詰《つ》みが近《ちか》いね。すぐにでも☗2二銀《にぎん》と打《う》ちたくなるけど、☖1二玉《にぎょく》と逃《に》げられてしまう。☗1三銀《さんぎん》と詰《つ》めろをかければ、後手《ごて》玉《ぎょく》がどう逃《に》げても☗2二桂《にけい》成《なり》（または☗2二銀成《にぎんなり》）で詰《つ》みになるよ。

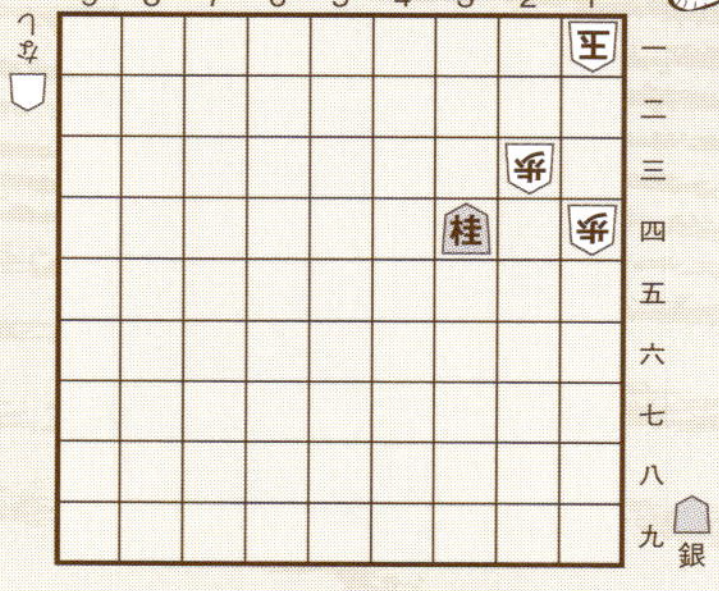
なし
銀

ポイント2

駒《こま》をおとりにして逃《に》げ道《みち》をふさごう

問題《もんだい》 次《つぎ》の一手《いって》を考《かんが》えよう！

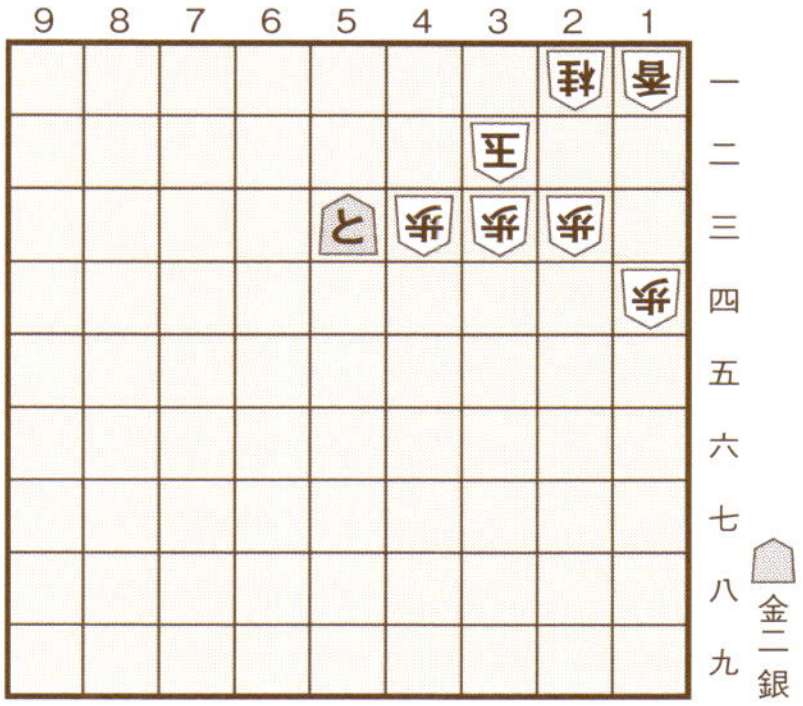
金二銀

好手《こうしゅ》！

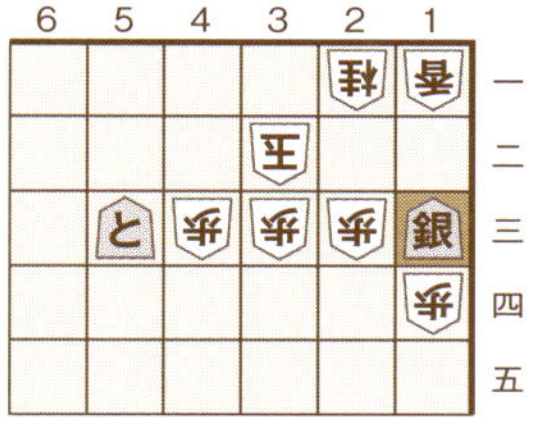

☗1三銀《さんぎん》と打《う》って☖同香《どうきょう》や☖同《どう》桂《けい》と取《と》らせることで、後《ご》手《て》玉《ぎょく》の逃《に》げ道《みち》をふさぐことができるね！

この局面《きょくめん》、金《きん》が2枚《まい》あるからといって、☗4二金《にきん》↓☗3二金打《にきんうち》とやみくもに指《さ》すのはNG《エヌジー》だ。後手《ごて》玉《ぎょく》に☖2二玉《にぎょく》↓☖1三玉《さんぎょく》と逃《に》げられてしまう可能性《かのうせい》が高《たか》い。こういうときは、先《さき》に☗1三銀《さんぎん》と打《う》つ詰《つ》めろが有効《ゆうこう》だ！　タダ捨《す》てにも見《み》えるけど、**玉《ぎょく》の逃《に》げ道《みち》になっている1三《さん》のマス目《め》を、相手《あいて》の駒《こま》でふさぐことができる**んだよ。

97ページで紹介《しょうかい》した「突《つ》き捨《す》ての歩《ふ》」と同《おな》じ、
相手《あいて》の駒《こま》を
都合《つごう》のよい場所《ばしょ》に
動《うご》かすテクニックだよ。

ポイント3

はさみうちにして取《と》る

歩《ふ》の壁《かべ》があって、相手玉《あいてぎょく》からひとつあけたマス目《め》に駒《こま》を打《う》てない場合《ばあい》はどうすればいいの？

左右《さゆう》から玉《ぎょく》をはさむといいよ。あらかじめ、玉《ぎょく》が逃《に》げそうな方向《ほうこう》に待《ま》ち伏《ぶ》せの駒《こま》を打《う》っておくテクニックだ。

たとえば…

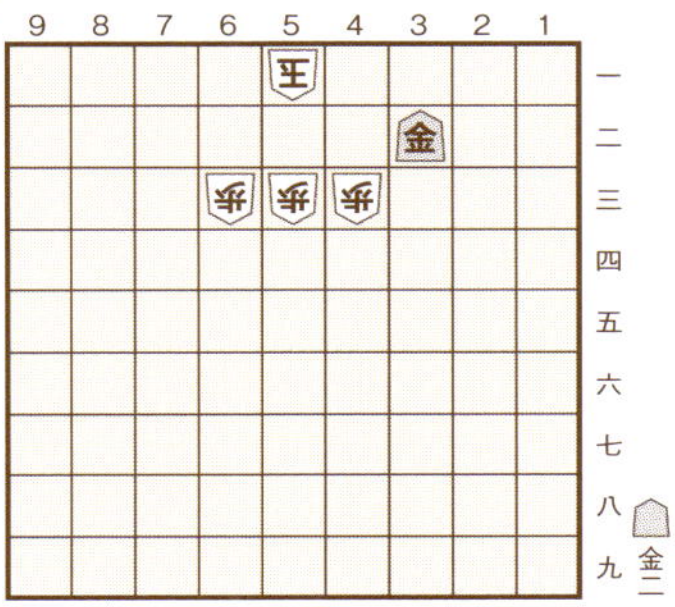
金二

この局面《きょくめん》、玉《ぎょく》を追《お》いかけようと、☗4二金打《にきんうつ》としてしまうと、玉《ぎょく》は向《む》かって左側《ひだりがわ》へ逃《に》げてしまう。☗7二金《にきん》と打《う》って、玉《ぎょく》の逃《に》げ道《みち》をふさごう！

将棋《しょうぎ》の終盤《しゅうばん》

4

相手玉《あいてぎょく》を詰《つ》ませよう！

3つの詰《つ》みの条件《じょうけん》をすべておさえれば勝《か》ち！

詰《つ》みの条件《じょうけん》は、**①王手《おうて》をかけている**、**②相手《あいて》の玉《ぎょく》の利《き》きすべてに味方駒《みかたごま》が利《き》いている**、**③王手《おうて》をしている駒《こま》を取《と》られても取《と》り返《かえ》せる**の3つだ。最後《さいご》まで気《き》を抜《ぬ》かずに指《さ》して、勝利《しょうり》をつかもう！

玉《ぎょく》の利《き》きは最大《さいだい》8マス

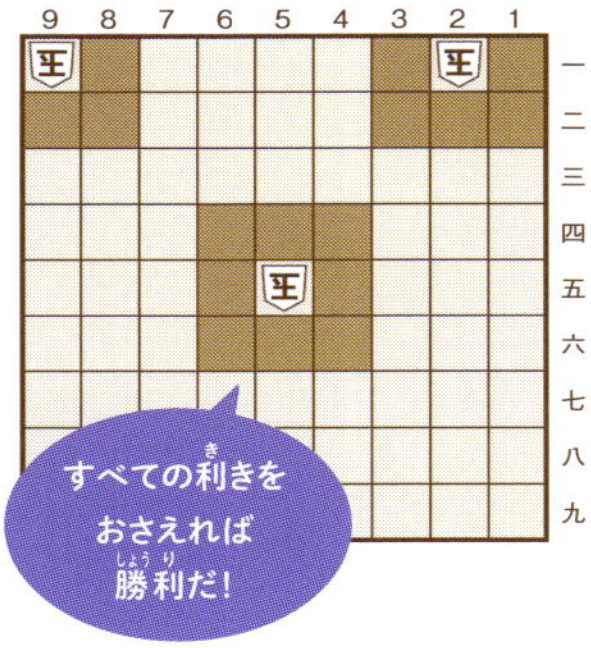

ポイント

① 王手《おうて》の基本《きほん》は頭金《あたまきん》

金《きん》は、最後《さいご》の最後《さいご》、相手玉《あいてぎょく》にとどめをさす重要《じゅうよう》な駒《こま》になる。金《きん》を玉《ぎょく》の頭《あたま》に打《う》つことで、玉《ぎょく》はどこにも逃《に》げられなくなるからね。持《も》ち駒《ごま》に金《きん》がある場合《ばあい》、すぐに使《つか》うのはもったいない。できれば、玉《ぎょく》にとどめをさすまで手《て》もとに残《のこ》そう。

頭金《あたまきん》の基本《きほん》の形《かたち》

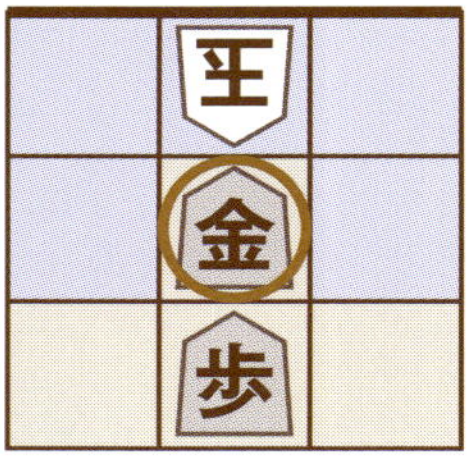

金《きん》を取《と》られても後《うし》ろの歩《ふ》で取《と》れるし、玉《ぎょく》の利《き》きすべてに金《きん》が利《き》いているね。

Q ほかの駒《こま》だと詰《つ》まないの？

金《きん》と同《おな》じくらい利《き》きがある銀《ぎん》や、攻《せ》めの要《かなめ》の飛車《ひしゃ》。どちらも強力《きょうりょく》な駒《こま》だけど、玉《ぎょく》は前後左右《ぜんごさゆう》すべての方向《ほうこう》に動《うご》けるから、頭打《あたまう》ちしても逃《に》げられてしまう可能性《かのうせい》があるんだ。頭金《あたまきん》がベストなんだよ。

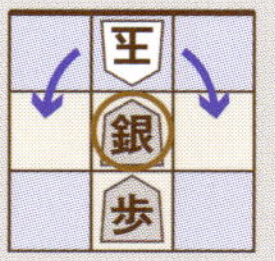

銀《ぎん》だと…

銀《ぎん》は横《よこ》に利《き》きがないから、このスペースに逃《に》げられると詰《つ》まないよ。

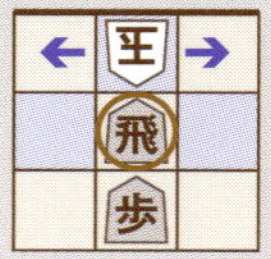

飛車《ひしゃ》だと…

飛車《ひしゃ》はななめに利《き》きがない。玉《ぎょく》が横《よこ》に逃《に》げると、詰《つ》みが遠《とお》くなるんだ。

頭打《あたまう》ちだと詰《つ》ませづらいだけで、金以外《きんいがい》の駒《こま》で詰《つ》ませる場面《ばめん》もたくさんあるよ〜。

ポイント2

1枚《まい》で王手《おうて》をかけるのはNG《エヌジー》

問題《もんだい》 相手玉《あいてぎょく》を詰《つ》ませる一手《いって》は？

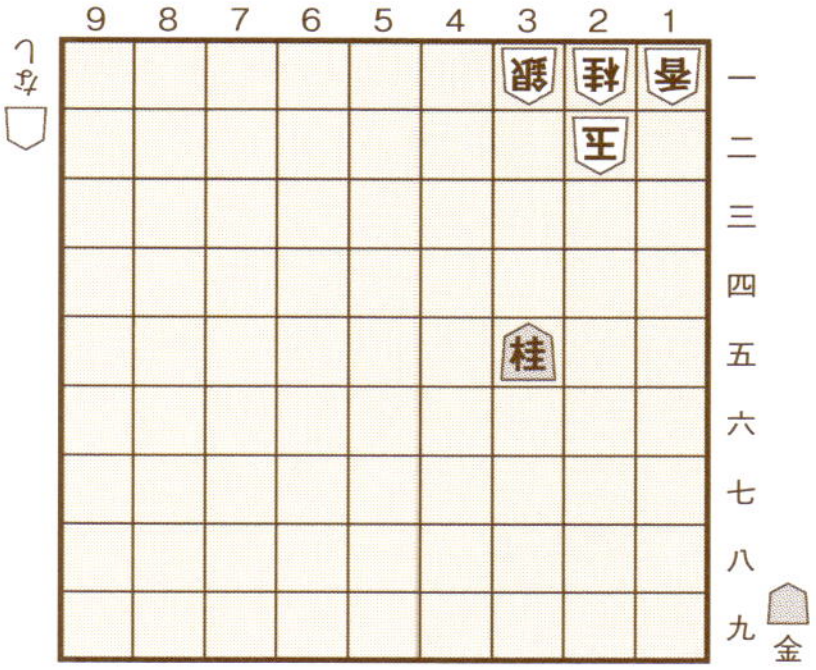

王手《おうて》をかけるとき、1枚《まい》で攻《せ》めると、【悪手《あくしゅ》】の盤面《ばんめん》のようにすぐに相手《あいて》の玉《ぎょく》に取《と》られてしまい、タダで駒《こま》をあげることになるよ。**王手《おうて》はかならず2枚以上《まいいじょう》で！**やみくもに王手《おうて》をかけず、相手《あいて》の玉《ぎょく》がどう逃《に》げるか想定《そうてい》しながら、確実《かくじつ》に詰《つ》む方法《ほうほう》を見《み》つけ出《だ》そう。

✕ 悪手《あくしゅ》

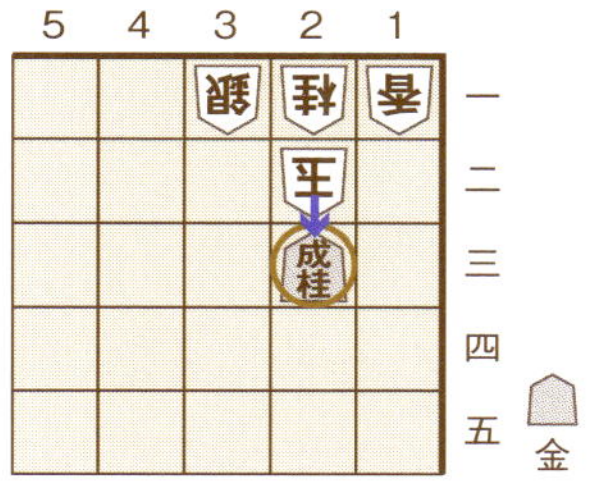

いきなり☗2三桂成《さんけいなり》。頭金《あたまきん》にも見《み》えるけれど、これではすぐに成桂《なりけい》を取《と》られてしまい、詰《つ》ませられないよ。

◎ 好手《こうしゅ》！

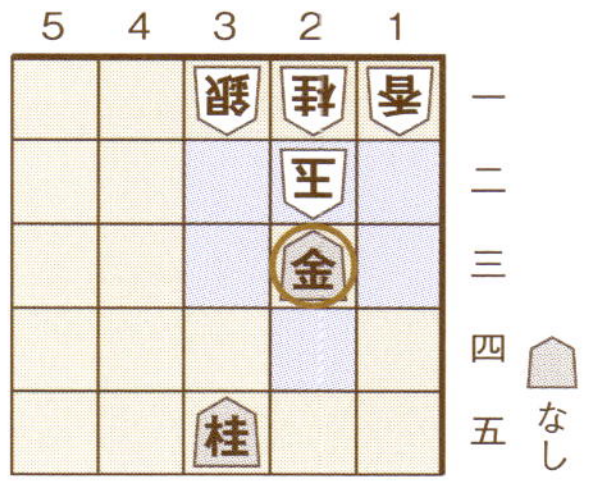

持《も》ち駒《ごま》の金《きん》を玉《ぎょく》の頭《あたま》に打《う》ったよ。玉《ぎょく》の逃《に》げ道《みち》は金《きん》が利《き》いているし、金《きん》を取《と》られても、桂馬《けいま》で玉《ぎょく》を取《と》れるね！

将棋《しょうぎ》の終盤《しゅうばん》

5

相手《あいて》の攻《せ》めを遅《おく》らせることが大切《たいせつ》!

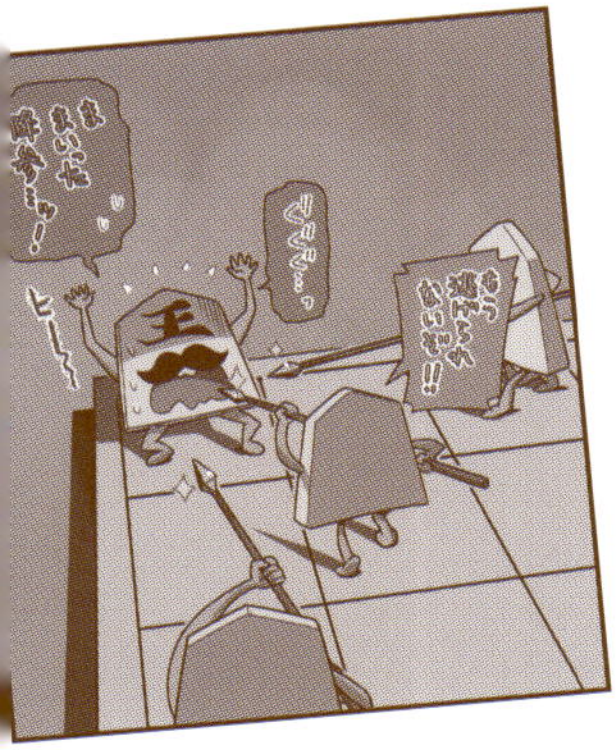

うう~。終盤《しゅうばん》、いつも先《さき》に攻《せ》めこまれて負《ま》けちゃうよぉ…。

終盤《しゅうばん》は、とにかくスピードが速《はや》いほうが勝《か》つんだ。だから、相手《あいて》の攻《せ》めを少《すこ》しでも遅《おく》らせて、一手《いって》でも先《さき》に相手玉《あいてぎょく》を詰《つ》ませるしかない! 詰《つ》ませるコツはたくさん学《まな》んだから、あとは相手《あいて》の攻《せ》めを遅《おく》らせるポイントを勉強《べんきょう》していこう。

ポイント 1 逃《に》げるためのスペースをあけよう!

問題《もんだい》 次《つぎ》はどう打《う》てばいい?

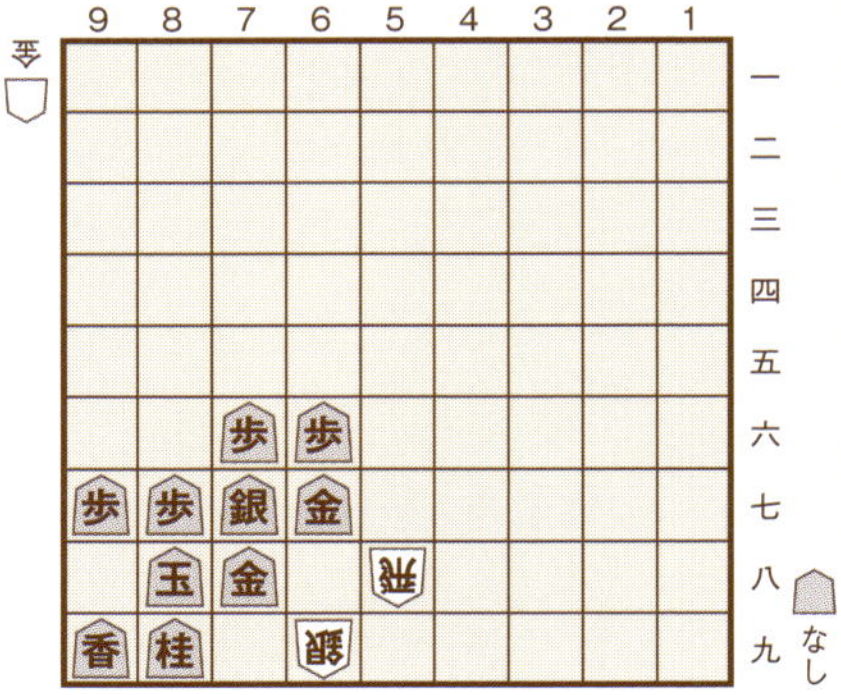

◎好手《こうしゅ》!

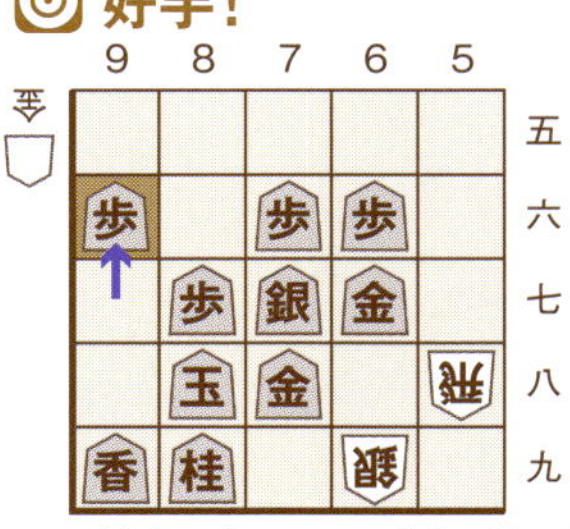

☗9六《ろく》歩《ふ》と上《あ》げれば、玉《ぎょく》の逃《に》げ道《みち》ができるね! ☖7八《はち》銀成《ぎんなり》と指《さ》されても、ななめ上《うえ》へ逃《に》げられるぞ。

囲《かこ》いに守《まも》られているのは安心《あんしん》だけど、終盤《しゅうばん》に金銀《きんぎん》の守《まも》りがくずされてしまったときは別《べつ》。歩《ふ》の壁《かべ》など、**玉《ぎょく》のまわりにいる駒《こま》が、逃《に》げ道《みち》をふさいでしまっている可能性《かのうせい》が高《たか》い**からだ。相手《あいて》の駒《こま》がせまってきたら、早《はや》めに歩《ふ》の壁《かべ》をこわして、玉《ぎょく》の逃《に》げ道《みち》をつくろう!

ポイント 2

持《も》ち駒《ごま》を打《う》って先回《さきまわ》りだ!

逃《に》げ道《みち》をあけても、相手《あいて》の駒《こま》がせまってきていて逃《に》げられないときは、**相手《あいて》の攻《せ》め駒《ごま》が近《ちか》づけないように、先回《さきまわ》りして持《も》ち駒《ごま》を打《う》っておこう**。そのためには、次《つぎ》にどこに打《う》たれたら厳《きび》しくなるか、詰《つ》まされるか、急所《きゅうしょ》を先読《さきよ》みすることがとても大事《だいじ》なんだ。

たとえば…

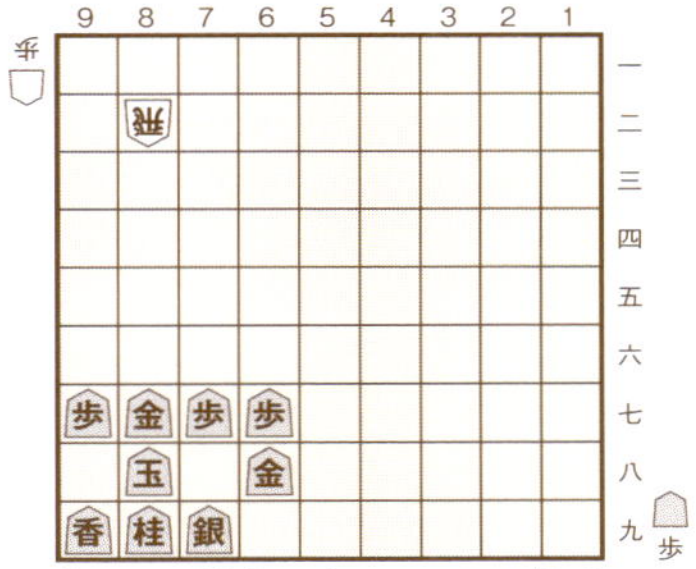

次《つぎ》に☖8六《ろく》歩《ふ》と打《う》たれると、相手《あいて》の飛車《ひしゃ》が一気《いっき》にせまってくる。この場《ば》合《あい》、急所《きゅうしょ》は8六《ろく》の位置《いち》だ。

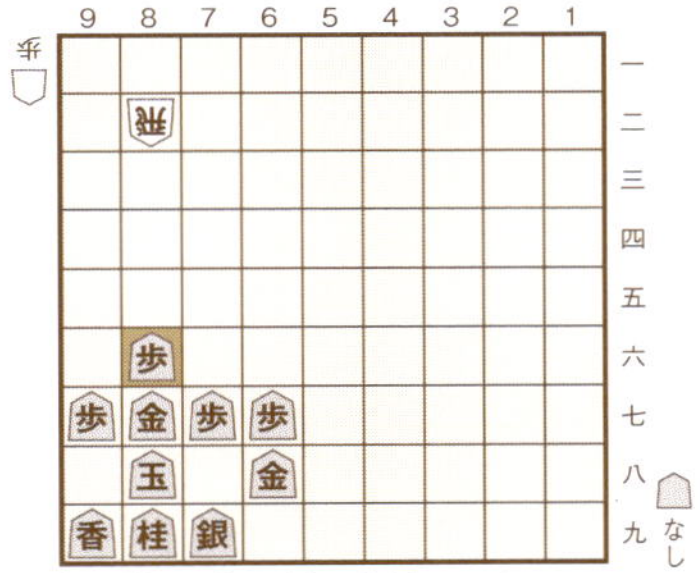

持《も》ち駒《ごま》の歩《ふ》を先《さき》に急所《きゅうしょ》に打《う》ってしまえば、守《まも》り駒《ごま》が増《ふ》え、相手《あいて》の攻《せ》めを遅《おく》らせることができるぞ!

攻《せ》めることばかりじゃなく、相手《あいて》が自分《じぶん》の玉《ぎょく》をどう詰《つ》ませようとしているか、予測《よそく》しながら指《さ》さなきゃダメだよ。

ポイント 3

合《あ》い駒《ごま》をして時間《じかん》をかせぐ!

そういえば、お父《とう》さんに教《おし》えてもらった「合《あ》い駒《ごま》」も、相手《あいて》の攻《せ》めを遅《おく》らせられるよね!

うん、そうだよ。でも、リクトはあせると盤面《ばんめん》をゆっくり見《み》られなくなっちゃうから、二歩《にふ》などの反則《はんそく》には注意《ちゅうい》しないとね。

合《あ》い駒《ごま》の代表《だいひょう》は歩《ふ》。指《さ》すときは、二歩《にふ》（36ページ）にじゅうぶん気《き》をつけてね。

ポイント 4

大駒《おおごま》には「中合《ちゅうあ》いの歩《ふ》」が効果的《こうかてき》！

問題《もんだい》 飛車《ひしゃ》をどうやって防《ふせ》ぐ？

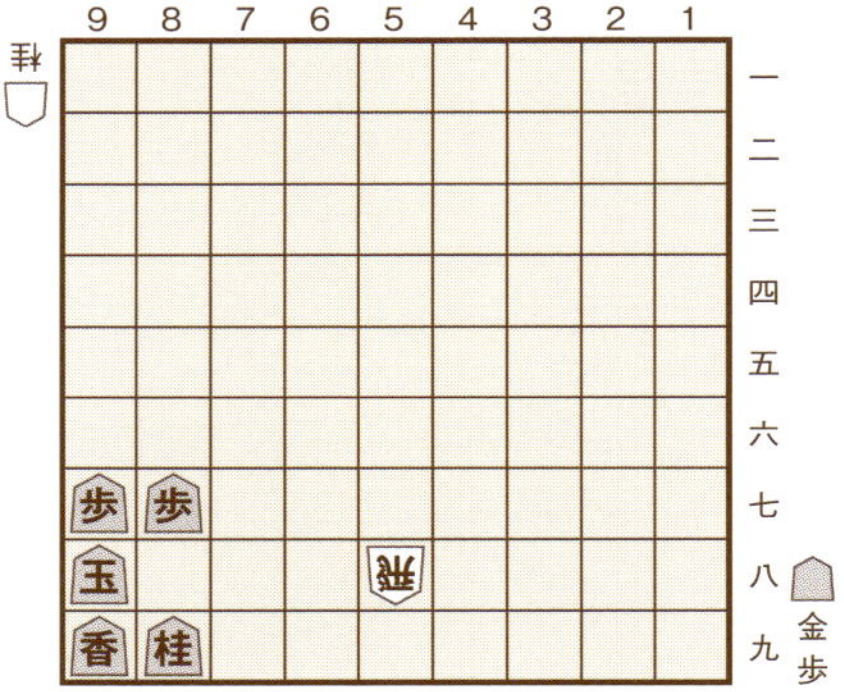

右《みぎ》の局面《きょくめん》、後手《ごて》の飛車《ひしゃ》が、先手《せんて》の玉《ぎょく》をねらっているね。このとき、**持《も》ち駒《ごま》に歩《ふ》と、歩以外《ふいがい》に金《きん》などの駒《こま》があるなら、**☗7八歩《はちふ》と、**玉《ぎょく》から1マスあけたところに歩《ふ》を打《う》つ手《て》が効果的《こうかてき》**なんだ。これを、「中合《ちゅうあ》いの歩《ふ》」というよ。

✕ 悪手《あくしゅ》

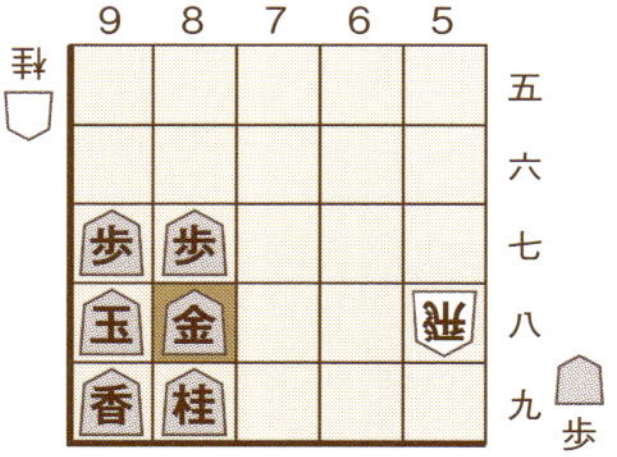

いきなり☗8八金《はちきん》だと、☖7六桂《ろくけい》と打《う》たれてしまい、玉《ぎょく》の逃《に》げ道《みち》がなくなって、すぐに詰《つ》まされてしまうよ。

◎ 好手《こうしゅ》！

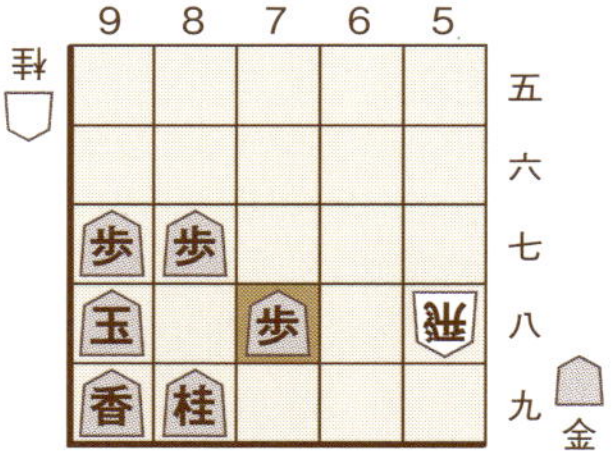

☗7八歩《はちふ》だと、☖同飛成《どうひなり》→☗8八《はち》金《きん》と受《う》けられる。大駒《おおごま》を「取《と》るぞ！」とにらみつつ、合《あ》い駒《ごま》ができるんだ。

ポイント 5

相手玉《あいてぎょく》を攻《せ》めてしまおう！

次《つぎ》の一手《いって》で相手《あいて》に詰《つ》まされてしまう局面《きょくめん》でも、逆転《ぎゃくてん》することはできるぞ。**相手玉《あいてぎょく》を攻《せ》めて、決《き》め手《て》になる持《も》ち駒《ごま》を打《う》たせてしまえばいいんだ。**将棋《しょうぎ》は〝先《さき》に〟相手玉《あいてぎょく》を取《と》ったほうが勝《か》ち。**自陣《じじん》がピンチなときでも、守《まも》ってばかりでは勝《か》てないよ。**

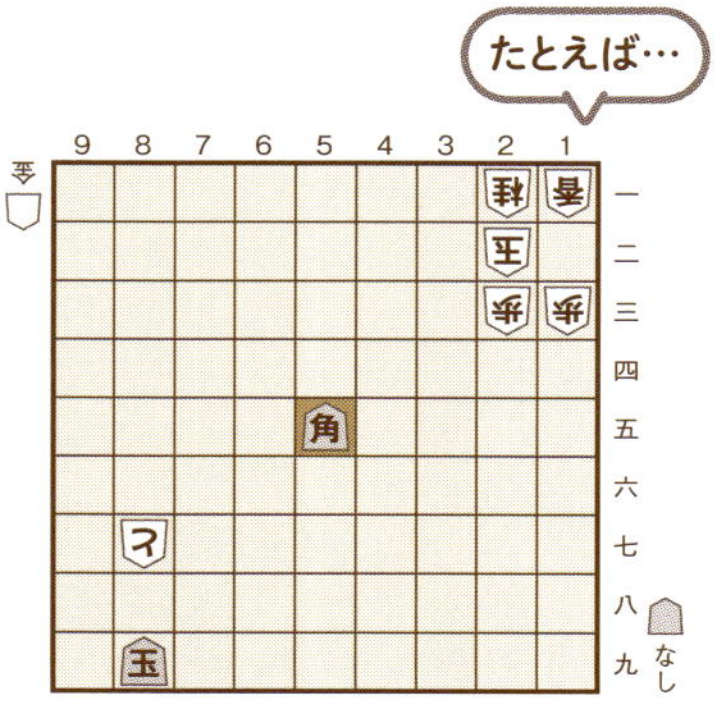

☖8八金《はちきん》で詰《つ》まされてしまうけど、先《さき》に☗5五角《ごかく》と打《う》てば、相手《あいて》は対応《たいおう》せざるをえなくなるね。

将棋《しょうぎ》の格言《かくげん》を覚《おぼ》えよう 終盤編《しゅうばんへん》

玉《ぎょく》の早逃《はやに》げ 八手《はって》の得《とく》あり

相手《あいて》に詰《つ》めろ（必至《ひっし》）をかけられる前《まえ》に、玉《ぎょく》を安全《あんぜん》な位置《いち》に逃《に》がすことを「玉《ぎょく》の早逃《はやに》げ」というよ。相手玉《あいてぎょく》を攻《せ》めること以上《いじょう》に、自分《じぶん》の玉《ぎょく》を詰《つ》まされないように守《まも》ることは大事《だいじ》。玉《ぎょく》の早逃《はやに》げを成功《せいこう》させると、八手《はって》ぶん玉《ぎょく》が長生《ながい》きするともいわれているんだ。

終盤《しゅうばん》は 駒《こま》の損得《そんとく》より速度《そくど》

終盤《しゅうばん》の鉄則《てっそく》！　大切《たいせつ》な飛車《ひしゃ》や角《かく》がねらわれていると、あわてて逃《に》げたくなってしまうよね。でも、そうやって玉《ぎょく》以外《いがい》の駒《こま》を守《まも》った一手分《いってぶん》の遅《おく》れで、相手《あいて》に攻《せ》めこまれて玉《ぎょく》を詰《つ》まされてしまうこともあるんだ。終盤《しゅうばん》は、何《なに》よりも速度《そくど》を重視《じゅうし》して戦《たたか》おう！

玉《ぎょく》は下段《げだん》に 落《お》とせ

玉《ぎょく》の移動力《いどうりょく》は周囲《しゅうい》8マス分《ぶん》もある。でも、自陣《じじん》の一段目《いちだんめ》（先手《せんて》は九《きゅう》の段《だん》、後手《ごて》は一《いち》の段《だん》）にいるときは、動《うご》けるマス目《め》が5つに減《へ》る。すると、逃《に》げ足《あし》がずいぶん遅《おそ》くなり、つかまえやすくなるんだ。攻《せ》めるときは、相手玉《あいてぎょく》を下段《げだん》に落《お》とすための手《て》を考《かんが》えてみよう！

玉《ぎょく》は包《つつ》むように 寄《よ》せよ

玉《ぎょく》は周囲《しゅうい》8マスも動《うご》ける駒《こま》だから、むやみやたらに追《お》いかけてもなかなかつかまらない。いきなり王手《おうて》をかけるのではなく、“包《つつ》むように”、まずは「詰《つ》めろ」をかけて玉《ぎょく》の逃《に》げ道《みち》をふさぐほうが、結果的《けっかてき》に詰《つ》みが早《はや》くなることも多《おお》いよ。

格言《かくげん》には、本書《ほんしょ》で紹介《しょうかい》したテクニックがたくさん詰《つ》まっているね。指《さ》し手《て》に迷《まよ》ったら、ぜひ格言《かくげん》を思《おも》い出《だ》してみよう。

← 序盤編《じょばんへん》は87ページ、中盤編《ちゅうばんへん》は98ページへ！

コラム3

プロの対局《たいきょく》を見《み》てみよう!

将棋《しょうぎ》の対局《たいきょく》をテレビで見《み》てみよう!

プロ棋士《きし》の対局《たいきょく》は、テレビやインターネットで放映《ほうえい》、配信《はいしん》されることがあるんだ。チャンスがあれば、ぜひ見《み》てみよう! プロ棋士《きし》は、全《ぜん》国《こく》の将棋棋士《しょうぎきし》のなかでも、ひと握《にぎ》りのトップたち。強《つよ》い人《ひと》の手《て》を見《み》ると、読《よ》みの深《ふか》さに刺《し》激《げき》を受《う》けられるし、戦法《せんぽう》や定跡《じょうせき》の実戦《じっせん》での活《かつ》用方法《ようほうほう》を知《し》ることができるんだ。ぜひ、次《つぎ》の3つのポイントをおさえながら見《み》てみてね。

プロの対局《たいきょく》を見《み》るときのポイント

ポイント1

次《つぎ》の一手《いって》を考《かんが》えてみよう!

対局《たいきょく》を見《み》ながら、自分《じぶん》だったらどんな風《ふう》に指《さ》すか考《かんが》えてみよう。プロ棋士《きし》が実際《じっさい》に指《さ》した手《て》とくらべれば、思《おも》いもよらない手《て》を発見《はっけん》できて、参考《さんこう》になるはずだ!

ポイント2

実際《じっさい》に盤《ばん》に並《なら》べてみよう

できれば、対局《たいきょく》を見《み》ながら実際《じっさい》に盤《ばん》に駒《こま》を並《なら》べてみてね。並《なら》べることで、新《あら》たな発見《はっけん》をしたり、プロの手《て》の意外《いがい》な意図《いと》が見《み》えたりするものだよ。

ポイント3

解説《かいせつ》もよく聞《き》いてみよう!

プロ棋士《きし》の対局《たいきょく》では、ほかのプロ棋士《きし》が盤面《ばんめん》の状況《じょうきょう》や、次《つぎ》に指《さ》すであろう手《て》を紹介《しょうかい》してくれる「解説者《かいせつしゃ》」がつくんだ。とても参考《さんこう》になるから、しっかり聞《き》こう。

対局《たいきょく》を見《み》ながら、形勢判断《けいせいはんだん》の練《れん》習《しゅう》をしたり、指《さ》そうとしている戦《せん》法《ぼう》を予測《よそく》したりしてみよう!

パート4

どうすれば強《つよ》くなれるの？

やあこんにちは
早《はや》いね…
一番乗《いちばんの》りだよ
ずいぶん気合《きあ》い入《はい》ってるね～
はいっ！
超気合《ちょうきあ》い入《はい》ってますッ!!
それじゃあ
この教室《きょうしつ》で
どんなことをやるか
改《あらた》めて教《おし》えるから
座《すわ》って
シュバッ
はいっ!!
ウチの教室《きょうしつ》では毎回《まいかい》この3つをやってもらうよ
① 定跡《じょうせき》を覚《おぼ》える
② 詰《つ》め将棋《しょうぎ》をたくさん解《と》く
③ 人《ひと》と対局《たいきょく》する
えーと①と③はわかるけど「詰《つ》め将棋《しょうぎ》」ってなんですか?
爪《つめ》で将棋するの…?
金 玉 角 歩
?

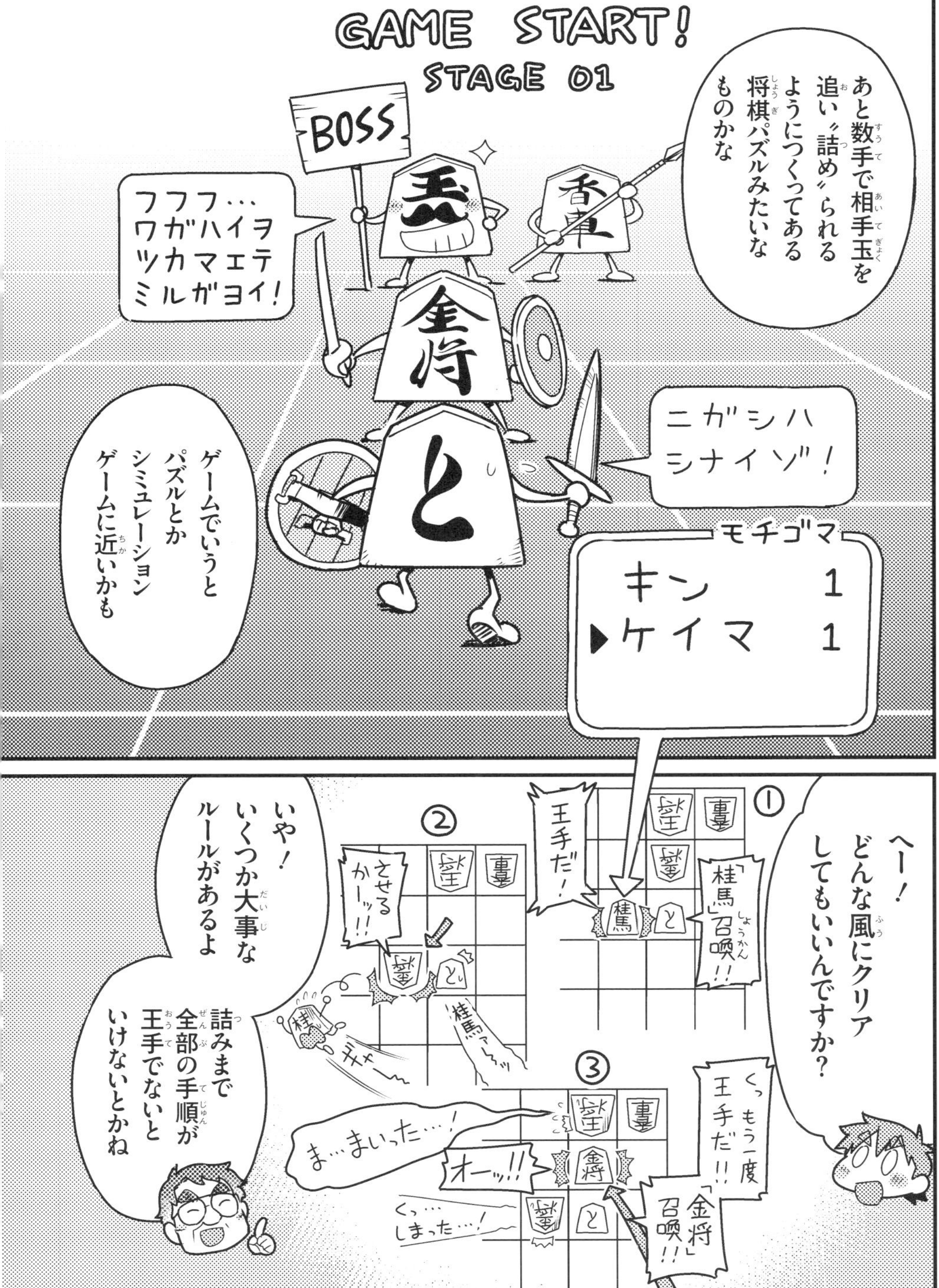
GAME START!
STAGE 01
BOSS
あと数手《すうて》で相手玉《あいてぎょく》を追《お》い〝詰《つ》め〟られるようにつくってある将棋《しょうぎ》パズルみたいなものかな
フフフ…ワガハイヲツカマエテミルガヨイ!
ニガシハシナイゾ!
ゲームでいうとパズルとかシミュレーションゲームに近《ちか》いかも
モチゴマ
キン 1
▶ケイマ 1
ヘー!どんな風《ふう》にクリアしてもいいんですか?
①
「桂馬」召喚《しょうかん》!!
王手だ!
②
させるかーッ!!
桂馬ァーッ
いや!いくつか大事《だいじ》なルールがあるよ
詰《つ》みまで全部《ぜんぶ》の手順《てじゅん》が王手《おうて》でないといけないとかね
③
くっもう一度王手だ!!
「金将」召喚!!
オーッ!!
ま…まいった…!
くっ…しまった…!

この3つをたくさん
こなせば強《つよ》くなれるよ
でも大切《たいせつ》なのは
「みんなと一緒《いっしょ》に」
強《つよ》くなることだ
強《つよ》く……!?
オレ——
がんばる!
あんなに
弱《よわ》かったのに?
あ……
この間《あいだ》の……
えーと……
…シュウヤ

よ弱《よわ》いって
なんだよ…！
ムカ～
弱《よわ》かった
じゃん…
ぼくに負けて
泣きべそかいてたし
ぐっ…
ま まだはじめた
ばっかりだから！
すぐに
追《お》いついて
やる…！
ふーん
そう…
簡単《かんたん》に
強《つよ》くなれるなら
苦労《くろう》しないけど…
み見《み》てろ～！
次《つぎ》はぜったい
負《ま》けないからな
…！
勉強《べんきょう》しまくって
強《つよ》くなってやる！
ムググ…

おにーちゃーん テレビはじまるよ～
おにーちゃん今《いま》忙《いそが》しいから見《み》ないって～…
また将棋《しょうぎ》の勉強《べんきょう》かい? はじめて2か月《げつ》ずいぶん将棋《しょうぎ》に夢中《むちゅう》だなぁ…
…ッ ～～～

まだ一度《いちど》も勝《か》てない同《おな》い年《どし》のライバルに勝《か》つんだって張《は》りきってたしなぁ
この間《あいだ》は級《きゅう》が上《あ》がったって大喜《おおよろこ》びしてたし…
んー最初《さいしょ》のころは必死《ひっし》な感《かん》じだったけど
最近《さいきん》はなんだか…
…よし！やった!!

すごく楽《たの》しそうだよ？
ぱあーっ
また1問《もん》解《と》けた～～！
最初《さいしょ》はシュウヤに勝《か》つことばっかり考《かんが》えてたけど…
勉強《べんきょう》すればするほどおもしろくなる
将棋《しょうぎ》って…
ふみもと
子供将棋
楽《たの》しいー!!

パチ…
パチ
パチン
パチ
パチ…
パチン
パチ…ッ

パン!!
角行
……
ギュッ
…なんで…?
最近《さいきん》なんだか
…すごく強《つよ》く
なってる…!?
それに
―
パチ!

なんで楽《たの》しそうにしてる…!?
勝負《しょうぶ》なのに…!
…こんなぼくより下《した》の級《きゅう》で…
……ッ
ム…
ヘラヘラ指《さ》すやつに…
負《ま》ける
もんかーーー!!

パチ
パチ
パチ…
パチン
パチ
パチ
パチン
パチン…
…うん
いい対局《たいきょく》だ！
…しかしシュウヤは
気合《きあ》いが空回《からまわ》り
しているかな…
前《まえ》の大会《たいかい》で
優勝候補《ゆうしょうこうほ》に負《ま》けてから
勝《か》つために必死《ひっし》だもんな
でも—
“勝《か》ちたい”
だけでは—
パチイ
……
……ッ
ま……
グッ…

負《ま》け…ました……
はっ
…!
あ
ありがとうございました…!
……ッ
や…
やったぁー!!!
シュウヤに勝《か》てたぁ〜〜!!
うんっ! ありがと…
う…
すご〜い リクトくん! これでまた昇級《しょうきゅう》だね♡
パチパチ

ゔワ゛あ゛あ゛ん!!
ギョッ
!?
うわーーーん！負《ま》けちゃったよ～おねーちゃーーーん!!
かわいい～♥
～
シュウヤの爆《ばく》泣きひさしぶりに見た…
うんうんそうね～悔《くや》しいねシュウヤ～
次《つぎ》はまたがんばろうね～♡
ゔわ゛あ゛あ゛あ゛
あ゛ん
…シュウヤにこんな一面《いちめん》が…クールなキャラだったのに…

ギッ
ビク
ず ずるいぞ！なんで急《きゅう》に強《つよ》くなったんだ!?
な なんでって言《い》われても…
ただ…みんなと将棋《しょうぎ》を勉強《べんきょう》するのが楽《たの》しかっただけだよ
みんなと…？
楽《たの》しい…？
最初《さいしょ》に言《い》ったろう？みんなで一緒《いっしょ》に強《つよ》くなろうって
将棋《しょうぎ》を楽《たの》しみながら競《きそ》い合《あ》わんと強《つよ》くはなれんぞ
……

お姉《ねえ》ちゃんたちと一緒《いっしょ》にがんばろ！ねっ！
そうだよ！一緒《いっしょ》に強《つよ》くなろうぜ！
1回《かい》勝《か》っただけで調子《ちょうし》にのるな…ッ まだぼくの9勝《しょう》1敗《ぱい》じゃん
うぐ…
…でも
強《つよ》くなれるなら……一緒《いっしょ》にがんばる
もじ
もじ…
よし！来週《らいしゅう》は市《し》の大会《たいかい》だ みんなで一緒《いっしょ》にがんばろう！
おーーー!!
と

コラム4

将棋《しょうぎ》の大会《たいかい》って？

同年代《どうねんだい》のライバルと勝負《しょうぶ》して実力《じつりょく》をためそう！

たくさん将棋《しょうぎ》の勉強《べんきょう》をして、実力《じつりょく》を上《あ》げたら、「将棋大会《しょうぎたいかい》」に出《で》て自分《じぶん》の実力《じつりょく》をためしてみるのも一案《いちあん》。「子《こ》ども将棋大会《しょうぎたいかい》」「小学生戦《しょうがくせいせん》」などなら、同《おな》じ年代《ねんだい》のライバルたちと競《きそ》い合《あ》えるから、おすすめだ！

ちなみに、子《こ》ども将棋大会《しょうぎたいかい》の過去《かこ》の優勝者《ゆうしょうしゃ》には、その後《ご》プロ棋士《きし》になった人《ひと》も多《おお》いんだよ。

大会《たいかい》に出場《しゅつじょう》するときも将棋《しょうぎ》のマナーや相手《あいて》への礼儀《れいぎ》を忘《わす》れてはいけないよ！

将棋大会《しょうぎたいかい》の種類《しゅるい》

個人戦《こじんせん》

一人《ひとり》で出場《しゅつじょう》する大会《たいかい》。学年別《がくねんべつ》に分《わ》かれているもの、女《おんな》の子《こ》だけが出《で》られるものなどもある。

団体戦《だんたいせん》

3〜5人《にん》くらいのチームをつくって戦《たたか》う大会《たいかい》。勝《か》ち星《ぼし》の数《かず》でチームの勝敗《しょうはい》が決《き》まるよ。

小学生《しょうがくせい》が参加《さんか》できる大会《たいかい》の例《れい》

さなる杯小学生名人戦《はいしょうがくせいめいじんせん》

例年《れいねん》、12〜2月《がつ》ごろに地区予選大会《ちくよせんたいかい》。3〜4月《がつ》に東日本大会《ひがしにほんたいかい》、西日本大会《にしにほんたいかい》を実施《じっし》。4月下《がつげ》旬《じゅん》〜5月上旬《がつじょうじゅん》に準決勝《じゅんけっしょう》、決勝戦《けっしょうせん》を行《おこな》う。

大山名人杯争奪《おおやまめいじんはいそうだつ》 全国小学生倉敷王将戦《ぜんこくしょうがくせいくらしきおうしょうせん》

例年《れいねん》、3〜5月《がつ》ごろに各都道府県《かくとどうふけん》で予選《よせん》を行《おこな》う。予選後《よせんご》、8月《がつ》に岡山県倉敷市《おかやまけんくらしきし》で全国大《ぜんこくたい》会《かい》が開催《かいさい》される。

将棋日本《しょうぎにほん》シリーズ テーブルマークこども大会《たいかい》

プロの公式戦《こうしきせん》と同日開催《どうじつかいさい》で、毎年全国各地《まいとしぜんこくかくち》区《く》で行《おこな》われる。小学校低学年《しょうがっこうていがくねん》、高学年《こうがくねん》に分《わ》かれてエントリー。

YAMADA《ヤマダ》こどもチャレンジ杯《はい》

小学生《しょうがくせい》の部《ぶ》は、J《ジェイ》1（有段者《ゆうだんしゃ》）、J《ジェイ》2（6〜1級《きゅう》）、J《ジェイ》3（7級以下《きゅういか》）の3つに分《わ》かれる。例年《れいねん》8月《がつ》に開催《かいさい》。

J《ジェイ》:COM《コム》杯《はい》 3月《がつ》のライオン 子ども将棋大会《しょうぎたいかい》

例年《れいねん》、6〜8月《がつ》にかけて全国各地《ぜんこくかくち》で地区大会《ちくたいかい》が行《おこな》われる。上位者《じょういしゃ》が、東京《とうきょう》で行《おこな》われる全国《ぜんこく》大会《たいかい》に招待《しょうたい》される。

文部科学大臣杯《もんぶかがくだいじんはい》 小《しょう》・中学校将棋団体戦《ちゅうがっこうしょうぎだんたいせん》

小学校《しょうがっこう》の部《ぶ》、中学校《ちゅうがっこう》の部《ぶ》がある。同《おな》じ学校《がっこう》に在学《ざいがく》する生徒《せいと》3名《めい》でチームを編成《へんせい》。東日本大《ひがしにほんたい》会《かい》と西日本大会《にしにほんたいかい》ののち、全国大会《ぜんこくたいかい》が行《おこな》われる。

将棋《しょうぎ》の上達《じょうたつ》

1 定跡《じょうせき》をたくさん並《なら》べよう

定跡《じょうせき》を覚《おぼ》えて戦術《せんじゅつ》の基本《きほん》を学《まな》ぼう!

将棋《しょうぎ》は、指《さ》せる手《て》が無限《むげん》にある、とても自由《じゆう》なゲームだ。その自由《じゆう》さは将棋《しょうぎ》の魅力《みりょく》のひとつだけど、やれることが多《おお》すぎて初心者《しょしんしゃ》はまずどんな風《ふう》に指《さ》せばいいか、迷《まよ》ってしまいがち。そこで**上達《じょうたつ》への近《ちか》道《みち》として、「定跡《じょうせき》」をくり返《かえ》し並《なら》べて覚《おぼ》えるのがおすすめ**だ!

定跡《じょうせき》はインターネットでも見《み》られるけど、できれば定跡《じょうせき》がたくさん掲載《けいさい》されている「定跡書《じょうせきしょ》」を購《こう》入《にゅう》したい。**覚《おぼ》えるときは、ただ本《ほん》を見《み》て暗記《あんき》するのではなく、実際《じっさい》に盤面《ばんめん》に向《む》かって指《さ》してみよう。**一手《いって》一手《いって》の意味《いみ》を理解《りかい》しながら指《さ》すと、棋力《きりょく》がグッとアップするよ。

初心者《しょしんしゃ》はまず、「駒落《こまお》ち定跡《じょうせき》」から覚《おぼ》えていこう。これは名前《なまえ》の通《とお》り「駒落《こまお》ち将棋《しょうぎ》の定跡《じょうせき》」を示《しめ》したもの。駒落《こまお》ち定跡《じょうせき》を1冊《さつ》覚《おぼ》えれば、相手《あいて》の弱点《じゃくてん》を突《つ》いて勝《か》つための基本《きほん》テクニックはほとんどマスターできるぞ!

ふみもと子供将棋教室《こどもしょうぎきょうしつ》で使《つか》っている書籍《しょせき》は…

ふみもと子供将棋教室《こどもしょうぎきょうしつ》の塾生《じゅくせい》も、分厚《ぶあつ》い定跡《じょうせき》書《しょ》を覚《おぼ》えているよ。最《さい》初《しょ》に『【決定版《けっていばん》】駒落《こまお》ち定跡《じょうせき》』を覚《おぼ》えて基本《きほん》を学《まな》んでから、さまざまなテクニックが掲載《けいさい》されている、『羽生《はぶ》の頭脳《ずのう》』シリーズを並《なら》べているんだ。

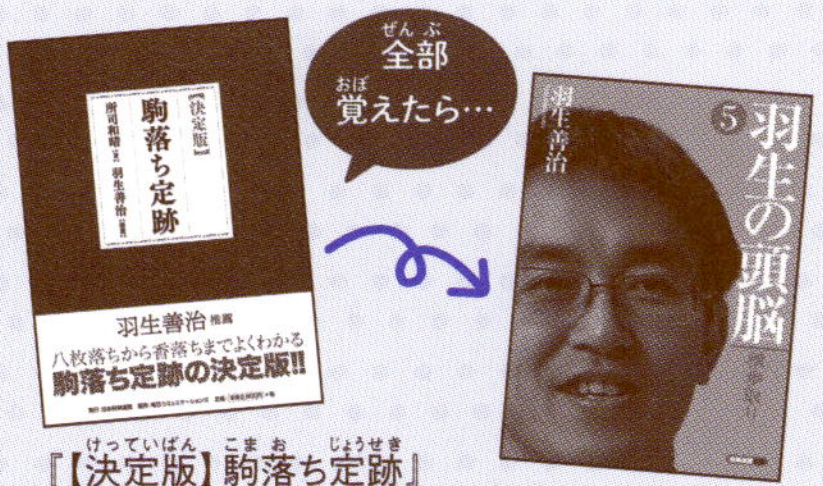

『【決定版《けっていばん》】駒落《こまお》ち定跡《じょうせき》』
著書《ちょしょ》:所司和晴《しょしかずはる》
発行《はっこう》:株式会社《かぶしきがいしゃ》 マイナビ出版《しゅっぱん》

『羽生《はぶ》の頭脳《ずのう》5 横歩取《よこふど》り』
著書《ちょしょ》:羽生善治《はぶよしはる》
発行《はっこう》:株式会社《かぶしきがいしゃ》 マイナビ出版《しゅっぱん》

チェック

定跡《じょうせき》を覚《おぼ》えるときの手順《てじゅん》

正《ただ》しいやり方《かた》で覚《おぼ》えて、覚《おぼ》えた定跡《じょうせき》を実践《じっせん》で生《い》かせるようになろう!

1 本《ほん》をじっくり読《よ》む

まずは、覚《おぼ》える定跡《じょうせき》のページをしっかり読《よ》みこもう。定跡書《じょうせきしょ》には、指《さ》し手《て》の意図《いと》や、指《さ》してはいけない手《て》がくわしく書《か》かれている。棋譜《きふ》と合《あ》わせて頭《あたま》に入《い》れておこう!

2 くり返《かえ》し並《なら》べて覚《おぼ》えよう!

本《ほん》を見《み》ながら、実際《じっさい》に盤面《ばんめん》に向《む》かって定跡《じょうせき》を並《なら》べてみよう。ただ暗記《あんき》せず、本《ほん》に書《か》かれていた指《さ》し手《て》の意図《いと》や、相手《あいて》の受《う》け方《かた》をチェックしてね。覚《おぼ》えるまでくり返《かえ》し並《なら》べるよ。

3 覚《おぼ》えたかどうかテスト!

きちんと覚《おぼ》えているか、かならずテストをしよう。おうちの人《ひと》など、テストしてくれる人《ひと》に本《ほん》をわたし、自分《じぶん》は棋譜《きふ》を声《こえ》に出《だ》しながら実際《じっさい》に指《さ》していくよ。ミスをせず指《さ》せたらクリア! 間違《まちが》えたら覚《おぼ》え直《なお》しだよ。

ふみもと子供将棋教室《こどもしょうぎきょうしつ》では、生徒《せいと》どうしでテストし合《あ》うんだよ～。

2 詰《つ》め将棋《しょうぎ》をたくさん解《と》こう

解《と》くほどに強《つよ》くなる将棋《しょうぎ》パズル・詰《つ》め将棋《しょうぎ》！

詰《つ》め将棋《しょうぎ》は、あと数手《すうて》で相手玉《あいてぎょく》を追《お》い〝詰《つ》め〟られるようにつくってある将棋《しょうぎ》パズルだよ。たとえば、「1手詰《てづめ》」はこちらがあと1手《て》指《さ》せば詰《つ》むもの、「3手詰《てづめ》」は自分《じぶん》→相手《あいて》→自分《じぶん》と3手《て》指《さ》せば詰《つ》むものだよ。「7手詰《てづめ》」や「15手詰《てづめ》」などもあるけど、**最初《さいしょ》は1手詰《てづめ》や3手詰《てづめ》をたくさん解《と》けばOK《オーケー》**！

詰《つ》め将棋《しょうぎ》を解《と》くと、終盤《しゅうばん》どのように詰《つ》ませればよいかが身《み》につき、グングン強《つよ》くなるよ。解《と》くほど強《つよ》くなるから、さっそく挑戦《ちょうせん》しよう！

チェック　詰《つ》め将棋《しょうぎ》の基本《きほん》ルール

詰《つ》め将棋《しょうぎ》に挑戦《ちょうせん》するときは、次《つぎ》の6つのルールを守《まも》ってね！

1 王手《おうて》を連続《れんぞく》してかけなければならない！

攻《せ》めるほう（自分《じぶん》）が指《さ》す手《て》は、すべて王手《おうて》でなければならないよ。「詰《つ》めろ」をねらうなど、王手《おうて》以外《いがい》の手《て》を指《さ》すのは禁止《きんし》！

2 もっとも少《すく》ない手数《てかず》で詰《つ》ませる

詰《つ》め将棋《しょうぎ》では、「1手詰《てづめ》」や「3手詰《てづめ》」など、何手《なんて》で詰《つ》ませるか、もっとも少《すく》ない手数《てかず》が明記《めいき》されているよ。この手《て》数《かず》を守《まも》ろう！

3 逃《に》げるほうの玉《ぎょく》は長生《ながい》きできる手《て》を指《さ》す

少《すく》ない手数《てかず》で詰《つ》ませるために、逃《に》げるほうの玉《ぎょく》を都合《つごう》のよい場所《ばしょ》に動《うご》かすのはNG《エヌジー》。相手玉《あいてぎょく》は、一番長生《いちばんながい》きできる手《て》で逃《に》がしてね。

4 逃《に》げるほうはすべてが持《も》ち駒《ごま》になる

逃《に》げるほうの持《も》ち駒《ごま》は、玉《ぎょく》を除《のぞ》いたすべての駒《こま》になるよ！　だから、金《きん》や飛《ひ》車《しゃ》などで合《あ》い駒《ごま》されることも考《かんが》えなければならないんだ。

5 持《も》ち駒《ごま》はすべて使《つか》いきる

攻《せ》めるほう（自分《じぶん》）に持《も》ち駒《ごま》があるときは、その駒《こま》をかならず使《つか》いきらなければならないよ。たとえ詰《つ》んでも、駒《こま》が余《あま》ったら失敗《しっぱい》なんだ。

6 取《と》った駒《こま》は使《つか》うことができる

攻《せ》めるほう（自分《じぶん》）が盤上《ばんじょう》にある駒《こま》を取《と》ったら、持《も》ち駒《ごま》として使《つか》うことができるよ。ただし、この持《も》ち駒《ごま》も使《つか》いきらなければならないんだ。

もちろん、二歩《にふ》や打《う》ち歩詰《ふづ》めなど、将棋《しょうぎ》のルールで反則《はんそく》とされている手《て》を指《さ》すのも禁止《きんし》だよ！

失敗例《しっぱいれい》…

☗3三金《さんきん》

2四《よん》に桂《けい》があるから、玉《ぎょく》は1二《に》には逃《に》げられないし……と、3三《さん》に金《きん》を打《う》つ手《て》。これだと、☖同玉《どうぎょく》と金《きん》を取《と》られてしまうため、一手《いって》で詰《つ》ますことはできないよ。

☗1二金《にきん》

1二金《にきん》と横《よこ》から攻《せ》めるやり方《かた》は、☖同香《どうきょう》と取《と》られてしまい、攻《せ》めきれない……。ここは基本《きほん》をきちんとおさえた、「頭金《あたまきん》」の手《て》が正解《せいかい》になるぞ!

ためしに解《と》いてみよう!

問題《もんだい》 1手《て》で相手《あいて》の玉《ぎょく》を詰《つ》ませよう

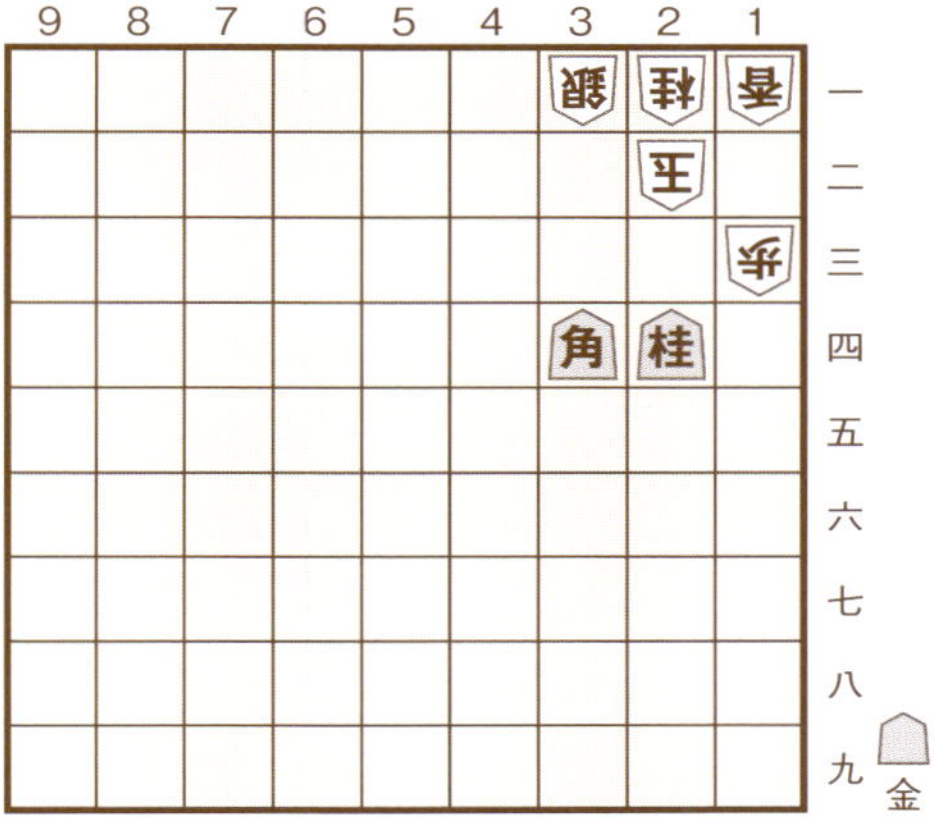
9 8 7 6 5 4 3 2 1
一 二 三 四 五 六 七 八 九
銀 桂 香
玉
歩
角 桂
金

1手詰《てづ》めの問題《もんだい》だよ! 持《も》ち駒《ごま》の金《きん》を使《つか》って、相手《あいて》玉《ぎょく》にとどめをさそう。相手《あいて》の玉《ぎょく》がどう逃《に》げるか、考《かんが》えながら打《う》ってみてね。

答《こた》え ☗2三金《さんきん》で詰《つ》み!

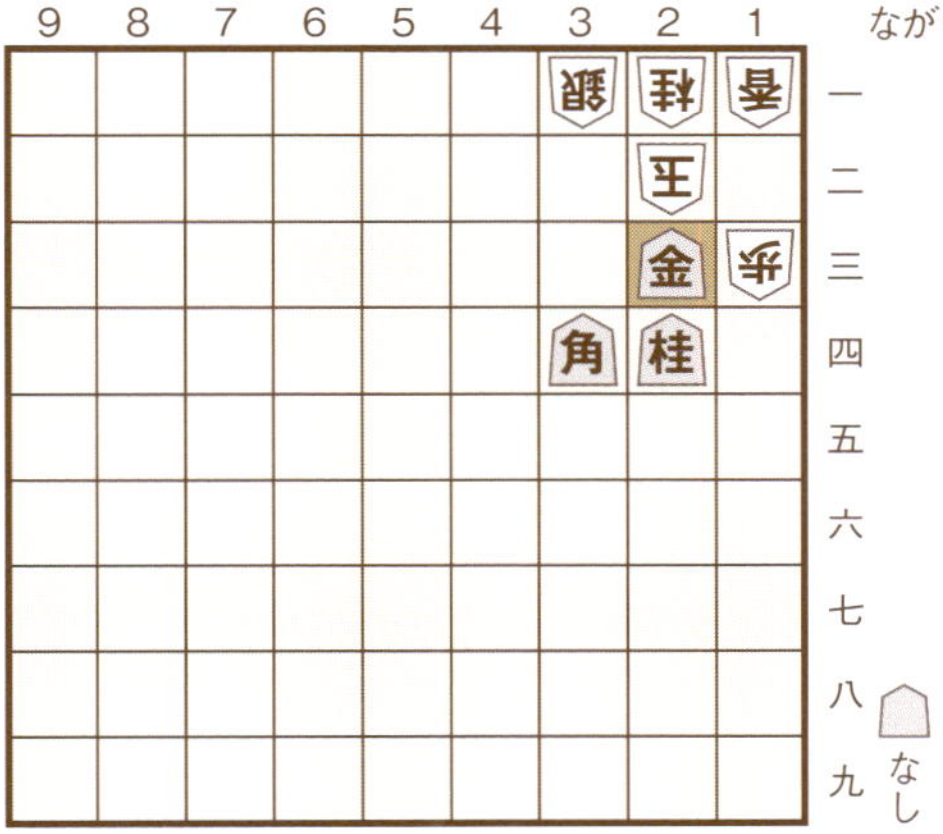
9 8 7 6 5 4 3 2 1
一 二 三 四 五 六 七 八 九
銀 桂 香
玉
金 歩
角 桂
なし

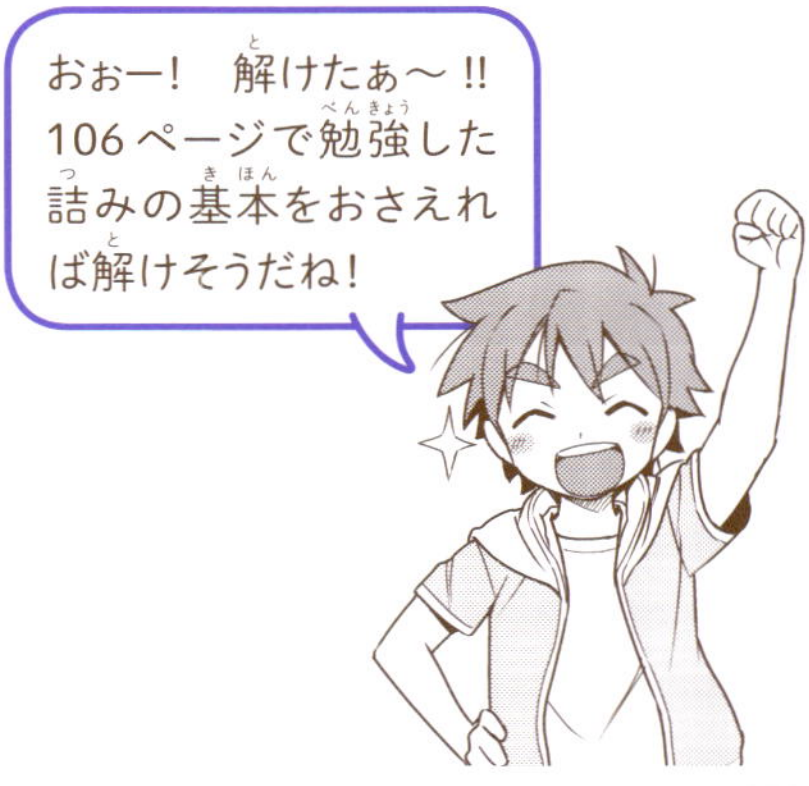
おぉー! 解《と》けたぁ〜!!
106ページで勉強《べんきょう》した
詰《つ》みの基本《きほん》をおさえれ
ば解《と》けそうだね!

駒《こま》をいじりながら考《かんが》えるのはNG《エヌジー》!

詰《つ》め将棋《しょうぎ》を解《と》くときに、駒《こま》を動《うご》かしたり、いじったりしながら考《かんが》えるのは禁止《きんし》! 実際《じっさい》の対局《たいきょく》では、駒《こま》をさわって動《うご》かしながら考《かんが》えることはできないよね? 頭《あたま》の中《なか》だけで考《かんが》える力《ちから》をつけなければ、実戦《じっせん》では役《やく》に立《た》たないかも……。

う〜〜ん
あーでもない
こーでもなし…

詰《つ》め将棋《しょうぎ》トレーニング

強《つよ》くなるための詰《つ》め将棋《しょうぎ》トレーニングに挑戦《ちょうせん》してみよう！
ここでは、一番楽《いちばんらく》に解《と》ける1手詰《てづ》めを2問《もん》、3手詰《てづ》めを4問紹介《もんしょうかい》するよ。

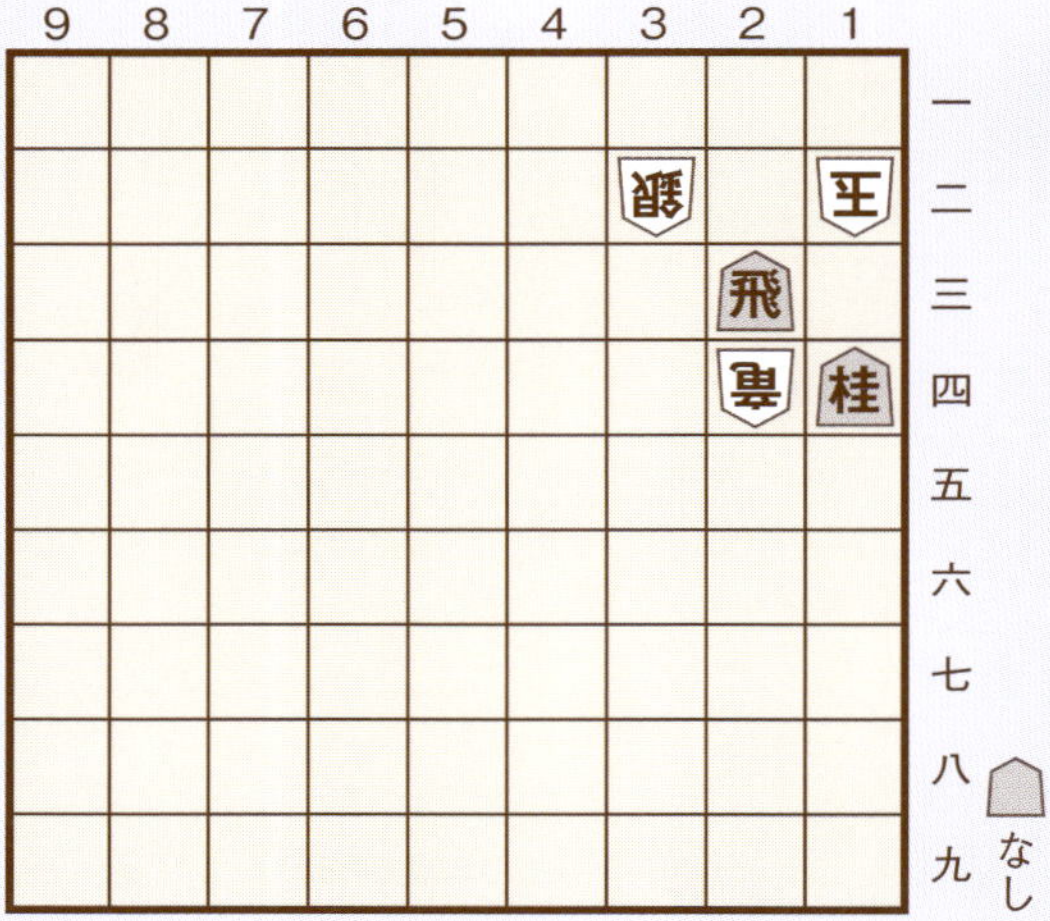

第《だい》1問《もん》

1手詰《てづめ》

ヒントは…

竜《りゅう》に取《と》られるところに駒《こま》を進《すす》めて王手《おうて》をかけんようにな～！

▶ 答《こた》えは137ページ

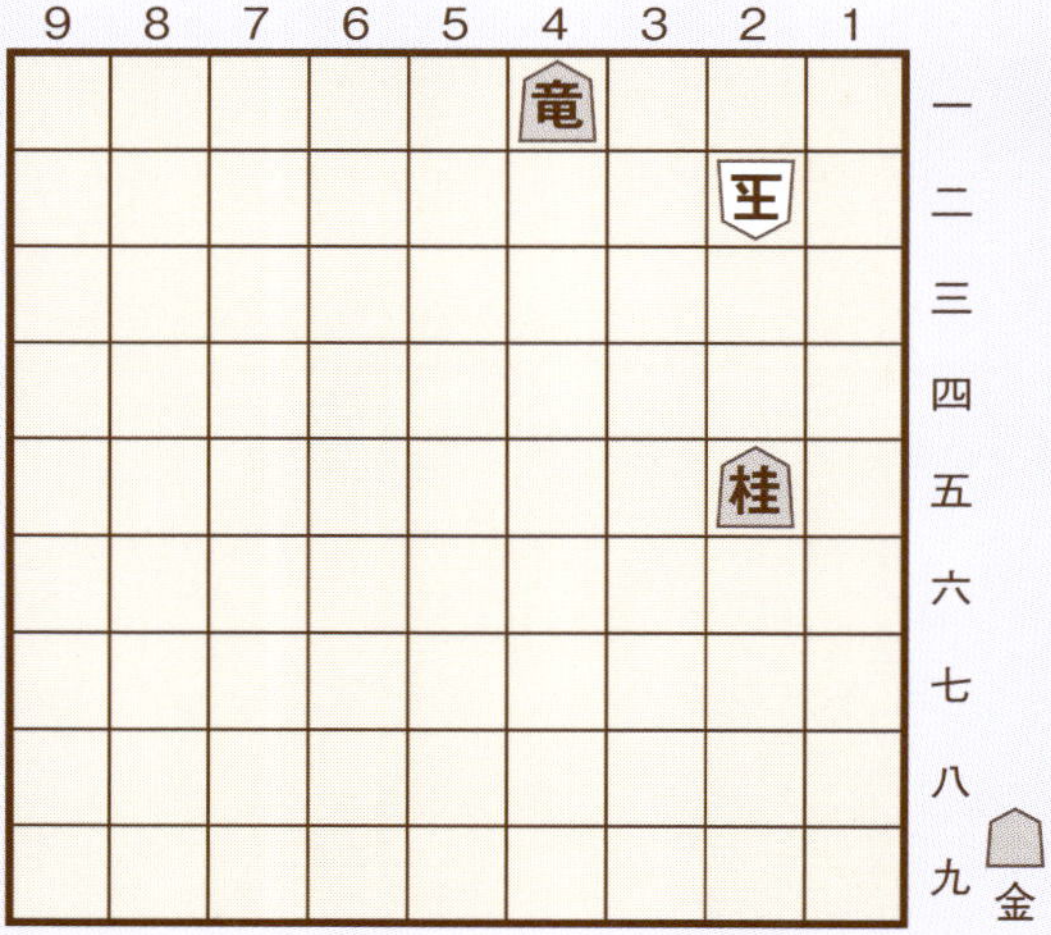

第《だい》2問《もん》

1手詰《てづめ》

ヒントは…

桂《けい》が利《き》いている位置《いち》を考《かんが》えて指《さ》さないと、詰《つ》ませられないよ。

▶ 答《こた》えは137ページ

第《だい》3問《もん》

3手詰《てづめ》

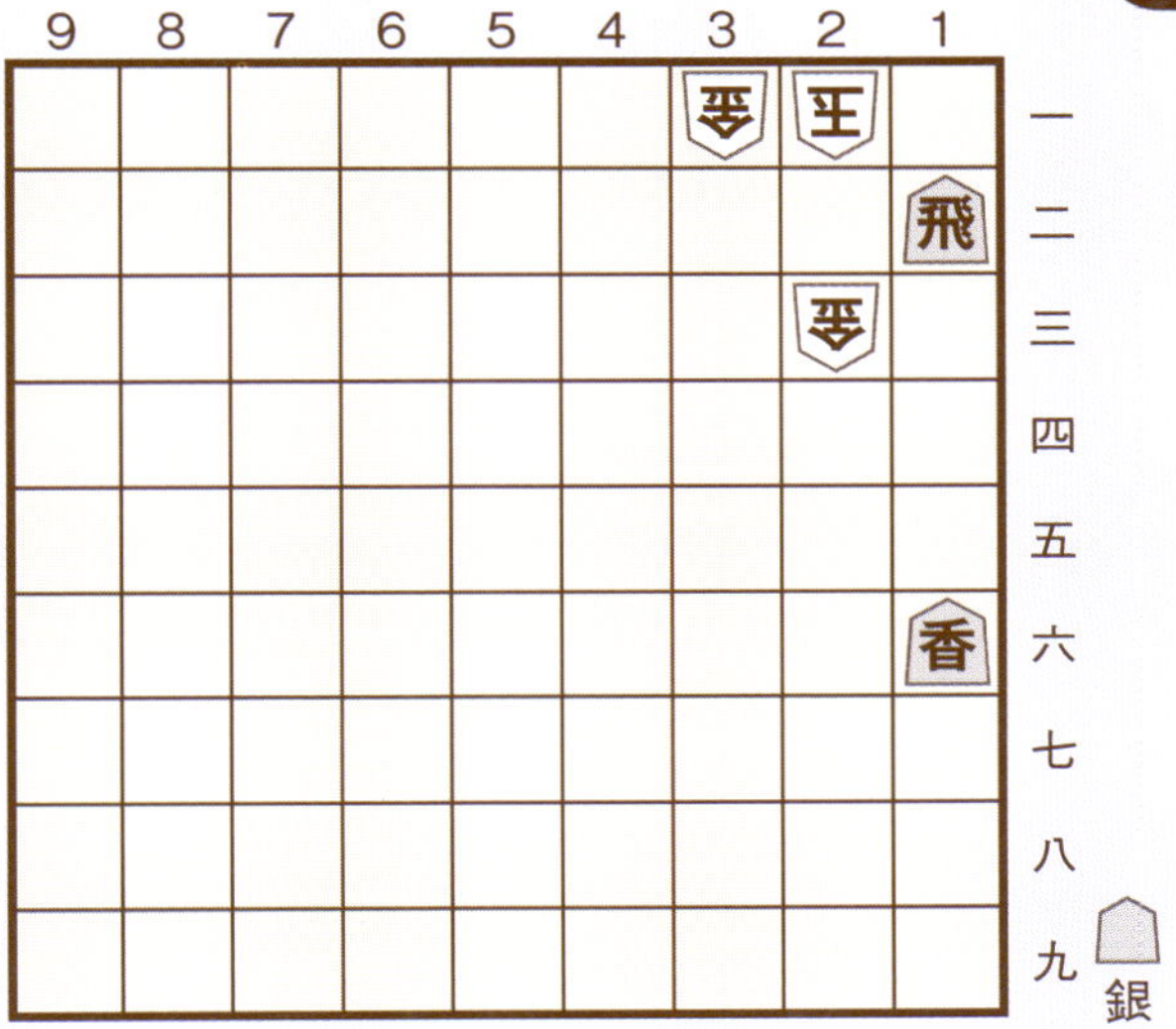

ヒントは…

飛車《ひしゃ》をうまく使《つか》うにはどうすればいいかな～?

▶ 答《こた》えは137ページ

第《だい》4問《もん》

3手詰《てづめ》

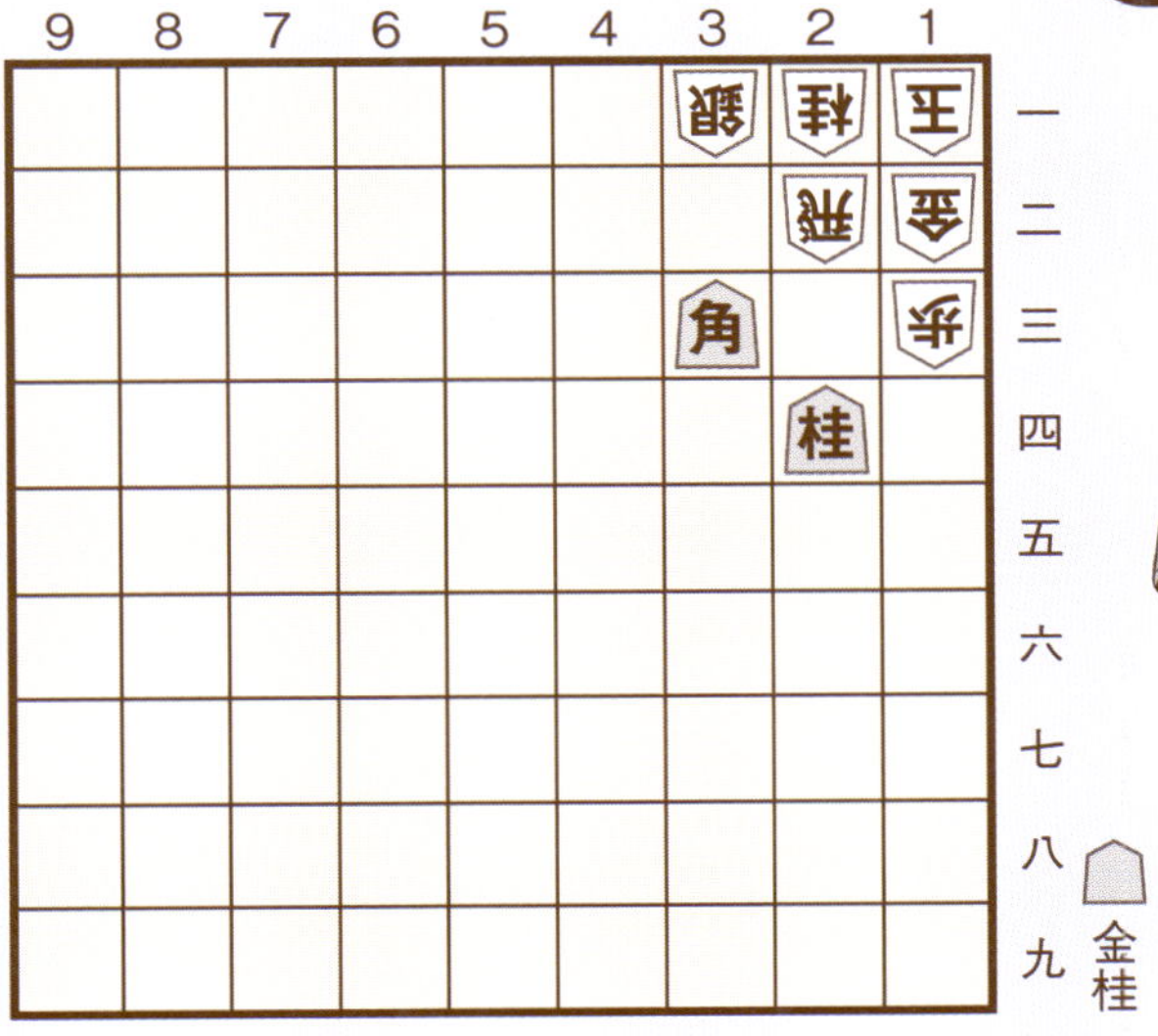

ヒントは…

がっちり囲《かこ》まれて見《み》えるね。
玉《ぎょく》の急所《きゅうしょ》に空間《くうかん》をつくろう!

▶ 答《こた》えは137ページ

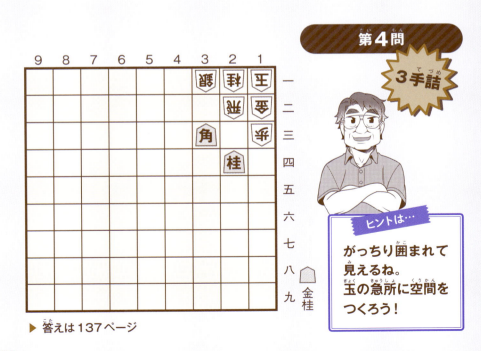

第《だい》5問《もん》

3手詰《てづめ》

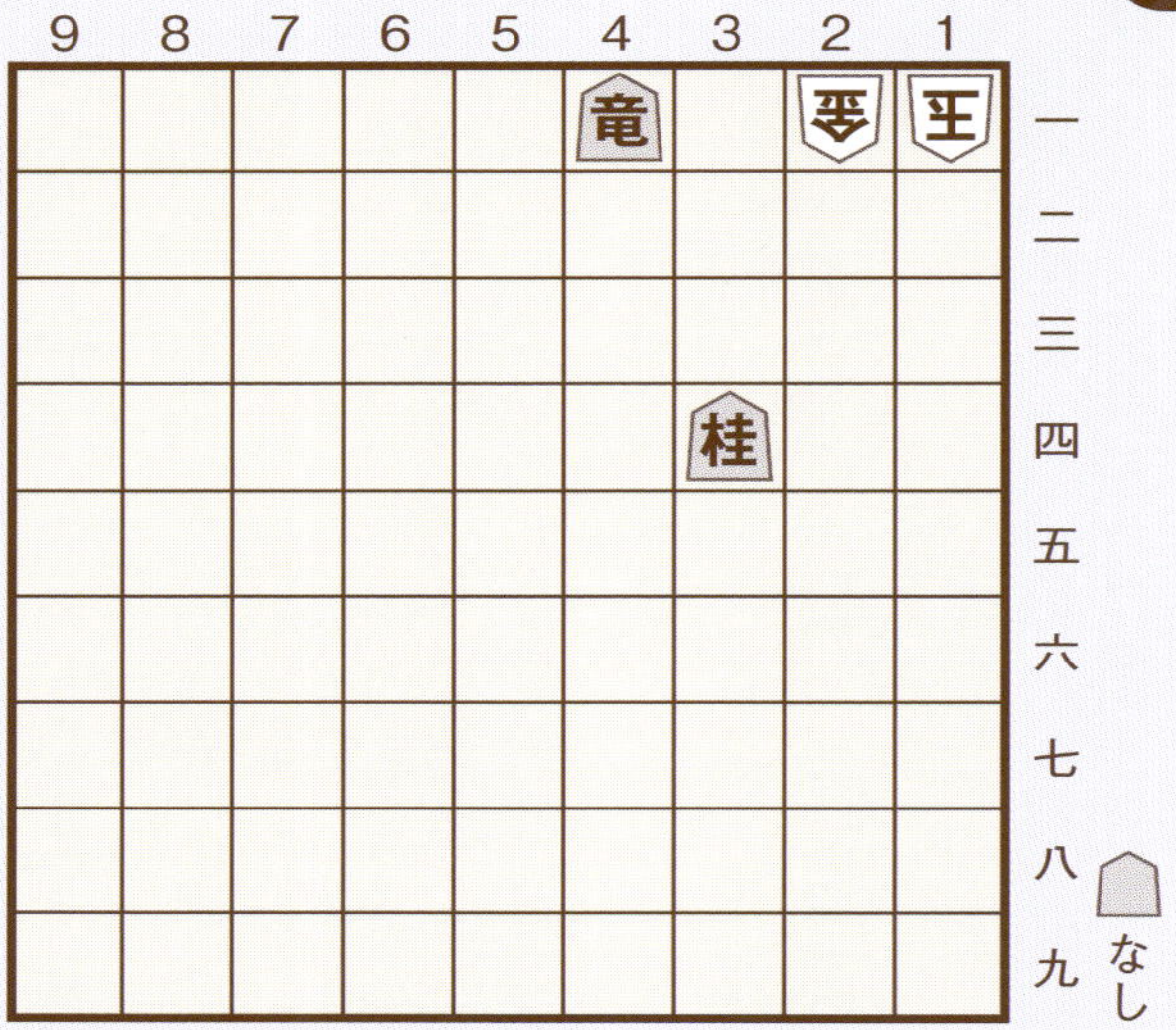

▶ 答《こた》えは137ページ

ヒントは…

玉《ぎょく》を1二《に》に逃《に》がすと詰《つ》みが遠《とお》くなるで、逃《に》がさんようにせんといかんぞ。

第《だい》6問《もん》

3手詰《てづめ》

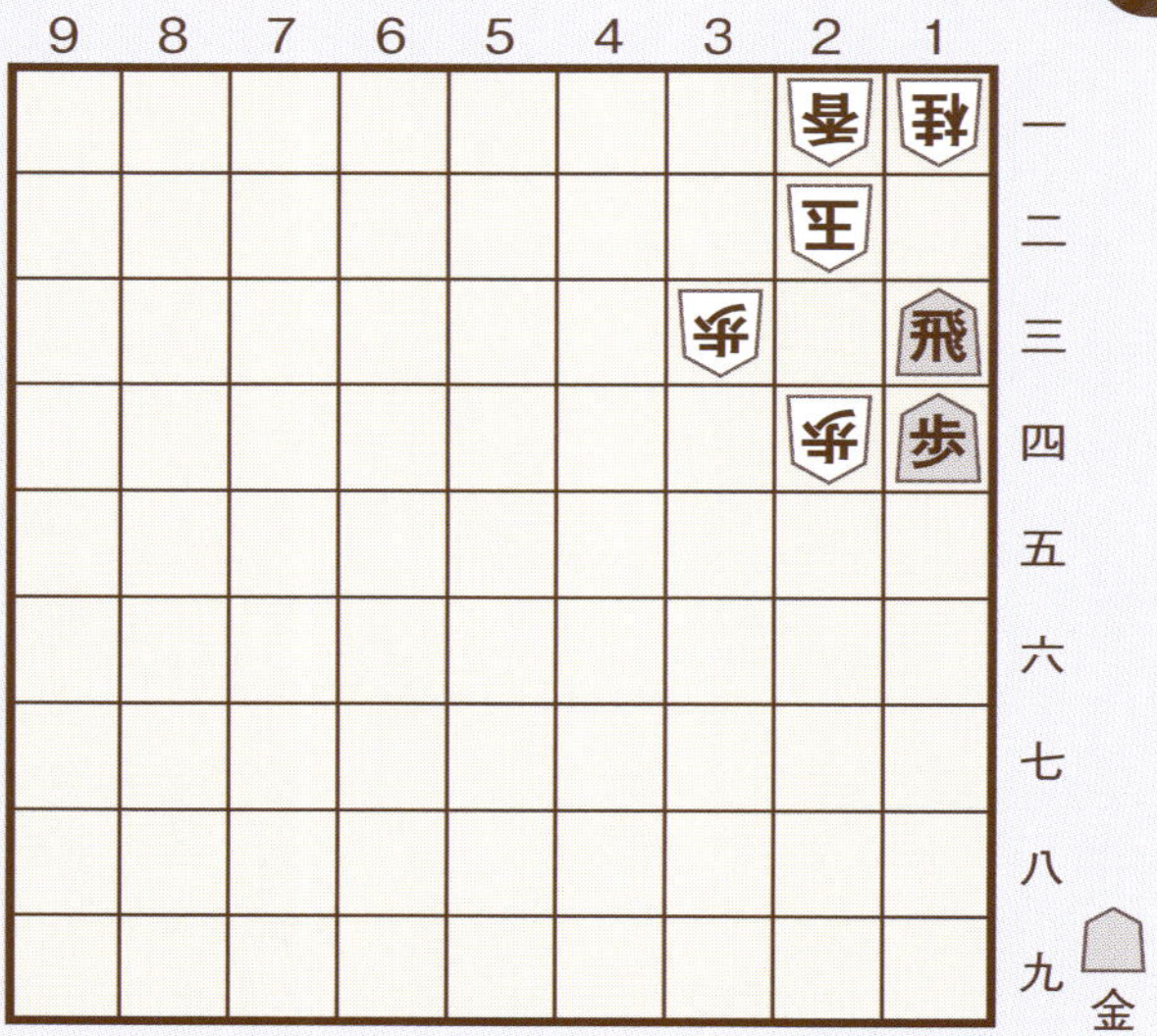

▶ 答《こた》えは137ページ

ヒントは…

終盤《しゅうばん》は駒得《こまどく》よりスピードだよ！ 飛車《ひしゃ》を生《い》かすことばかり考《かんが》えすぎないようにね。

詰《つ》め将棋《しょうぎ》の答《こた》え合《あ》わせ

第《だい》1問《もん》

☗2二桂成《にけいなり》

まで、1手《て》詰《づ》め

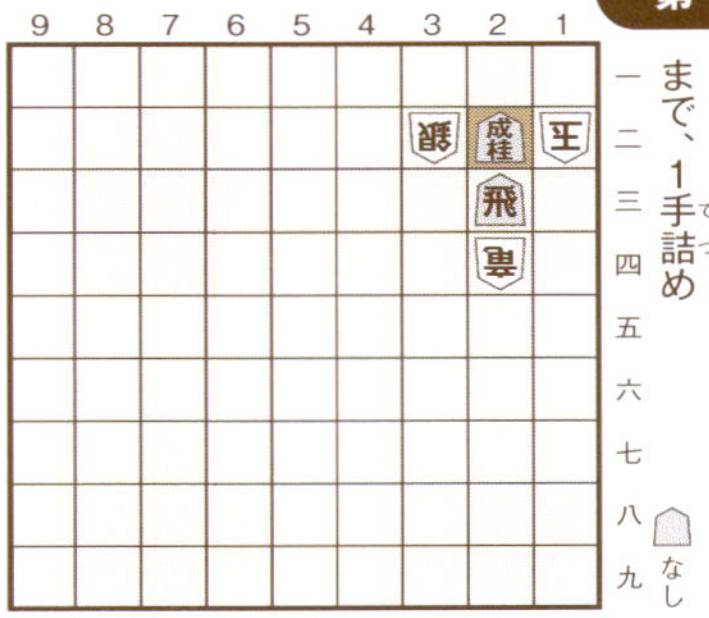

☗2二飛成《にひなり》は☖同竜《どうりゅう》と取《と》られ失敗《しっぱい》。
☗2二桂成《にけいなり》なら、飛車《ひしゃ》が壁《かべ》になってくれるぞ。

第《だい》2問《もん》

☗1三金《さんきん》

まで、1手《て》詰《づ》め

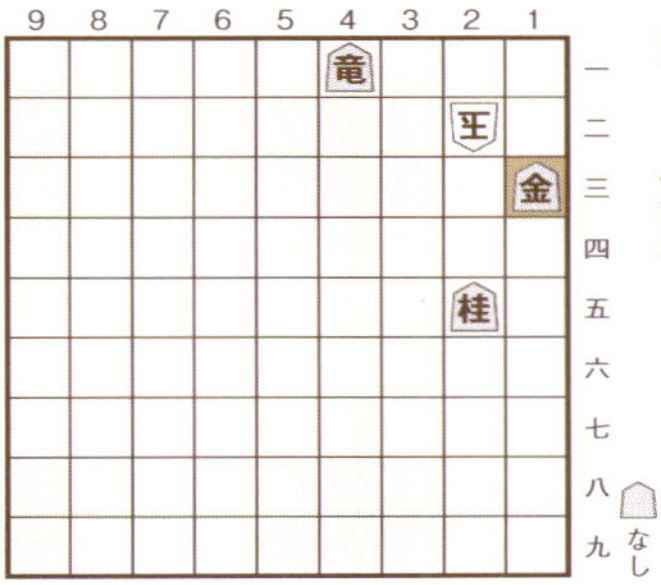

☗2三金《さんきん》は☖同玉《どうぎょく》で失敗《しっぱい》。☗2一金《いちきん》も☖2三玉《さんぎょく》と逃《に》げられる。桂《けい》の利《き》きに金《きん》を打《う》とう！

第《だい》3問《もん》

（☗3二銀《にぎん》の途中図《とちゅうず》）

☗3二銀《にぎん》 ☖同金《どうきん》 ☗1一飛成《いちひなり》

まで、3手《て》詰《づ》め

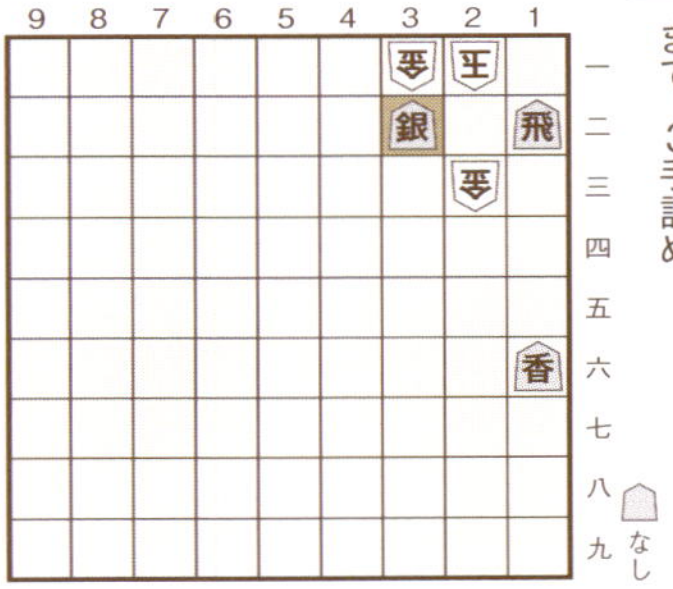

☗2二銀《にぎん》は☖同金引《どうきんひく》であとが続《つづ》かない。
飛車《ひしゃ》と香《きょう》を生《い》かせる☗3二銀《にぎん》が好手《こうしゅ》だ！

第《だい》4問《もん》

☗2三桂《さんけい》 ☖同金《どうきん》 ☗1二金《にきん》

まで、3手《て》詰《づ》め

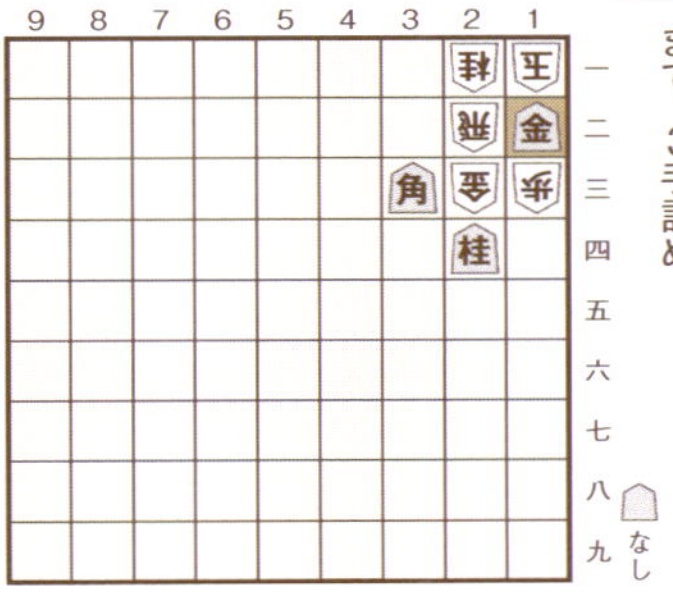

金《きん》はとどめの駒《こま》と学《まな》んだよね！ ☗2三桂《さんけい》で玉《ぎょく》の頭《あたま》をあけ、☗1二金《にきん》でしとめよう。

第《だい》5問《もん》

（☗2一竜《いちりゅう》までの途中図《とちゅうず》）

☗2一竜《いちりゅう》 ☖同玉《どうぎょく》 ☗2二金《にきん》

まで、3手《て》詰《づ》め

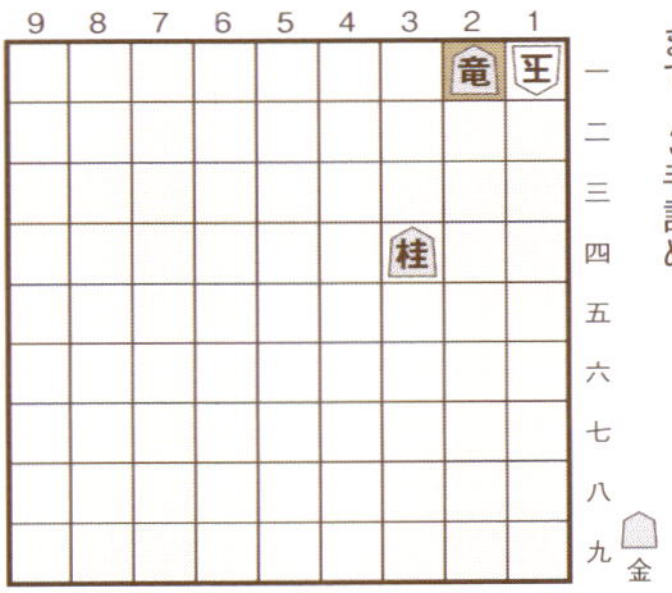

☖1二玉《にぎょく》と逃《に》がさないために、☗2一竜《いちりゅう》で金《きん》を取《と》って持《も》ち駒《ごま》にし、頭金《あたまきん》でとどめをさそう！

第《だい》6問《もん》

（☗1二飛成《にひなり》までの途中図《とちゅうず》）

☗1二飛成《にひなり》 ☖同玉《どうぎょく》 ☗1三金《さんきん》

まで、3手《て》詰《づ》め

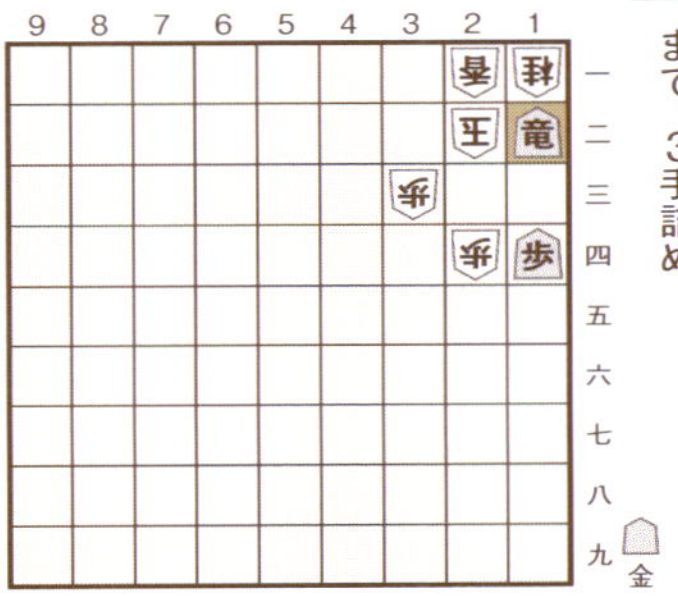

☗1二飛成《にひなり》と、飛車《ひしゃ》を成《な》り捨《す》てよう。☖3一《いち》玉《ぎょく》と逃《に》げても、☗3二金《にきん》で詰《つ》みだ。

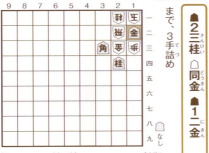

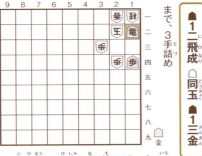

将棋《しょうぎ》の上達《じょうたつ》

3

たくさん対局《たいきょく》しよう

一人《ひとり》で勉強《べんきょう》しても強《つよ》くなるのはむずかしい

将棋《しょうぎ》が強《つよ》くなるためのルールや戦術《せんじゅつ》について学《まな》んだね！　でも、将棋《しょうぎ》は人《ひと》と対決《たいけつ》するゲームで、相《あい》手《て》も同《おな》じようにたくさん学《まな》んで、全力《ぜんりょく》で戦《たたか》ってくる。**将棋《しょうぎ》の上達《じょうたつ》のためには、一人《ひとり》で勉強《べんきょう》するのではなく、いろいろな人《ひと》と対局《たいきょく》することが何《なに》よりも大事《だいじ》**なんだ。

初心者《しょしんしゃ》のうちは、「駒落《こまお》ち」で戦《たたか》うのがおすすめ。上位《じょうい》の人《ひと》と対《たい》等《とう》に戦《たたか》えるから、真剣勝負《しんけんしょうぶ》ができるんだ。「駒《こま》を連携《れんけい》させて攻《せ》める力《ちから》」もグンとアップするよ。

Q 駒落《こまお》ちの目安《めやす》はあるの？

上位者《じょういしゃ》が駒《こま》を何枚落《なんまいお》として戦《たたか》うかは、相手《あいて》との級《きゅう》・段差《だんさ》によって決《き》まるよ。右《みぎ》の表《ひょう》は駒落《こまお》ちの数《かず》の目《め》安《やす》。たとえば2級差《きゅうさ》なら、上位者《じょういしゃ》は左《ひだり》の香車《きょうしゃ》を落《お》として戦《たたか》うんだ。

駒落《こまお》ち対局《たいきょく》のときは駒《こま》を落《お》としたほうがかならず先手《せんて》をもつよ。

駒落《こまお》ちの目安表《めやすひょう》

1級差	低級者が先手をもつ
2級差	左香落ち
3級差	角落ち
4級差	飛落ち
5級差	飛、左香落ち
6級差	飛、角落ち（2枚落ち）
7級差	飛、角、両香落ち（4枚落ち）
8級差	飛、角、両香、左桂落ち（5枚落ち）
9級差	飛、角、両香、右桂落ち（5枚落ち）
10級差	飛、角、両香、両桂落ち（6枚落ち）

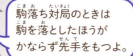

や、やっとシュウヤに勝《か》てた!! この対局《たいきょく》、記念《きねん》に残《のこ》しておけないかな……!?

調子《ちょうし》にのるな。……まあ、いい勝負《しょうぶ》だったしね。対局《たいきょく》は、棋譜《きふ》に残《のこ》しておくといいよ。

対局《たいきょく》になれてきたら、どのように戦《たたか》ったかを記録《きろく》しておける「棋《き》譜《ふ》」をつけよう！ **棋譜《きふ》をつけることで、自分《じぶん》の成長《せいちょう》の度合《どあ》いがわかるし、あとで確認《かくにん》して、反省点《はんせいてん》などをおさらいできる**んだ。自分《じぶん》の棋譜《きふ》を見返《みかえ》して改善点《かいぜんてん》を見《み》つけることは、レベルアップにもつながるよ。

また、プロ棋士《きし》の対局《たいきょく》はほとんどが棋譜《きふ》になっているから、読《よ》み取《と》れると、棋譜《きふ》を見《み》ながら駒《こま》を並《なら》べられるようになるんだ。

チェック 棋譜《きふ》の書《か》き方《かた》をマスター！

対局《たいきょく》は、右図《みぎず》のような棋譜《きふ》に記録《きろく》するよ。まずは、上《うえ》に対局《たいきょく》の情報《じょうほう》を記入《きにゅう》。公式《こうしき》な大会《たいかい》の場合《ばあい》は、持《も》ち時間《じかん》や休《きゅう》けい時間《じかん》も記録《きろく》しよう。

対局《たいきょく》の記録方法《きろくほうほう》は、次《つぎ》の通《とお》り。

①左《ひだり》の列《れつ》に先手《せんて》、となりに後手《ごて》を書《か》く。
②互《たが》いの2手目以降《てめいこう》を、①の下《した》に記入《きにゅう》していく。
③棋譜《きふ》の下《した》まで書《か》ききったら、次《つぎ》の段《だん》に記入《きにゅう》する。
④最後《さいご》に、手数《てかず》と勝者《しょうしゃ》を書《か》く。

20XX年
リクト
棋譜

棋譜《きふ》は年代《ねんだい》ごとにまとめて取《と》っておこう。自分《じぶん》の成長《せいちょう》を実感《じっかん》できるはず！

棋譜《きふ》の例《れい》

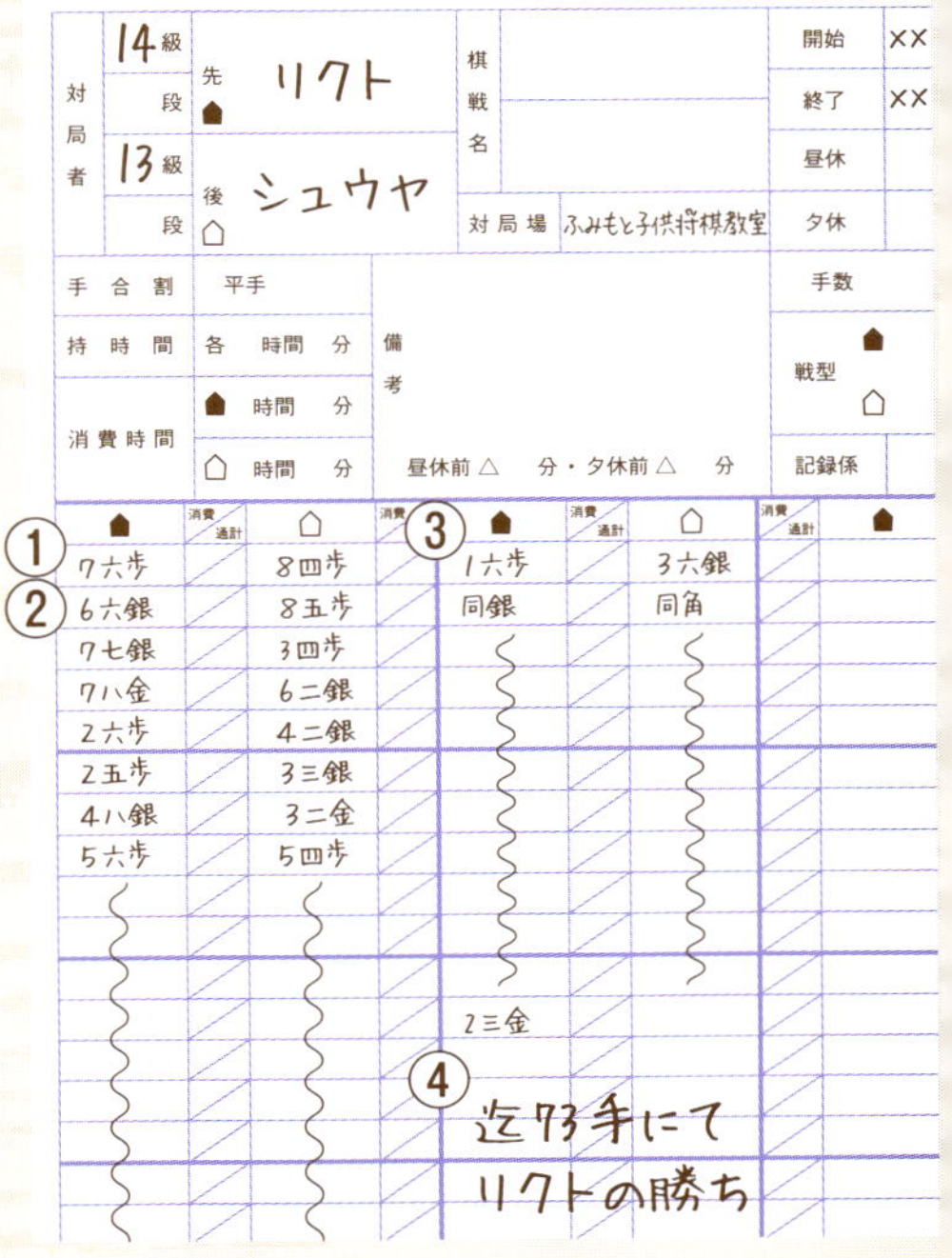
対局者
14級
段
先 ☗ リクト
13級
段
後 ☖ シュウヤ
棋戦名
対局場 ふみもと子供将棋教室
開始 ××
終了 ××
昼休
夕休
手合割 平手
持時間 各 時間 分
消費時間 ☗ 時間 分
☖ 時間 分
備考
昼休前△ 分・夕休前△ 分
手数
戦型 ☗ ☖
記録係
☗ 消費 通計 ☖ 消費 通計
①
7六歩 8四歩
②
6六銀 8五歩
7七銀 3四歩
7八金 6二銀
2六歩 4二銀
2五歩 3三銀
4八銀 3二金
5六歩 5四歩
③
1六歩 3六銀
同銀 同角
2三金
④
迄73手にて
リクトの勝ち

エピローグ
第○回 子ども将棋大会 会場
ザワ
ザワ
わぁ…同《おな》い年《どし》くらいの子《こ》がいっぱい
これがみんなライバルかぁ…
おじけづいたの？
むっ
・・・・・・ムシャボロイだよ…ッ!!
それ言うなら…ムシャブルイでしょ…
ん～～～……
オレとシュウヤが対戦《たいせん》するとしたら…決勝《けっしょう》——かぁ…
…したらって何《なに》さ
B組
2 23 24 25 26
トーナメント表
28

「絶対《ぜったい》する」でしょ ぼくらで…！
途中《とちゅう》で負《ま》けたら承知《しょうち》しないから
……！
うん！ ぜーったいに決勝《けっしょう》で指《さ》そうな！
…そうさ 自信《じしん》をもって戦《たたか》うんだ…！
これから もっと高《たか》いところに かけ上《あ》がるんだから――!!
よろしくお願《ねが》いします!!

コラム5

将棋教室《しょうぎきょうしつ》へ行《い》ってみよう！

同年代《どうねんだい》の仲間《なかま》たちと “一緒《いっしょ》に” 強《つよ》くなれる！

もっと将棋《しょうぎ》を学《まな》びたいと思《おも》うなら、将棋《しょうぎ》教室《きょうしつ》に行《い》くのもおすすめだ。将棋教室《しょうぎきょうしつ》は全国《ぜんこく》にあり、「ふみもと子供将棋教室《こどもしょうぎきょうしつ》」のように、子《こ》どもだけが通《かよ》う教室《きょうしつ》もあるよ。教室《きょうしつ》は、ルールからていねいに教《おし》えてくれるところ、より実力《じつりょく》をみがきたい子《こ》向《む》きのところなど、レベルはさまざま。体《たい》験《けん》や見学《けんがく》ができる教室《きょうしつ》もあるから、まずは足《あし》を運《はこ》んでみて、自分《じぶん》に合《あ》ったところを見《み》つけよう。

将棋教室《しょうぎきょうしつ》で得《え》られるのは…

- 同年代《どうねんだい》の将棋仲間《しょうぎなかま》ができる！
- ライバルと対局《たいきょく》ができる！
- 自分《じぶん》の棋力《きりょく》を知《し》ることができる！
- より強《つよ》くなるための指導《しどう》を受《う》けられる！
- 駒《こま》づくりなど、将棋以外《しょうぎいがい》の体験《たいけん》ができることも！

おわりに

この本《ほん》を読《よ》んでくれた君《きみ》に、まずは「ありがとう」を。それから、この本《ほん》を君《きみ》たちに買《か》ってくれたおうちの方《かた》にも、お礼《れい》を申《もう》し上《あ》げます。

将棋《しょうぎ》を指《さ》していると、「くやしい」と思《おも》うことが多《おお》いと思《おも》います。同年《どうねん》代《だい》の子《こ》に負《ま》けて「くやしい」、たくさん勉強《べんきょう》したのに実力《じつりょく》を出《だ》しきれなくて「くやしい」。

「くやしい」は、とても堪《こた》える感情《かんじょう》。苦《くる》しくなってそこから逃《に》げると、そこで成長《せいちょう》が止《と》まってしまいます。「くやしい」気持《きも》ちをバネにして、さらに学習《がくしゅう》できる子《こ》は、かならず上達《じょうたつ》できます。

私《わたし》は、もっとも成長《せいちょう》できるのは、“負《ま》けず嫌《ぎら》いな子《こ》”だと思《おも》っています。君《きみ》たちの人生《じんせい》において、負《ま》けから何《なに》かを学《まな》び、「次《つぎ》こそは」と努力《どりょく》することは、得《え》がたい経験《けいけん》になるはずです。

さて、本《ほん》の最後《さいご》にひとつお願《ねが》いを――。

将棋《しょうぎ》において何《なに》よりも大事《だいじ》なのは、礼儀《れいぎ》です。相手《あいて》の気持《きも》ちに立《た》ち、お互《たが》いの健闘《けんとう》をたたえ合《あ》うことが、本当《ほんとう》に大切《たいせつ》なのです。

もし友《とも》だちがこの気持《きも》ちを忘《わす》れてしまっていたら、君《きみ》が注意《ちゅうい》してあげてください。反対《はんたい》に、君《きみ》も友《とも》だちに注意《ちゅうい》されたら、すなおに聞《き》き入《い》れてくださいね。

「注意《ちゅうい》し合《あ》える仲間《なかま》でいよう」。これが、ふみもと子供将棋教室《こどもしょうぎきょうしつ》で、いちばん大切《たいせつ》にしている言葉《ことば》なのです。

ふみもと子供将棋教室《こどもしょうぎきょうしつ》
文本力雄《ふみもとりきお》

監修

ふみもと子供将棋教室

文本力雄（ふみもと　りきお）

日本将棋連盟瀬戸支部長。20年ほど前に、愛知県の瀬戸市に小・中学生を対象とした将棋教室を開く。以来、多くの子どもたちに、ひとりひとりの棋力に合わせた将棋の指導を行っている。

STAFF

マンガ・イラスト　イセケヌ
デザイン・DTP　有限会社北路社（梅里珠美）
校　正　株式会社鷗来堂
制作協力　ふみもと子供将棋教室
編集協力　株式会社スリーシーズン（朽木 彩）

参考文献

『【決定版】駒落ち定跡』（株式会社マイナビ出版）
『羽生の頭脳5 横歩取り』（株式会社マイナビ出版）
『羽生善治のこども将棋　序盤の指し方 入門』（株式会社池田書店）

マンガでよくわかる

将棋入門

2019年4月3日　発行

監修者　文本力雄
発行者　今井　健
発　行　株式会社大泉書店
住　所　〒162-0805 東京都新宿区矢来町27
電　話　03-3260-4001(代)
FAX　03-3260-4074
振　替　00140-7-1742
印刷・製本　株式会社シナノ

URL　http://www.oizumishoten.co.jp/

ISBN 978-4-278-05223-7　C0076